Walther L. Bernecker
España y Alemania en la Edad Contemporánea

**Editionen der Iberoamericana
Reihe III
Monographien und Aufsätze**

Herausgegeben von Walther L. Bernecker, Frauke Gewecke,
Jürgen M. Meisel, Klaus Meyer-Minnemann
Band 41

Walther L. Bernecker (ed.)

España y Alemania

en la

Edad Contemporánea

Vervuert Verlag • Frankfurt am Main

1992

Die Deutsche Bibliothek - CIP-Einheitsaufnahme

Walther L. Bernecker:
España y Alemania en la Edad Contemporánea/ Walther L. Bernecker (ed.). -
Frankfurt am Main : Vervuert, 1992
   (Editionen der Iberoamericana : Reihe 3, Monographien und Aufsätze ; Bd. 41)
   ISBN 3-89354-841-6
NE: Bernecker Walther L. [Hrsg.]; Editionen der Iberoamericana / 03

Indice

Presentación 7

Walther L. Bernecker: Introducción 9

Hans-Jürgen Puhle: Caminos distintos de modernización:
España y Alemania en los siglos XIX y XX 23

Josef Becker: Aspectos de las relaciones germano-españolas
en la época de la fundación del Imperio de Bismarck 47

Manuel Espadas Burgos: Alemania y España: De la época
bismarckiana a la Gran Guerra 63

Wolfgang Pöppinghaus: ¿Intercambio cultural, proyección
cultural o imperialismo cultural? Aspectos de las relaciones
culturales germano-españolas entre 1918 y 1932 89

Javier Tusell: La crisis de la democracia en una perspectiva
comparada: Alemania (1933) y España (1936) 119

Walther L. Bernecker: Alemania y la Guerra Civil Española 137

Juan Pablo Fusi Aizpurua: Franco e Hitler. Aproximación
biográfica al estudio comparativo de dos regímenes 159

Antonio Marquina Barrio: La política exterior de España con
Alemania durante la Segunda Guerra Mundial 173

Rafael García Pérez: Franquismo y Tercer Reich: la vertiente
económica del Nuevo Orden 197

Petra-Maria Weber: Política española hacia Alemania, 1945-1958:
El impacto político y económico de las relaciones hispano-alemanas . . .209

Carlos Collado Seidel: El proyecto de bases militares alemanas
en España 231

Walther L. Bernecker: España y la unificación alemana 257

Lista de colaboradores 275

Presentación

Este libro tiene su punto de partida en un Simposio Internacional de Historia Contemporánea celebrado a principios de 1992 en la Universidad de Augsburg (Alemania). La financiación de este simposio estuvo a cargo de la Embajada de España en Bonn y de la Sociedad de Amigos de la Universidad de Augsburg; la organización técnica corrió a cargo de la Oficina Cultural de la Embajada de España en Bonn y del Instituto de Investigaciones sobre España y América Latina, de la Universidad de Augsburg. Para la presente publicación, se ha ampliado la selección de las ponencias presentadas en el Simposio con una serie de artículos de modo que quedan cubiertos cronológicamente todos los períodos de la Historia Contemporánea, desde el Imperio de Bismarck y la época de la Restauración, respectivamente, hasta la más reciente actualidad.

Por su ayuda y empeño en esta empresa doy mis más sinceras gracias al Embajador de España en Bonn, Sr. Don Fernando Perpiñá Robert, y al Consejero Cultural de la Embajada, Sr. Don Joaquín Manrique, Ministro Plenipotenciario; por la organización *in situ*, al entonces Director del Instituto de Investigaciones sobre España y América Latina, Dr. Francisco López-Casero, y a la secretaria del Instituto, la Sra. Doña Lisa Wehrmann; por la organización desde Berna, así como por múltiples trabajos de coordinación y transcripción de manuscritos, a la Sra. Doña Regina Zürcher; y por su ayuda en la redacción de la Introducción al tomo, al Sr. Don Jorge Yika Rivera.

La publicación del libro ha sido financiada por la Embajada de España en Bonn.

Bern/Augsburg, julio de 1992   *Walther L. Bernecker*

Walther L. Bernecker

Introducción

A lo largo del siglo XX, el hispanismo alemán se ha definido primordialmente como filología y lingüística, dando a la luz estudios sobre la lengua y
la literatura españolas que han alcanzado renombre internacional. En comparación al sector filológico-lingüístico, los estudios históricos sobre España
son bastante más reducidos, concentrándose, además, en determinadas fases
de la historia, p. ej. en el siglo XVI o en la guerra civil de 1936. En ambos
casos se trata de puntos de coincidencia entre la historia española y la alemana. Bastante menos numerosas son las publicaciones sobre el franquismo,
aunque al respecto merece hacerse una observación, ya que hay un gran
número de artículos de prensa y ensayos aparecidos en semanarios, en revistas culturales e históricas. Estos artículos crean y al mismo tiempo reflejan
una imagen de España en Alemania característica de los años 1940 hasta
1970. Tampoco por parte española existe gran número de estudios sobre las
relaciones bilaterales, si bien no hay lugar a dudas que estas relaciones han
sido, en diferentes aspectos, de gran importancia.

La colección de ensayos que se presenta en este tomo, refleja la situación
de la investigación sobre las relaciones bilaterales entre Alemania y España.
Todavía no es posible presentar un tomo con un enfoque válido para todos
los ensayos debido al escaso desarrollo de la investigación. Por lo tanto, el
panorama que sigue es un tanto ecléctico, cambiando de un ensayo a otro de
enfoque y perspectiva. Algunos artículos son estrictamente comparativos,
otros de carácter bilateral; unos presentan la perspectiva española, otros la
alemana; unos están concentrados más bien en aspectos militares o políticos,
otros en cuestiones económicas o culturales.

Lo que a primera vista pudiera parecer una desventaja - el carácter más
bien mixto de las aportaciones que siguen -, tiene toda una serie de ventajas:
Los diferentes temas tratados permiten reconocer la multiplicidad y diversidad de las relaciones entre ambos países; el cambio de perspectiva abre el
horizonte intelectual para diferentes posibilidades de interpretación; las
diversas metodologías empleadas por los autores y la concentración en temas
de diferente índole permiten reconocer las lagunas de la investigación y pueden contribuir a mostrar futuras pautas de interpretación. Indudablemente, el

presente libro no es más que una primera aproximación a un complejo tema
abierto a futuras investigaciones.

* * *

El libro comienza con un ensayo de *Hans-Jürgen Puhle* en el que
compara los diferentes caminos de modernización en Alemania y en España,
entendiendo por modernización un proceso social pluridimensional en el
cual distintas combinaciones parciales o sectoriales son las que realmente
constituyen los caminos nacionales o regionales de la modernización. De las
múltiples diferencias entre Alemania y España, cabe resaltar la inmersión de
España en un proceso de 'early state building' y 'late peripheral nationalisms',
mientras que Alemania se define por una variedad regional de 'state
buildings' y un 'nation building' atrasado. Otra oposición dicotómica entre
los dos países es la amplitud y diversificación de la industrialización alemana frente a la economía de enclave gestada en Catalunya y el País Vasco
que representó en el siglo XIX un impacto menor para el resto de España. La
formación del capitalismo organizado tuvo lugar en Alemania en la Primera
Guerra Mundial, y en España en la época de Primo de Rivera, y el surgir de
la sociedad de consumo se puede apreciar en Alemania a partir de 1950, en
España a partir de los años 1960 y 1970.

En una segunda articulación, Puhle agrupa los factores que han contribuído a la modernización occidental: la burocratización, la industrialización
y la democratización. Dentro de este espectro el caso español es distinguido
por las tradiciones borbónicas centralistas, los esfuerzos de modernización
reformista 'desde arriba' teñidos de liberalismo, y la endémica política de
notables o caciques. Contrasta esto con el federalismo y las autonomías que
se dieron en Alemania permitiendo una diversidad institucional 'desde
abajo', una diferencia y alianza al interior de las élites y de diversos grupos
de la burguesía, que se diferencian claramente de los nacionalismos periféricos seguidos en España. Configura al siglo XIX como la antesala que por-
taría a España hasta 1975 con el desencuentro entre una modernización política sin modernización económica - excepción hecha a Catalunya y el País
Vasco -, en tanto que Alemania bajo el proceso de homogeneización nacional prusiano, presentó una secuencia al revés: se modernizó económicamente
antes de modernizarse políticamente.

Repasando los aspectos modernizadores que - a finales del siglo XIX y
principios del siglo XX - incidieron en la creciente organización política de

España y Alemania, se pueden trazar las líneas generales - diferenciadoras para ambos países - de la burguesía y el movimiento obrero, de la relación Iglesia-Estado, y del rol cumplido por el ejército.

Bajo el epígrafe dictadura no modernizadora vs. dictadura modernizadora se puede distinguir que la instauración de los nacionalsocialistas en el poder no significó en Alemania estructuralmente nada nuevo en cuanto desarrollo económico o social, pues el país ya había atravesado las etapas decisivas de la modernización y estaban dados los mecanismos del capitalismo organizado. El arribo del franquismo, al contrario, tuvo lugar en una España agrícola precariamente industrializada que sólo a partir de los años 1950 se convertiría en una dictadura de impulsos modernizadores y tecnocráticos. - Respecto a los procesos de transición del autoritarismo y la consolidación democrática hay continuidad de los logros de la República de Weimar - en lo político, socio-económico y cultural - que a partir de 1945 ayudarían a conformar los elementos básicos de la República Federal de Alemania; en España, el paréntesis de cuatro décadas de autoritarismo condujo a una menor continuidad entre la Segunda República y el postfranquismo que se explica no sólo por la distancia temporal sino también por lo que la República española no pudo alcanzar en relación a la de Weimar.

Cronológicamente, el tomo abarca el período desde la Revolución de Septiembre en España (1868) y la candidatura al trono español por parte del Príncipe Leopoldo de Hohenzollern-Sigmaringen - que llevó a la provocada guerra franco-prusiana y a la unificación alemana (1870/71) - hasta la (re-) unificación alemana en 1990. Para ambas unificaciones, se analiza la postura española. Para la unificación de 1871, los sucesos acaecidos en España a partir de la caída de Isabel II fueron de trascendental importancia. *Josef Becker* investiga en su ensayo diferentes aspectos de las relaciones germano-españolas en los años 1868-1870, que fueron decisivos para los dos países. Primero, discute la interpretación prusiana de los distintos candidatos al trono español; después reconstruye el proceso, cómo el Príncipe Leopoldo llegó a ser, finalmente, el candidato del Gobierno español (y el de Bismarck) para la sucesión de Isabel II, y analiza las condiciones que determinaron que la cuestión del trono español se convirtiera en catalizador del antagonismo prusiano-francés y en mecanismo desencadenante de una guerra importantísima para el futuro de Europa. Becker resalta que Bismarck partía en la crisis de los años 1868-1870 de un 'concepto de colisión' y un 'curso de confrontación' en política exterior con la intención de hacer estallar una guerra con Francia, para así superar el estancamiento al que estaba sujeto el movimiento de unificación alemán y, al mismo tiempo, llegar a una decisión en la lucha entre Francia y Prusia-Alemania por la hegemonía en Europa. Se puede hablar de una convergencia parcial entre los intereses de Bismarck y los de Prim: Este quería salir del 'impasse' de la cuestión dinástica y contrarrestar el proyecto de Napoleón III de restauración borbónica. España de esta manera llegó a ser el catalizador de un desarrollo que iba a marcar decisivamente la dirección de la historia europea durante tres generaciones.

El siguiente ensayo, de *Manuel Espadas Burgos*, abarca la época de la Restauración y el Imperio de Bismarck y de Guillermo II, respectivamente, hasta el final de la Primera Guerra Mundial. El autor caracteriza la política exterior de la Restauración como de 'recogimiento y discreto compromiso' pero que se enmarcó en un intento de ser más abierta y definida en relación al régimen isabelino y a los gobiernos nacidos de la revolución de 1868. - Las valoraciones que Bismarck tenía de España no sólo traducían un recelo hacia el clericalismo del régimen restaurado sino también la escasa ponderación en peso político que España representaba para la Europa de entonces. Consecuencia de ello fue que los compromisos entre España y Alemania en el período bismarckiano fueron reducidos al mínimo. Se pueden resumir fundamentalmente a tres: la vaga formulación de una promesa de ayuda mutua en 1877, el acuerdo personal entre Alfonso XII y el *Kronprinz* con la visita de este último a Madrid en 1883, y el más importante, el intento de aproximación de España a la Triple Alianza, de la mano de Italia.

La ambigua política hispano-alemana se caracteriza por animosidad y desconfianza que provocaron en Francia e Inglaterra los viajes de Alfonso XII y Alfonso XIII a Berlín, Viena y Munich. En el seno del Congreso español, surgieron inquietud y polémica frente al creciente interés de Alemania por las Islas Baleares y las Canarias, debido a la ya efectiva presencia de compañías comerciales alemanas y misiones científicas que despertaban recelo en sus actividades e intereses. Respecto a la cuestión marroquí, Alemania hizo una equívoca subestimación de las capacidades de acción de España y del papel amortiguador o catalizador que podía desarrollar en el espacio norteafricano, al margen de la presencia francesa.

Durante la Primera Guerra Mundial, la neutralidad española coadyuvó a inclinar la balanza del poder mediterráneo en favor de los aliados, y en especial, de Francia. No obstante, la admiración por el ejército alemán que se mantuvo durante todo el régimen de la Restauración e incluso tras el fin de la Primera Guerra Mundial, hizo pesar la acusación germanófila sobre el ejército español. En la controversia que se originó, entre los años 1915 y 1917, a raíz del hundimiento de varios barcos españoles por submarinos alemanes, la prensa militar favorable a Alemania intentaba a toda costa paliar los hechos.

En lo concerniente a la división de la opinión española entre germanófilos y aliadófilos, hay que recalcar que afectaba sólo a sectores minoritarios y áreas muy concretas de centros urbanos. La germanofilia y aliadofilia no fueron sólo actitudes de simpatía hacia uno de los bloques contendientes, sino trasposición a la concepción de vida española de unos modelos políticos y sociales que aquellos países europeos encarnaban. La polaridad era entre estados que encarrilaban autoritariamente la jerarquía y disciplina social del ciudadano, frente a naciones que conjugaban la democracia en términos de poder civil y libertad constitucional. Muchos españoles devendrían germanófilos cuanto antifranceses o antibritánicos, mientras que los supuestos aliadófilos lo eran en cuanto antiprusianos - con su rechazo a que el individuo quede subordinado como instrumento del Estado.

En cuanto a las diferentes posturas de los intelectuales españoles frente a la guerra del 14, muchos de ellos - p.ej. Ortega y Gasset, García Morente, Eugenio D'Ors y otros más - vivieron una verdadera esquizofrenia entre su formación cultural (realizada en universidades alemanas) y su opción política. En la orilla opuesta existen casos de 'germanofilia esencial' como Pío Baroja y Jacinto Benavente, que deben ser entendidos como respeto por la cultura y ciencia alemanas. - La prensa fue adquiriendo paulatina importancia al servicio de la política alemana desde la época de Bismarck. Fueron tendiéndose 'vínculos' entre Alemania - vía subvenciones - y órganos de prensa españoles para fomentar, en unos casos, las relaciones económicas hispano-alemanas y, en otros, dar una información 'fidedigna' sobre Alemania.

Al estudio pormenorizado de Espadas Burgos sobre las cambiantes relaciones entre Alemania y España, sigue cronológicamente el de *Wolfgang Pöppinghaus* sobre las relaciones culturales germano-españolas entre 1918 y 1932, es decir en tiempos de la República de Weimar. Fue en el primer tercio del siglo XX, cuando empezaron a ser sentadas las bases de un intercambio cultural institucionalizado entre Alemania y España. A partir de la Conferencia de Algeciras (1906) se reconocieron en Alemania los servicios que podía prestar una política cultural exterior a los intereses alemanes para superar el auto-aislamiento internacional; desde entonces se intentó contextualizar la política cultural en el margen de la política exterior alemana.

En los años previos a la guerra de 1914, se originó en Alemania un debate 'público' para precisar métodos, contenidos y metas que iban a legitimar su política cultural en el extranjero. Dentro de un espectro de posiciones encontradas que variaban desde la defensa de una política cultural autónoma, pasando por la que fomentaba la propaganda cultural como 'conquista moral', hasta los que defendían un imperialismo cultural sin tapetes, había un consenso: la necesidad urgente de que la *Weltpolitik* alemana contase con el soporte de una política de proyección cultural al exterior.

La 'política europea occidental' alemana tendrá, al término de la Primera Guerra Mundial, un claro desarrollo. Alemania dio un giro buscando construir una política cultural exterior sistemáticamente desarrollada y, en especial, con una configuración autónoma que le permitiese 'volver a Europa' tras el desastre de la guerra. Con el paréntesis cronológico 1918-1932, el ensayo de Pöppinghaus marca las tres esferas de trabajo que constituyeron aspectos centrales en la labor cultural alemana en España: el fomento de 'valores germánicos' en España, la formación escolar alemana en el extranjero y el establecimiento de contactos científicos. En opinión del autor, la investigación histórica alemana ha dejado sensibles lagunas sobre un tema como el de la política cultural exterior que gravitó alrededor de toda una época; con estas lagunas, la historiografía no hace sino traslucir la tradicional infravaloración de la cultura como elemento configurativo de las relaciones entre Estados. Si bien registra la contribución primera de Kurt Düwell, no deja de mencionar la escasez de estudios que contribuyen a precisar el lugar que ocupaba y la función que desempeñaba la política cultural exterior alemana en el marco de sus relaciones bilaterales.

A los años veinte, de relativa estabilidad tanto en Alemania como en España, siguió la crisis de los años treinta - una década en la que en ambos países sería aniquilada la democracia. *Javier Tusell* concentra su estudio comparativo no en las condiciones que hicieron posible la democracia, sino en las causas y procesos de su destrucción. Otorga primordial atención a la noción de 'reequilibramiento de la democracia' visto en perspectiva de cómo un proceso de destrucción del sistema democrático puede ser detenido; considera que un estudio de la destrucción de la democracia no puede remitirse solamente a 'tensiones' superestructurales que la favorezcan o dificulten, sino más bien, el saber apreciarla explicativamente como consecuencia de un proceso largo y complicado que puede concluir en su quiebra o en un 'reequilibramiento' de las instituciones democráticas. Una democracia, en esta interpretación, puede evitar su destrucción gracias a la manera de comportarse de sus dirigentes.

En el marco de antecedentes históricos - derrota en la Primera Guerra Mundial y cuestionamiento de fronteras nacionales - la democracia alemana fue más frágil que la española; esta última fue el único caso que produjo una guerra civil, lo que se explica por el hecho de la resistencia a las fuerzas que se confabularon para destruir el sistema democrático - cosa que no sucedió en otros países.

Dentro de los elementos potenciales de ruptura juega un papel importante el ambiente intelectual frente a los valores democráticos que legitima o descalifica la vigencia de su institucionalización en la sociedad; un bagaje de problemas acumulados (visto en función de detonantes); la forma de institucionalización que puede contribuir a solucionar o a agravar los problemas políticos; la vertebración de fuerzas políticas vía sistema de partidos; una etapa inaugural, cuya forma inicial puede ser considerada como un decisivo elemento potencial de ruptura, riesgo que se corre cuando se margina a sectores sensibles a no poder participar de las opciones de poder en un nuevo régimen.

Examinando el proceso por el que se llegó a la destrucción del sistema democrático, primero hay que recalcar que la crisis económica y social de los años treinta constituyó el 'catalizador fundamental', siendo el caso alemán más relevante; segundo la eficacia del sistema político que en las dos repúblicas de los años treinta se mostró poco capaz de resolver lo planteado en el terreno económico; tercero, la acumulación de problemas no resueltos frente a las crecientes expectativas de diversos sectores de la sociedad. El proceso de desintegración de la democracia se vio afectado por otros factores de carácter no estrictamente político, entre los que se encuentran la inestabilidad gubernamental nacida de coaliciones artificiales, el empleo de la violencia política que deslegitimó al Estado, la sustitución de una tendencia centrípeta por una de carácter centrífugo, la abdicación transitoria de la autenticidad del propio sistema democrático cuando frente al marasmo de la crisis política se recurrió a 'personalidades' para encabezar el Gobierno sin tener en cuenta su escaso o nulo apoyo parlamentario, el uso y abuso de las consultas electorales que en los tramos finales de una democracia empeoran la situación antes de aliviarla.

Indudablemente, el caso más espectacular y de mayores dimensiones de relaciones bilaterales entre Alemania y España, fue la intervención alemana en la Guerra Civil Española. En su aportación a este tema, *Walther L. Bernecker* resalta el hecho de que fue la Alemania nacionalsocialista la que desempeñó el papel más destacado entre las potencias interventoras extranjeras. Al analizar la visión y la motivación nazi para intervenir en España, insiste en el componente anticomunista como móvil de la política del Tercer Reich frente a España, pero en última instancia, concede más importancia a los cálculos estratégicos de Hitler; éste temía que la 'chispa española' prendiera también en territorio francés, y en tal caso Alemania podía verse cercada por países enemigos. Económicamente, la ampliación de la base de materias primas fue un factor esencial para que la intervención alemana se prolongara durante varios años. El autor llama finalmente la atención sobre un fenómeno de paralelismo político-histórico, ya que alemanes intervinieron en ambos lados de la contienda y de esta manera, la guerra civil española también fue, aunque en escala limitada, una guerra civil alemana.

Si en el ensayo sobre la intervención alemana en la Guerra Civil Española ya se pudo comprobar el papel determinante del *Führer* y del *Caudillo*, respectivamente, el ensayo de *Juan Pablo Fusi Aizpurua* se centra de manera comparativa en las personalidades de los dos dictadores. Se trata de una aproximación biográfica - en las personas de Franco e Hitler - al estudio de dos regímenes. Los lazos entre Franco e Hitler se tradujeron, después de julio de 1936, en una efectiva y decisiva ayuda por parte de Alemania para la construcción del andamiaje bélico del ejército de Franco y para hacer de su rebelión militar un régimen de facto con reconocimiento político. La formulación de tesis comparativas entre el fascismo español (o la versión fascista italiana) y el nacionalsocialismo alemán, subraya más las diferencias que existieron entre aquellos regímenes, sin olvidar por esto coincidencias también presentes entre ellos. Las 'diferencias radicales' se derivarían del sensible contraste entre las personalidades de Hitler y Franco. Hitler es presentado como 'un hombre arrebatado, un iluminado' que al mismo tiempo era hábil y astuto político, dotado de un poder de persuasión mistificador sobre las masas. Al contrario de Hitler, que obtendría la Cancillería con un 33 % del electorado, Franco recibió el poder de manos de once militares y lo mantuvo durante cuarenta años sin refrendo popular. Franco, de menguada constitución física y 'anodina personalidad' estaba en posesión de una extraordinaria capacidad de autodominio cuyos rasgos distintivos serían esa 'cautela y prudencia' que a lo largo de su vida pesarían sobre sus decisiones como jefe militar y político.

A la participación de Franco en la guerra de Marruecos se puede atribuir la formación decisiva de su personalidad. *Diario de una bandera*, libro que escribió Franco en 1922, contiene el germen de su tesis nuclear: 'que la salvación de España como nación exigía la reafirmación del espíritu y de los valores militares y patrióticos'. La decadencia de España tenía, en opinión de Franco, a un responsable: el Estado civilista, engendro del siglo del liberalismo, portador de la división nacional. Por ello, el antídoto que propone ante la catástrofe del panorama político español está en la trilogía 'orden, unidad y autoridad'. En sus declaraciones, Franco fue definiendo al movimiento militar como español, católico y nacional, cuya misión suprema era salvar al país de la anarquía y el comunismo. Toda la retórica altisonante que acompañaba a estas proclamas no podía ocultar su objetivo, la destrucción de la República y la instauración de una dictadura militar.

La consecución del poder por Hitler y Franco tuvo un rasgo diferenciador fundamental: el primero buscó y logró el poder para trascender Alemania, queriendo hacer de ella un santuario de la nueva religión de los pueblos germánicos, mientras que el segundo se satisfizo con lo que se había propuesto: destruir la República y encerrar a España bajo tras preceptos - tradición, autoridad y catolicismo.

En vista de la gran importancia que tuvieron las relaciones hispano-alemanas en los años treinta y cuarenta, dos artículos más se dedican a estas relaciones durante la Segunda Guerra Mundial. *Antonio Marquina Barrio* investiga la política exterior de España con Alemania durante los años 1939-1945, centrando su estudio en los reajustes de recuperación o pérdida que experimentó la neutralidad española durante la guerra. Dentro de los avatares que precedieron a la guerra mundial, sitúa en lugar preponderante el telón de fondo que significó la presencia y el predominio alemán en diferentes esferas de la sociedad española durante la guerra civil. La herencia de esta influencia sería visible y determinante de las directrices de la actidud española frente a Alemania una vez iniciada la conflagración mundial. La postura española de no entrar en la guerra no pudo cubrir las tendencias encabezadas por Serrano Suñer de que España debía y necesitaba instrumentar una abierta política pro-Eje. Es a partir de aquí que la política exterior española se mostraría en una secuencia alternante de neutralidad - no beligerancia - neutralidad, hecho que no hace sino reflejar las fisuras políticas y económicas del frente interno español que no podía correr el riesgo de verse envuelto en un conflicto mundial de tal magnitud. Como factor equilibrante dentro de esta vacilación de participar o no en la guerra, se puede mencionar el temor español ante un desamparo en materias primas básicas y a un bloqueo económico por parte de los aliados que jugaban la carta de neutralidad española suministrándole un apoyo económico intermitente. El carácter oscilante que acompañaba a esta maleable política exterior española es citado como la afanosa búsqueda de beneficios o contrapartidas, sea a través de reivindicaciones territoriales en el Norte de Africa o ayuda económico-militar por parte del Eje - circunstancia que llevó siempre a un reajuste de relaciones con Alemania e Italia, pero sin conseguir ganancias concretas. Concluye el autor que España pagó caro en la posguerra su 'convivencia' con el Eje, contribuyendo a esto su tardía reacción para cambiar de política a partir de 1942.

Rafael García Pérez centra su ensayo en la vertiente económica. Resalta que durante todos los años de influencia del Tercer Reich sobre España, desde 1936 hasta 1944, las relaciones hispano-alemanas estuvieron definidas por una predominante vinculación económica: la que ligaba a la producción española con la maquinaria bélica nacional-socialista. A partir de 1936, la estrategia nazi procuró asegurarse las fuentes de suministro de las materias primas necesarias. La dependencia alemana respecto de la producción española incluso llegó a hacerse extrema. Dada le debilidad financiera del Tercer Reich, la fórmula que utilizó Alemania para financiar sus inversiones fue reclamar a las autoridades nacionalistas españolas el pago de la ayuda militar prestada a crédito durante la guerra civil. Este pago derivó en un contencioso entre los dos gobiernos que se mantuvo hasta la destrucción del Tercer Reich y cuya liquidación definitiva no se produjo hasta 1948.

La aportación más eficaz del Régimen franquista al esfuerzo de guerra alemán fue su contribución comercial admitiendo un progresivo desequilibrio en el intercambio por 'clearing' que acabó siendo estructural. El desequilibrio comercial se convirtió en la cuestión central de las relaciones hispano-alemanas. A partir de 1942, el Gobierno español presentó insistentemente demandas de armamento, y el Ministro español de Exteriores Gómez Jordana consiguió vincular el mantenimiento del desequilibrio comercial con la venta de armas. Esta venta masiva de armamento fue el mejor modo del que dispuso Alemania para nivelar su déficit comercial, asegurarse el suministro comercial español, e, indirectamente, cobrar una parte significativa de la deuda de guerra pendiente. - Durante el último período de la guerra mundial, cuando la iniciativa de las fuerzas aliadas se notó en todos los frentes de batalla, las relaciones hispano-alemanas quedaron encuadradas entre les vectores dependencia económica del nazismo y supervivencia franquista. En mayo de 1944, el Gobierno español tuvo que aceptar las condiciones aliadas (suspensión total de la exportación de wolframio a Alemania); de esta forma se producía el 'giro' en la orientación internacional del Régimen franquista, que en realidad tuvo un alcance limitado; el Gobierno español no procedió a realizar un cambio de alianzas, sino que puso fin a la vinculación económica con Alemania. La decisiva contribución del nazismo a la victoria nacionalista en la guerra civil nunca se vio compensada en todo su valor, ni económica, política o ideológicamente.

Petra-Maria Weber investiga, en su ensayo, la política española hacia Alemania desde el año 1945 hasta 1958, período en el cual recoge dos problemas esenciales de las relaciones hispano-alemanas: la actitud práctica ante el pasado comprometido y la cuestión de los bienes alemanes bloqueados y expropiados. Describe el proceso que reinsertó a la España franquista y la República Federal de Alemania en Occidente debido a la gestión mediadora de Estados Unidos. Este hecho, determinó el establecimiento y calendario de las relaciones hispano-alemanas gracias a la integración de ambos estados - compartían hasta ese momento un específico aislamiento y la mediatización norteamericana - en el surgiente bloque occidental.

La autora subdivide el período citado de la política española hacia Alemania en tres fases secundarias (1945-1948, 1948-1952, 1952-1958), gravando cada una de ellas con características y movimientos propios. Articula el paréntesis 1945-1948 a la liquidación de la relación con la Alemania nazi que implicó un ambiguo 'compromiso' del Gobierno español para detectar agentes alemanes encubiertos bajo naturalizaciones o residencias ' legales', y al bloqueo de los bienes pertenecientes a los Estados del Eje. Por lo que se refiere a la suscrita labor de 'cooperación y detectamiento', ésta se extravió la mayoría de las veces en la poca voluntad de hacerla efectiva y en el enmarañado jurídico que había que desbrozar. En lo concerniente a la expropiación de los bienes alemanes, pesaron más los beneficios económicos a obtener que una antigua lealtad política, para ese entonces bastante incómoda.

Hace corresponder la fase 1948-1952 a un sondeo de búsqueda por establecer relaciones diplomáticas plenas. Estas fueron evolucionando desde la prioridad que se les daba bajo las relaciones hispano-aliadas, a la constatación de que el resurgimiento de Alemania en el contexto político europeo y, en especial, su incipiente empuje económico demandaban un mayor peso dentro de la política exterior de España. Los años 1952-1958 son vistos bajo una dinámica económica que puso de manifiesto las direcciones opuestas en que avanzaban España y la República Federal de Alemania. Mientras Franco se aferraba a un modelo de desarrollo autárquico, Alemania se abría a Europa a través de una economía de mercado. Cualquier antagonismo de sus sistemas políticos se vio desbordado por el factor económico como determinante de sus relaciones bilaterales. El crecimiento económico alemán contrastó claramente frente al desnivel productivo de España. A pesar de esta antesala de desequilibrios, la posguerra abriría un camino de cooperación económica que depararía considerables resultados a la dictadura franquista y, a fin de cuentas, una inesperada estabilidad.

También el artículo de *Carlos Collado Seidel* tiene por tema las relaciones entre Alemania y España en la época de la posguerra, pero su atención se concentra en un aspecto determinado: el pretendido proyecto de instalación de bases militares alemanas en España y el revuelo que se originó en la opinión pública de los años 60 al ser difundida esta noticia. El 'curriculum' de España y Alemania no podía evitar que se suscitaran vivos temores frente a lo que significaron las relaciones entre el régimen de Franco y el Tercer Reich. Las razones de la intención de conseguir instalaciones militares fuera de Alemania deben ser buscadas en las exigencias estratégicas de la defensa de Europa occidental y en sus consecuencias para la República Federal. Factor relevante fue el estado de las relaciones hispano-alemanas en aquellos años, pues en la decisión de escoger a España para bases militares alemanas pesaban decididamente los antecedentes de cooperación entre los sectores conservadores del Gobierno de Bonn y del de Madrid. No obstante, la promoción de la viabilidad de este proyecto en España fue acogida con cautela por el Gobierno de Madrid que al ver el calibre de la petición alemana, demandaba un tratamiento multilateral del mismo.

El efecto que produjo la publicación del artículo de Cyrus L. Sulzberger en *The New York Times* fue de escándalo, dibujaba una Alemania que se rearmaba militarmente y escapaba al control de la OTAN buscando bases en un país no miembro como era el caso de España. La reacción negativa de la opinión pública atenuó las intenciones del Gobierno de Bonn para continuar con su propósito y lo empujó a discutir sus necesidades logísticas ya no bilateralmente, sino dentro del seno de la Alianza Atlántica. Es así, que a partir de esta actitud alemana se sucedieron opiniones más ponderadas respecto a cómo solucionar la demanda de Bonn. La concesión al ejército alemán de un terreno de entrenamiento y de depósitos de suministros militares en Francia marcó el colofón de tan controvertido asunto.

El último artículo del libro analiza, en sentido cronológico, el aspecto más actual de las relaciones entre Alemania y España. *Walther L. Bernecker* investiga la postura de España frente a la unificación alemana. En la opinión pública española, se pudo apreciar admiración por la pacífica y rápida revolución popular en la República Democrática Alemana, y distanciamiento bastante explícito frente al modo de la unificación que fue caracterizado como 'anexión'. El Gobierno español prestó su apoyo incondicional a la formación de una sola Alemania. Hubo cierta inquietud por parte del Gobierno español que se centraba fundamentalmente en dos cuestiones: La primera era que la unidad alemana no perjudicara a la unión monetaria de la Comunidad Europea; el segundo motivo de preocupación era que el ingreso de la República Democrática Alemana, al formar parte de la República Federal de Alemania en el 'Club de los Doce' no supusiera una desviación hacia Europa Central de los llamados fondos estructurales que intentan atenuar dentro de la Comunidad las diferencias de desarrollo entre regiones pobres y ricas.

Los dos aspectos más comentados en la prensa española eran los probables problemas económicos resultantes de la unificación y la hegemonía política alemana en Europa. Un año después de la unificación ésta parece no haber tenido efectos negativos en los intereses económicos españoles, sino más bien al contrario. El comercio, incluso, aumentó considerablemente durante el año 1991. Y en cuanto a los aspectos políticos, lo que interesaba e interesa a los españoles es la pregunta si la unificación alemana ayuda a la unificación europea o la entorpece. Si bien no hay una opinión clara en la clase política española sobre este punto, parece ser que prevalece la idea que Alemania se estaba europeizando y no que Europa se estaba germanizando.

* * *

Como se indicó en los primeros párrafos de este Introducción, y según se puede desprender de los resúmenes presentados de las diferentes aportaciones, este tomo está lejos de presentar una historia que abarque de manera más o menos exhaustiva las relaciones bilaterales hispano-alemanas. Pero sí pretende ser una contribución al hasta ahora poco intensivo estudio de estas relaciones; como tomo colectivo con aportaciones de carácter histórico-económico, político y cultural, reúne por primera vez una serie de ensayos de diferente orientación, escritos por especialistas en los respectivos temas. Bien por la metodología comparativa, bien por lo novedoso de las fuentes manejadas, este tomo puede contribuir a impulsar futuras investigaciones. Si consigue despertar el interés de jóvenes historiadores por investigar el pasado y presente hispano-alemán, su publicación está más que justificada.

Hans-Jürgen Puhle

Caminos distintos de modernización: España y Alemania en los siglos XIX y XX

Introducción: Caminos distintos de modernización

Cuando hablo de modernización o de desarrollo me refiero a procesos sociales comprensivos e irreversibles que tienen una dirección inequívoca hacia el futuro, una dimensión progresiva a pesar de la posibilidad de desviaciones o inversiones o de estancamiento. El criterio clave de lo progresivo en este contexto es que produzca más autonomía y menos dependencia de individuos tanto como de grupos. No existe *la* modernización como entidad real. Lo que existe son procesos de modernización parcial o sectorial con dimensiones distintas en lo económico, lo tecnológico, social, cultural o político. Y son las combinaciones de distintas modernizaciones parciales, las que constituyen pautas o caminos nacionales o regionales (que a veces son los más importantes) de modernización.

No me refiero a las *teorías* de modernización. En este contexto no interesan tanto. Pero hay que constatar muy claramente que no existe un solo modelo, una sola pauta o un solo camino de modernización. Todos los caminos de modernización son distintos, son particulares, son "Sonderwege".

Este ensayo no da lugar para realmente elaborar, como se necesitaría, todas las dimensiones, todos los factores y todas las etapas categoriales de las modernizaciones o los caminos hacia la modernidad, en España y Alemania. Desde el punto de vista de hoy, un análisis tendría que referirse a por lo menos ocho conjuntos de factores u ocho síndromes que corresponden a ocho etapas dentro del proceso comprensivo que nos hemos acostumbrado a llamar el proceso de la modernización. Estos ocho conjuntos son los siguientes:

1. Las bases o los prerrequisitos de la vida económica y social de una delimitada sociedad, en la geografía, el clima, los recursos naturales, fosiles, territoriales, demográficos, económicos, sociales y culturales, en la agricultura tanto como en la industria, y, en el trasfondo, la memoria histórica, las tradiciones y las instituciones pre- y no-estatales de una sociedad.

2. El proceso del *state building* que en la Europa continental con sus tradiciones absolutistas ha sido estrechamente ligado a los procesos de burocratización y de disciplina.

3. El proceso del *nation building*, con referencia al *state building* y en el sentido de una homogeneización nacional que corresponde a un nivel más alto que el local o el regional, un proceso como lo ha descrito, aunque demasiado desde arriba, Eugen Weber en su clásico libro "Peasants into Frenchmen".[1]

Nacionalización o *nation building* no es una vía de dirección única dirigida hacia el Estado-nación como lo presupone la ideología francesa. Eso es *una* posibilidad: "Peasants into Frenchmen", o sajones, bávaros, württembergois en alemanes; otra posibilidad sería el surgimiento de las naciones periféricas dentro de un contexto estatal más comprensivo, con consecuencias disruptivas y fricciones como ha sido el caso catalán o vasco en España.

4. La *industrialización* con todas sus implicaciones y consecuencias que tal vez ha sido el factor más importante y clave de los procesos modernizadores en la época contemporánea por lo menos hasta la última tercera parte del siglo XX. Esto implica mucho de la formación del capital y de la mano de obra hasta los prerrequisitos en la agricultura y la industria artesanal, en la formación educativa y hasta las migraciones, la organización de los mercados y de la previsión social etc. como consecuencias de la industrialización.

5. La *modernización política* de las organizaciones, instituciones e interacciones políticas es indudablemente una de las consecuencias sociales de la industrialización y tiene también sus dimensiones tecnológicas, p. ej. en la prensa y en las campañas electorales y más en general en las posibilidades aumentadas de participación. Esto es un proceso de organización (en cuanto a la forma) y de democratización (en cuanto a la sustancia).

6. La formación de un sistema de *capitalismo organizado*, o corporativo/corporatista con más dependencia e interacción entre los sectores privados de la "sociedad civil" y las agencias del Estado, más ligado el uno con el otro.[2]

---

1   E. Weber: *Peasants into Frenchmen*, Stanford 1976.

2   H.J. Puhle: "Historische Konzepte des entwickelten Industriekapitalismus. 'Organisierter Kapitalismus' und 'Korporatismus'." En: H.J. Puhle (coord.): *Kapitalismus, Korporatismus, Keynesianismus* (= Geschichte und Gesellschaft 10), Göttingen 1984, pp. 165-184;

7. La formación de la *sociedad de consumo masivo*, y

8. la formación del *welfare state*, o del *Sozialstaat*, del estado de bienestar o de providencia.[3]

Estos son los ocho niveles o conjuntos que tendríamos que analizar dentro de un estudio más profundo de la modernización en uno o más países. Y la comparación los complicaría más. En cuanto a España y Alemania se podrían señalar algunas diferencias categóricas entre los dos países en forma muy simplificada según las líneas de este *check list*:

(1) Se conocen, p. ej., las diferentes fases entre la Península Ibérica y los territorios de la Europa Central, del clima hasta las colonias, y de las tradiciones artesanales hasta la formación de capital o el sistema educativo.

(2), (3) Se sabe que España, en las palabras de Juan Linz, ha sido un caso de "early state building and late peripheral nationalisms"[4] mientras que en Alemania tenemos un caso de muchos *state buildings* a nivel regional y un *nation building* muy atrasado.

(4) Conocemos las diferencias entre la industrialización más amplia, diversificada y comprensiva de Alemania y la que ocurrió en el siglo XIX en las provincias de Barcelona y Vizcaya, más limitada, más de enclave, con menos lazos hacia adelante y hacia atrás, menos impacto para el resto de España, más allá de Cataluña y del País Vasco.

(5) En cuanto a la modernización política y de las organizaciones que la conllevan hay cierto número de similitudes y paralelos entre los dos países a partir de la última década del siglo XIX que en toda la Europa Occidental y Central ha sido el período clave de dicha modernización política, aunque con muchas diferencias en cuanto al contenido democrático o democratizador de este proceso.[5]

H.A. Winkler (coord.): *Organisierter Kapitalismus*, Göttingen 1974.

3   Véase, entre otros, recientemente G.A. Ritter: *El estado social, su origen y desarrollo en una comparación internacional*, Madrid 1991.

4   J.J. Linz: "Early State-Building and Late Peripheral Nationalisms against the State: The case of Spain." En: S.N. Eisenstadt y S. Rokkan (coord.): *Building States and Nations*, t. 2, London 1973, pp. 32-116.

5   Véase H.J. Puhle: "Parlament, Parteien und Interessenverbände in Deutschland." En: M. Stürmer (coord.): *Das kaiserliche Deutschland*, Düsseldorf 1970, pp. 340-377; idem: "Vom Wohlfahrtsausschuß zum Wohlfahrtsstaat." En: G.A. Ritter (coord.): *Vom Wohlfahrtsausschuß zum Wohlfahrtsstaat*, Köln 1973, pp. 29-68.

(6)-(8) Hay variaciones tal vez no tan importantes en lo que se refiere al *breakthrough*, a la formación del capitalismo organizado (en Alemania en la Primera Guerra Mundial, en España en la época de Primo de Rivera, después con desviaciones), a la sociedad de consumo (en Alemania a partir de los años 1950, en España a partir de los años 60 y 70). En cuanto a la organización del *welfare state*, del estado de bienestar podemos notar divergencias características entre Alemania y España: En Alemania se comenzó a realizar una política de *welfare state* más temprano, en la época de Bismarck, en España, mientras tanto, recién se inplementó la misma a inicios del siglo XX y particularmente la época de Primo de Rivera.

Tal vez podría servir más una segunda tentativa de acercamiento algo más weberiano, en el idioma de los tipos ideales o tipos reales, también muy simplificado: Si reducimos la riqueza de los factores que han contribuído a las modernizaciones occidentales a no más de tres conjuntos de factores como son el de la *burocratización*, el de la *industrialización* y el de la *democratización*, podríamos caracterizar, con mucha simplificación, los distintos caminos de determinados países o regiones europeos hacia la modernidad en términos de las distintas mezclas entre estos conjuntos:

- El camino británico o inglés fue dominado por los factores de la *industrialización* y, provocado por ésta, también de los de la democratización, mientras que quedó atrasada por mucho tiempo la burocratización.

- El camino prusiano-alemán fue caracterizado por la hegemonía de una mezcla entre la *burocratización* y la *industrialización*, con deficiencias en el campo de la democratización, que llegó mucho más tarde, después de la Segunda Guerra Mundial.

- El camino francés muestra una mezcla hegemónica entre la *burocratización* (tanto del Antiguo Régimen como de la época napoleónica) y la *democratización* (en la tradición de la Revolución y del liberalismo); aquí ha sido la industrialización la que no ha impregnado tanto a las instituciones del sistema social o de Estado.[6]

- Podríamos añadir los distintos diferenciales del grado respectivo de lo que hemos llamado la *nacionalización*, etc.

El camino español ha seguido más o menos las líneas del caso francés: con las tradiciones borbónicas centralistas aunque fuesen más contestadas en España que en Francia, con la organización burocrática en los grandes

---

6   Véase más en detalle H.J. Puhle: "European Modernization and the Third World." En: *Cultural Heritage and Modernization*, Hong Kong 1987.

cuerpos, con esfuerzos de modernización reformista desde arriba, con un liberalismo político muy articulado en un momento relativamente temprano que ha influído en la construcción de las instituciones y a veces en el aumento de la participación política, en la larga sobrevivencia de la política de notables o caciques. Por otro lado tenemos algunos factores adicionales que distinguen al camino español del francés: p. ej. la disociación y los "clivajes" entre el centro y la periferia, la mayor fragilidad y debilidad de la "sociedad civil" frente al Estado (con excepción de Cataluña) y la larga duración de las dictaduras autoritarias en el siglo XX, indicios que acercan el ejemplo español más al caso alemán.

Por otro lado, en Alemania el *federalismo* y las autonomías más grandes de las municipalidades han permitido una diversidad institucional desde abajo, incluso en una dirección liberal, y más diferenciación y fraccionamiento de élites, incluso de alianzas entre los distintos grupos de la burguesía, de los profesionales etc., aunque en general haya avanzado, después de la formación del Reich, el proceso de la homogeneización nacional, mientras que en España este proceso se ha reducido y frenado después de los comienzos del auge de los nacionalismos periféricos.[7]

En lo que sigue, caracterizaré algunos de los aspectos más importantes de una comparación entre España y Alemania en forma más bien implícita y consecutiva, refiriéndome en ocho puntos a distintas etapas del proceso modernizador en ambos países.

Modernización socioeconómica y modernización política en el siglo XIX

Juan Linz ha caracterizado el desarrollo de España en el siglo XIX constatando que el país había dejado de ser una sociedad tradicional sin tener la fuerza de convertirse en una sociedad moderna.[8] En contraste con lo que ocurrió en Prusia/Alemania se había realizado, dice, una modernización política profunda sin modernización económica comprensiva de manera que se pueden notar hasta el siglo XX las limitaciones estrechas y específicas de

---

7 Véase H.J. Puhle: "Problemas del federalismo alemán." En: G. Trujillo (coord.): *Federalismo y Regionalismo*, Madrid 1979, pp. 87-120; idem: "El Estado español de las autonomías y el sistema federal alemán." En: M. Tuñón de Lara (coord.): *Gernika: 50 años después*, Bilbao 1987, pp. 245-267.

8 J.J. Linz: *Tradición y Modernización en España*, Granada 1977.

la modernización social. Según Linz, no fue sino en las últimas décadas del franquismo que se invirtió este proceso produciendo un desarrollo económico sin progreso político. Aunque esta fórmula puede servir como característica general, sin embargo, se necesitan algunas matizaciones. En el siglo XX no han coincidido, antes del año 1975, las fases de la modernización socioeconómica y de la modernización política (Primo, Franco, vs. Segunda República); sólo a partir de 1975 fueron combinados ambos procesos con la consecuencia que España llegó a ser menos diferente del resto de Europa que antes. Esto corresponde a las tendencias generales seculares hacia más convergencia entre los grandes sistemas políticos y sociales occidentales. En el caso alemán, no encontramos una separación tan clara de los dos procesos diferentes de modernización aunque se puedan notar similitudes, tanto en el Imperio como en la República de Weimar y en el régimen nacionalsocialista, y no obstante que las divergencias con el "Occidente" hayan disminuído drásticamente después de la Segunda Guerra Mundial.

En España, sin embargo, a finales del siglo XIX no había quedado mucho de los logros institucionales y democráticos de las Cortes de Cádiz (1812) o de la Revolución de 1868 (que en algunos sectores había tematizado problemas similares a los alemanes alrededor de 1848). Dominó un sistema de política de notables, clientelista y caciquil, de una pequeña élite de conservadores y liberales, que organizaron el "turno" y falsificaron los resultados electorales correspondientes. Para Cataluña y para el País Vasco tendríamos que invertir la fórmula de un relativo "supradesarrollo" en lo político y un "subdesarrollo" en lo socioeconómico: Estas dos regiones a partir del *breakthrough* de la alta industrialización en los años 1860/70, económicamente fueron "supradesarrolladas", aunque suprimidas políticamente por el centralismo madrileño y la burocracia estatal. Fue en esta constelación que se organizaron en la última tercera/cuarta parte del siglo XIX los nacionalismos periféricos, particularmente el catalán, que se convirtió en un movimiento político masivo alrededor del comienzo del siglo XX, y el vasco que llegó al mismo nivel después del año 1917/1930. Así el antagonismo entre el centro y la periferia se estableció como una categoría constituyente de la política española que no tiene nada parecido en Alemania. El resto de España (con excepción de Asturias) se industrializó de forma permanente no antes de los años 1960. La construcción de ferrocarriles en el siglo XIX fue dominada por el capital extranjero.

En la mayoría de los territorios alemanes, y particularmente en la Prusia hegemónica, la secuencia fue al revés: se modernizaron económicamente antes de modernizarse políticamente. El *breakthrough* de la alta industrialización ocurrió en los años 1860 y fue seguido ya en los años 90 por la segunda ola tecnológica de la industrialización (industria eléctrica, construcción de motores, industria química) que no ha tenido equivalente en España por mucho tiempo. La influencia del Estado como inspirador industrial se redujo. Una vez establecida, la industria alemana fue más comprensiva, más diferenciada, más amplia y más profunda que la catalana o la vasca, y fue caracterizada por más capitalización y más dinamismo. El protagonista de la unificación alemana, el Estado de Prusia, al mismo tiempo fue el líder en el proceso económico y en el proceso político. Sin embargo, Prusia todavía fue dominada por élites premodernas, particularmente por el cártel de poder entre los grandes terratenientes del Este de Prusia y la burocracia. En España, la posición de los latifundistas castellanos y andaluces fue un poco menos fuerte (aunque todavía poderosa), y las élites agrarias en el proceso de desamortización habían adoptado rasgos más "burgueses" (en el sentido de una burguesía agraria) que sus homólogos en el Este de Prusia. La influencia de las capas urbanas, de la burguesía financiera e industrial y de los profesionales frente al Gobierno y a la burocracia fue relativamente mayor, cuanto más, que la burocracia española - en contraste con la alemana - fue organizada de forma centralista según el modelo francés de los grandes cuerpos. Tampoco ha existido en Alemania algo así como el "turno" entre liberales y conservadores. El último cambio decisivo en la política del Imperio se había realizado ya en la segunda mitad de los años 1870.[9]

El empuje de los años 1860/70

En los años 1860/70, se formó el Reich alemán que no produjo un centralismo burocrático: Las burocracias básicamente siguieron siendo las burocracias de los estados territoriales ya establecidos, con todas sus diferencias y su multiplicidad institucional. El Reich se constituyó como un sistema federal (y hasta confederal), sistema rechazado en España. Junto a

9 Véase G. Tortella Casares: *Los orígenes del capitalismo en España*, Madrid, 2.a edición, 1982; J. Nadal: *El fracaso de la revolución industrial en España, 1814-1913*, Barcelona 1975; idem y otros: *La economía española en el siglo XX*, Barcelona 1987; W.L. Bernecker: *Sozialgeschichte Spaniens im 19. u. 20. Jahrhundert*, Frankfurt 1990; K. Borchardt: *Die Industrielle Revolution in Deutschland*, München 1972; W. Abelshauser y D. Petzina (coord.): *Deutsche Wirtschaftsgeschichte im Industriezeitalter*, Königstein 1981; H. Rosenberg: *Grosse Depression und Bismarckzeit*, Berlin 1967; H.J. Puhle y H.-U. Wehler (coord.): *Preußen im Rückblick*, Göttingen 1980; J. Kocka (coord.): *Bürger und Bürgerlichkeit im 19. Jahrhundert*, Göttingen 1987.

este sistema federal, existía una tradición muy fuerte de autogobierno municipal, ajena al centralismo borbónico. En España comenzaron a surgir al mismo tiempo los nacionalismos periféricos, y en ambos países las dos décadas de los años 60 y 70 marcaron una época clave en cuanto a los comienzos de la industrialización y las migraciones hacia los centros industriales, así como de la organización de los movimientos obreros.

Los años 60 y 70, fueron al mismo tiempo décadas de decisiones importantes en ambos países: En España en contra del carlismo, en Alemania en contra de la solución "grossdeutsch" ("gran alemana"). En España no había un poder hegemónico como el Estado de Prusia ni un actor político tan dominante como Bismarck. Por otro lado, los alemanes no han tenido nada parecido a la experiencia traumática de los españoles del año 1898 (por lo menos no hasta la derrota en la Primera Guerra Mundial veinte años más tarde). En ambos países (con excepción de Cataluña y de algunas grandes ciudades comerciales alemanas como Francfort o Hamburgo), las élites de la sociedad civil se fijaron de forma relativamente fuerte hacia el Estado y dependían de él, aunque con diferencias importantes.

Aspectos de la organización política

El final del siglo XIX y el comienzo del siglo XX han sido, tanto en Alemania como en España, un período de creciente organización política, a nivel masivo con muchos aspectos modernizadores, como consecuencia de la prosperidad económica, del progreso tecnológico, del comercio y de las comunicaciones, de las reformas de sufragio y del crecimiento de los movimientos obreros y de empleados, de las luchas de clases y de la violencia; también influyó la organización de grupos de presión de empresarios, comerciantes y agrarios en reacción a la gran deflación de los años 70 hasta 90. Haré mención, brevemente, primero de algunas tendencias generales, segundo de los movimientos obreros, tercero de las relaciones entre la Iglesia y el Estado, y cuarto del problema militar.

En Alemania, además de la polarización clásica entre el mundo burgués y el mundo del proletariado, el mundo burgués se polarizó en dos partes: la liberal, constitucional y parlamentaria, y la conservadora con afectos profundos de deslealtad institucional y programática, anticonstitucional, antiparlamentaria y antipartidista, dominados por el socialdarwinismo y el antisemitismo. En España, el antagonismo no fue tan intransigente: Había menos oposición fundamental; con excepción de los anarquistas, casi todos aceptaron las instituciones, sólo que no se cumplían. Las élites prusiano-alemanas confiaron en el dique institucional del sufragio plutocrático de Prusia, mientras que en España los burócratas y los políticos simplemente falsificaron los resultados electorales, aunque a partir del comienzo del siglo XX se podía usar esta técnica ya mucho menos en las grandes ciudades españolas. Se formaron los grandes partidos bien organizados de masas, como el Lerrouxismo o la Lliga catalana y nuevos grupos de presión de los diferentes sectores económicos. Sin embargo, el grado de la organización burocrática comprensiva y de la modernidad técnica de estos partidos y grupos permaneció en un nivel inferior al de Alemania, y nunca llegó al nivel de la eficacia y de las estructuras del Partido Socialdemócrata alemán o del Partido Católico del Centro, de la Liga Agraria o del Hansabund. En España, los partidos políticos se caracterizaron por su alta capacidad para movilizar a las masas en forma *ad hoc* y sin crear estructuras. En España, la transición desde la política de notables con sus mecanismos clientelistas y caciquiles hacia la política organizada y burocratizada de los grandes aparatos tuvo lugar mucho más tarde que en Alemania, y todavía han quedado residuos de esta política de notables en algunas regiones rurales.[10]

El movimiento obrero alemán fue mucho más homogéneo que los movimientos españoles: El Partido Socialdemócrata y los sindicatos que se subordinaron al partido en los debates políticos fueron bien organizados, burocratizados y eficaces; al mismo tiempo se volvieron más pragmáticos, a pesar de sus intransigencias ideológicas, de manera que en el año 1912 el SPD fue el grupo parlamentario más fuerte en el *Reichstag*, y después de la Primera Guerra Mundial pudo cooperar de forma decisiva de líder en la reorganización institucional, política y social de Alemania. En España, en contraste, los movimientos obreros fueron más fragmentados y menos fuertes, por la división originaria entre anarquistas y socialistas y además por el fraccionamiento de cada uno de estos grupos, particularmente por los conflictos entre las fracciones personalistas del PSOE y de la UGT, entre las cuales no existía una división clara y articulada de trabajo político. Además, los socialistas españoles nunca fueron del todo marxistas, y desde el comienzo influyó mucho en las estrategias de ambas grandes corrientes del movimiento obrero el hecho de que existía un alto porcentaje de trabajadores

10 Véase S. Berger (coord.): *Organizing Interests in Western Europe*, Cambridge 1981; H.J. Puhle: *Agrarische Interessenpolitik und preußischer Konservatismus im Wilhelminischen Reich*, Bonn-Bad Godesberg, 2.a edición, 1975; idem: *Parlament, Parteien und Interessenverbände* (cfr. nota 5); K.J. Nagel: *Arbeiterschaft und nationale Frage in Katalonien zwischen 1898 und 1923*, Saarbrücken 1991, y los estudios clásicos: R. Carr: *Spain 1808-1939*, Oxford 1966; M. Fernández Almagro: *Historia política de la España contemporánea*, 3 t., Madrid 1968.

de la tierra, que en Alemania no se integraron en el movimiento obrero. Por eso tenían un peso muy elevado en los programas de los movimientos obreros españoles las aspiraciones y demandas de una reforma agraria.[11]

Las relaciones entre el Estado y la Iglesia han sido diferentes en ambos países por el hecho de las distintas composiciones confesionales de la población: En Alemania las iglesias protestantes estaban estrechamente vinculadas con los aparatos de los Estados particulares. Con la decisión a favor de la unificación "kleindeutsch" bajo hegemonía prusiana excluyendo a Austria, la Iglesia Católica había perdido su aliado más importante y se había situado en posición minoritaria. Como minoría "amenazada" (p. ej. por el *Kulturkampf* contra Bismarck) sabía organizarse como movimiento político muy eficaz que se estableció en poco tiempo como una de las fuerzas claves dentro del sistema político del Reich. El Gobierno tuvo que eliminar el *Kulturkampf* en 1876, porque necesitaba los votos de los diputados del Partido Católico del Centro en el Parlamento del Reich; a partir de entonces, el Partido del Centro se convirtió en un partido que se integró formal o informalmente en las coaliciones de gobierno hasta el año 1930. Como en todos los países con una división confesional en protestantes y católicos, en Alemania había menos anticlericalismo por parte de los liberales y radicales y de grandes sectores del movimiento obrero. Al mismo tiempo había menos conflictos y menos polarización entre el Estado y la Iglesia y entre los liberales y la Iglesia, porque en Alemania el sistema escolar estatal fue mucho mejor; consecuentemente, tenían menos importancia y menos peso las escuelas y los colegios católicos.

Otra diferencia es que el socialcatolicismo, esta corriente izquierdizante y reformista cuya existencia ha contribuído a una política más centrista y más moderada del movimiento católico alemán, casi no existía en España, con excepción de algunos núcleos en el País Vasco y dentro del nacionalismo vasco. En el resto de España, la Iglesia Católica durante la mayor parte del siglo XX ha sido básicamente conservadora y hasta reaccionaria, favoreciendo a la derecha y al Estado - una postura que no comenzó a diferenciarse antes de los años 60. Los grandes conflictos entre los conceptos de una edu-

---

11 Véase G.A. Ritter: *Die Arbeiterbewegung im Wilhelminischen Reich*, Berlin, 2.a edición, 1963 y recientemente J. Kocka: *Arbeitsverhältnisse und Arbeiterexistenzen*, Bonn 1990; G.A. Ritter y K. Tenfelde: *Arbeiter im Deutschen Kaiserreich 1871-1914*, Bonn 1992; J. Peirats: *La CNT en la revolución española*, 3 t., Paris 1971; M. Tuñón de Lara: *El movimiento obrero en la historia de España*, Madrid 1972; A. del Rosal: *Historia de la U.G.T. de España 1901-1939*, 2 t., Barcelona 1977; S. Juliá (coord.): *El socialismo en España*, Madrid 1987; idem (coord.): *El socialismo en las nacionalidades y regiones*, Madrid 1988; E. Malefakis: *Agrarian Reform and Peasant Revolution in Spain*, New Haven 1970.

cación laica versus una educación católica que en Alemania habían terminado a finales del siglo XIX, en España contribuyeron todavía a los problemas no solucionados de la Segunda República. El burgués alemán ante todo tenía miedo de que la "Internacional roja" hiciera la revolución; el burgués español tenía más miedo de que los rojos y los anticlericales incendiaran las iglesias.[12]

Otra diferencia importante entre Alemania y España reside en la función y en el peso relativo de los militares. En Prusia y en Alemania, el militarismo y cierto grado de militarización de toda la vida política y social fueron una parte integral del sistema, pero nunca se erigió una dictadura militar, tal vez con la excepción de unos meses en la Primera Guerra Mundial, cuando surgió en forma disfrazada. Los militares concibieron sus funciones como servicio al Estado y al Rey; pertenecían al cártel tradicional prusiano de poder, tenían influencia, y normalmente disponían de los recursos financieros que exigían. Los oficiales y los suboficiales eran pagados como los demás funcionarios públicos comparables. Desde las reformas militares a comienzos del siglo XIX, las fuerzas armadas etaban bien y organizadas, y el hecho de que habían ganado todas sus guerras hasta el año 1914 les aseguró mucho prestigio y reconocimiento en todos los sectores de la sociedad. Es importante señalar que también participaron en las innovaciones científicas y tecnológicas del resto de la sociedad.[13]

En España, la situación era muy diferente: Ya en el Antiguo Régimen el papel de los militares no había sido tan importante y central; no habían pertenecido al cártel del poder como en la vieja Prusia, y desde los comienzos de las Guerras de Independencia de las colonias latinoamericanas, los militares españoles perdieron casi todas sus guerras contra poderes extranjeros (Estados Unidos, Marruecos). Carecían tanto de la profesionalización como de la modernización del armamento, su prestigio era más bien bajo y se retiraron relativamente temprano en un ghetto institucional y en una subcultura aislada donde normalmente perdieron el contacto con los cambios tecnológicos, económicos, sociales y culturales acelerados que les rodeaban.

---

12 Véase W. Loth: *Katholiken im Kaiserreich*, Düsseldorf 1984; D. Blackbourn: *Class, Religion and Local Politics in Wilhelmine Germany*, Wiesbaden 1980; T. Nipperdey: *Religion im Umbruch*, München 1988; S.G. Payne: *El catolicismo español*, Barcelona 1984; J.J. Linz: "Church and State in Spain from the Civil War to the Return of Democracy." En: *Daedalus* 120, 3, 1991, pp. 159-178.

13 Véase H. Rosenberg: *Bureaucracy, Aristocracy and Autocracy*, Cambridge, MA 1968; M. Messerschmidt: "Preußens Militär in seinem gesellschaftlichen Umfeld." En: Puhle y Wehler (coord.): *Preußen im Rückblick* (cfr. nota 9), pp. 43-88; S. Förster: *Der Doppelte Militarismus*, Stuttgart 1985.

Como compensación por la posición y el prestigio que el Estado y la sociedad (según su juicio) les negaba, los militares españoles intervinieron, a partir del comienzo del siglo XIX, en la política en forma de pronunciamientos. Estos golpes fueron facilitados por la relativa debilidad de las instituciones civiles y por el hecho de que casi siempre existía un grupo político que animó o pidió a los militares a pronunciarse. Y las guerras domésticas normalmente podían ganarse. El modelo clásico del pronunciamiento decimonónico sobrevivió en España hasta el siglo XX; todavía le correspondieron la dictadura de Primo de Rivera en los años 20, la tentativa golpista del año 1932 y los comienzos de la insurrección "nacionalista" de 1936.[14]

Se puede constatar cierto paralelismo entre Alemania y España en el aumento numérico de los llamados "desperados militares" que ejercieron un papel importante en los orígenes de los movimientos fascistas en la época de entreguerras, en Alemania ya después de la Primera Guerra Mundial, en España particularmente después de las guerras de Marruecos de los años 20. En ambos países, los militares reaccionaron a lo que consideraron como amenazas vitales: los unos en contra de la paz de Versailles, los otros en contra de las reformas militares de Azaña.[15]

Las repúblicas

También las repúblicas que precedieron a las dictaduras alemana y española mostraron diferencias enormes aunque quedan algunos rasgos similares: Ambas repúblicas sufrieron, en formas diferentes, de la gran depresión, tenían capacidades muy limitadas para solucionar sus problemas y finalmente produjeron una polarización política masiva y violenta que deslegitimó las bases constitucionales y sociales del sistema político. Las situaciones respectivas habían sido diferentes desde los comienzos de las repúblicas: La formación de la República de Weimar estuvo estrechamente ligada a la derrota en la Primera Guerra Mundial, a las duras condiciones de

---

14 Véase, entre otros, J. Busquets: *Pronunciamientos y golpes de Estado en España*, Barcelona 1982; idem: *El militar de carrera en España*, Barcelona, 3.a edición, 1984; S.G. Payne: *Ejercito y sociedad en la España liberal*, Madrid 1977; C. Seco Serrano: *Militarismo y civilismo en la España contemporánea*, Madrid 1984.

15 W. Sauer: "Die Mobilmachung der Gewalt." En: K.D. Bracher, W. Sauer, G. Schulz: *Die nationalsozialistische Machtergreifung*, Köln, 2.a edición, 1962, pp. 685-966; S.G. Payne: *Falange*, Paris 1965.

la paz impuesta en Versailles y a la inflación; una parte considerable de las élites alemanas permaneció antirrepublicana. Por otro lado, hasta los liberales de derecha y una gran parte de los conservadores, a saber los conservadores católicos del Partido del Centro, apoyaron a la República que pudo realizar una serie de reformas políticas y sociales fundamentales y consolidarse bastante hasta 1929. El declive de la República comenzó después, cuando se acumularon las cargas de las reparaciones, de los servicios sociales y del desempleo, las deudas y las consecuencias de la gran depresión, y cuando el crecimiento de los votos comunistas y nacionalsocialistas produjo mayorías puramente destructivas, enfatizando las debilidades institucionales de la República (la tentación de la dictadura presidencial) y aumentando el tradicional miedo de grandes partes de la población frente a las amenazas revolucionarias. Sin embargo, de las cuatro líneas de conflicto que caracterizaron a la Segunda República española: propietarios vs. movimiento obrero, monarquía vs. República, centro vs. periferia, catolicismo vs. laicismo, en Alemania solamente existían las dos primeras.[16]

La Segunda República española fue impregnada, desde sus comienzos, por las limitaciones de la gran depresión . Sus problemas principales: los estatutos de autonomía, la reforma agraria, la reforma educacional y la reforma militar no llegaron a ser solucionados, y su existencia contribuyó esencialmente a la polarización política. En la política social había menos progreso en la República que bajo la dictadura de Primo de Rivera. La mayoría republicana no había sido muy amplia en el año 1931, y alrededor de la mitad de la población y de las élites españolas (particularmente los conservadores y los liberales de derecha) se articularon en contra del orden republicano poniendo en tela de juicio su legitimidad. Otro factor del debilitamiento del campo republicano fue el hecho de que el grupo más grande del movimiento obrero, los anarquistas, no participaron hasta 1936 en la política institucional y en las elecciones.[17]

---

16 Véase G.D. Feldman: *Army, Industry, and Labor in Germany 1914-1918*, Princeton 1966; H. Mommsen y otros (coord.): *Industrielles System und politische Entwicklung in der Weimarer Republik*, Düsseldorf 1974; K. Borchardt: "Zwangslagen und Handlungsspielräume in der großen Wirtschaftskrise der frühen dreißiger Jahre (1979)." En: idem: *Wachstum, Krisen, Handlungsspielräume der Wirtschaftspolitik*, Göttingen 1982, pp. 165-182; C.-L. Holtfrerich: "Zu hohe Löhne in der Weimarer Republik? Bemerkungen zur Borchardt-These." En: *Geschichte und Gesellschaft* 10, 1984, pp. 122-141.

17 Véase el resumen clásico en: G. Brenan: *The Spanish Labyrinth*, Cambridge 1967, y J.J. Linz: "The Party System of Spain: Past and Future." En: S.M. Lipset y S. Rokkan (coord.): *Party Systems and Voter Alignments*, New York 1967, pp. 197-282.

En Alemania, a comienzos de los años 30 el Partido Comunista y el Partido Nacionalsocialista fueron movimientos masivos bien organizados cuyo crecimiento presionó sobre las élites políticas establecidas. En España, tanto los comunistas como la Falange antes de la Guerra Civil no llegaron a ser más que pequeños grupúsculos - en el caso de la Falange muy esotéricos - que no pudieron dominar la escena política. Siendo muy estrecho el espectro de las fuerzas republicanas con sus intereses heterogéneos y divergentes (hasta regionalistas), no fue fácil formar coaliciones y mayorías de gobierno. La capacidad integradora del Gobierno disminuyó, las olas del terrorismo tanto de la izquierda como de la derecha aumentaron, y los movimientos regionalistas se radicalizaron. Los partidos liberales de izquierda, cuyas élites dominaron a la República intelectual y políticamente, estaban mal organizados y no tenían más afiliados y votos que sus homólogos en Alemania a finales de la República de Weimar. Y tampoco existía en España algo parecido al Partido Católico del Centro alemán; en sus estructuras, la CEDA tenía más semejanzas con el Partido Socialcristiano austríaco. En ambos países, sin embargo, se formó una "nueva derecha" (E. Weber) que precedía a la formación de movimientos fascistas o fascistoides, en Alemania en el ámbito de los grupos nacionalistas y racistas (Vaterlandspartei, DNVP, Völkische Verbände), en España en algunos grupos del ambiente clerical-corporatista (CEDA, Renovación Española).[18]

El impacto de las guerras

Las guerras, como las crisis económicas, generalmente tienen considerables impactos modernizadores. Sin embargo, aquí existen diferencias profundas entre Alemania y España en el siglo XX. En Alemania, la Primera Guerra Mundial tuvo más impacto estructural sobre la sociedad y la política; produjo una serie de innovaciones técnicas y políticas constituyentes para la política de Weimar: Las alianzas políticas que se formaron, la administración de la economía de guerra y las nuevas instituciones para la gestión de las relaciones laborales se pueden caracterizar como los últimos pasos en el camino hacia la construcción del capitalismo organizado con mecanismos corporatistas entre empresarios, organizaciones laborales y las agencias del

---

18 Véase H. Rogger y E. Weber (coord.): *The European Right*, Berkeley 1966; H.J. Puhle: *Von der Agrarkrise zum Präfaschismus*, Wiesbaden 1972; A. Mohler: *Die Konservative Revolution in Deutschland 1918-1932*, 2 t., Darmstadt, 3a. edición, 1989; J.R. Montero: *La CEDA*, 2 t., Madrid 1977; J. Tusell: *Historia de la Democracia Cristiana en España*, 2

Estado.[19] En la Segunda Guerra Mundial también hubo innovaciones técnicas y algunos procesos dirigidos hacia un decrecimiento incremental de las diferencias sociales y hacia más igualdad, pero los rasgos que destacan son los de la destrucción, de la desorganización, del empobrecimiento y de la destitución. Muy similar fue el impacto de la Guerra Civil española, caracterizado básicamente por sus rasgos de destrucción, salvo algunos experimentos de organización social en las zonas republicanas, particularmente en Cataluña.

Las dictaduras

En cuanto a las dictaduras nacionalsocialista y franquista, hay diferencias importantes relativas al carácter de los "movimientos", a la manera de la toma de poder y la consolidación de la dictadura, y en cuanto a las alianzas entre los distintos grupos del régimen y la manera de su interacción.

Aquí hay menos semejanzas y más bien diferencias. Las semejanzas están en el carácter dictatorial de los regímenes, en algunos puntos de su retórica, en el control de la sociedad y en la represión de los grupos de oposición política, en algunos aspectos de la vida cotidiana y de cierta cantidad de modernización técnica, en la cooperación de los regímenes con los bancos y con la industria, en la administración por decretos y decretos-leyes y *last but not least* en el papel indiscutible del *Führer* o del Caudillo como última instancia de todas las decisiones políticas. Sin embargo, resaltan las diferencias:

a. En cuanto al carácter de los movimientos hay que constatar que en Alemania los grupos del nacionalsocialismo penetraron en la sociedad y establecieron sus regímenes sectoriales ("ducados"), integraron y nazificaron a las élites tradicionales y económicas y a las iglesias protestantes y católica. El nacionalsocialismo por un lado fue un movimiento fascista en el sentido que correspondía al "mínimo fascista" de Ernst Nolte; por otro lado, se caracterizó por sus rasgos extremistas y totalitarios, su ideología racista, el fanatismo, la organización burocrática y eficaz del aniquilamiento de los judíos y de otras minorías, y el poder personalista carismático de Hitler que

t., Madrid 1986.

19 Feldman: *Army, Industry, and Labor* (cfr. nota 16); las contribuciones de G.D. Feldman y H.-U. Wehler en: H.A. Winkler (coord.): *Organisierter Kapitalismus* (cfr. nota 2), pp. 150-171 y 36-57.

no podía ser destituído como lo fue Mussolini por el Gran Consiglio del fascismo. En España, el "mínimo fascista" correspondía solamente a la Falange que nunca fue un movimiento masivo, sino un grupúsculo de intelectuales y "bohemiens" con algunos campesinos asociados de Vallado-lid. Fue un grupo fascista originario que perdió importancia a partir de su unificación con los tradicionalistas, y mucho más después de la guerra. Fue minoritario ya dentro del movimiento, y más aún comparado con otros gru-pos del régimen como los militares, o las élites tradicionales y económicas. La dictadura de Franco no fue un régimen fascista, solamente había elementos fascistas dentro del régimen, con importancia decreciente. Más bien fue una dictadura militar, un régimen burocrático-autoritario, con poca movilización y poca ideología explícita.[20]

b. También existen diferencias en cuanto a la toma de poder y la consolida-ción del régimen: En Alemania, la toma de poder de los nazis fue semilegal, y el régimen terminó, después de doce años, en la derrota de una guerra mundial. El franquismo tuvo su origen en una sublevación militar que se convirtió en una guerra civil que fue una guerra europea, y el régimen llegó a su fin en una transición pactada después de cuarenta años. Por su duración mucho más larga y las reformas en las últimas dos décadas, el impacto de la dictadura franquista para el futuro de España ha sido más grande y más importante que el impacto del nacionalsocialismo para Alemania (no con-tando la división del país como consecuencia de la guerra). Los nazis llega-ron al poder por una combinación de movilización de masas y de estrategias electorales, por un lado, y por medio de alianzas con élites tradicionales y económicas y una subversión, tolerada por los alemanes y el extranjero, de las instituciones constitucionales, por el otro. En 1932/33 casi la mitad de los electores alemanes votaron por Hitler y sus aliados, y después se integraron muchos más, desde los ámbitos católico, conservador y liberal.[21] En cuanto a España, se puede decir que también casi la mitad de los españoles (grosso

---

20 Véase E. Nolte: *Der Faschismus in seiner Epoche*, München 1963; idem: *Die faschisti-schen Bewegungen*, München 1966; K.D. Bracher: *Die deutsche Diktatur*, Köln, 4.a edi-ción, 1972; S.G. Payne: *Fascism. Comparison and Definition*, Madison 1980; idem: *Falange* (cfr. nota 15); idem: *The Franco Regime*, Madison 1987; J.J. Linz: "From Fal-ange to Movimiento-Organización: The Spanish Single Party and the Franco Regime, 1936-1968." En: S.P. Huntington y C.H. Moore (coord.): *Authoritarian Politics in Modern Societies*, New York 1970, pp. 128-203; idem: "An Authoritarian Regime: The Case of Spain (1968)." En: E. Allardt y S. Rokkan (coord.): *Mass Politics. Studies in Political Sociology*, New York 1970, pp. 251-283 y 374-381.

21 Véase K.D. Bracher: *Die Auflösung der Weimarer Republik*, Villingen, 4.a edición, 1964; Bracher, Sauer, Schulz: *Machtergreifung* (cfr. nota 15); J.W. Falter: *Hitlers Wähler*, Mün-chen 1991.

modo los del Frente Nacional de 1936) se identificaron con las aspiraciones franquistas. Pero los insurgentes militares vencieron solamente con la ayuda militar de Alemania e Italia.

Fue característico, sin embargo, que el franquismo conservó hasta los últimos momentos del régimen como técnica de la dominación la división de los españoles en dos campos según las líneas: tradición vs. modernización, conservadores vs. progresistas, católicos vs. laicos, monárquicos vs. republicanos. Después de cuarenta años de régimen, la oposición política dentro del país casi había desaparecido permitiendo poca continuidad de los demócratas. En el caso de Hitler, la toma de poder fue relativamente simple y fácil, el régimen corrió más riesgos y finalmente fue derrotado. En el caso de Franco, la toma de poder fue relativamente difícil y sangrienta, el régimen corrió menos riesgos y se caracterizó por su larga duración y su fin en una transición pactada.

c. En cuanto a las alianzas dentro del régimen, primero hay que señalar que en ambos regímenes el poder personal del Führer/Caudillo fue ilimitado y no contestado. El dictador era la última instancia de decisiones, pero dentro de constelaciones diferentes: En Alemania, los "ducados" y los imperios personalistas de los Mini-Führer se restringían a delimitados sectores, burocracias e instituciones, administrados de forma más independiente. En España, el cártel de poder fue más amplio; formaban parte de él, el "movimiento" (incluyendo los restos falangistas), los militares, la Iglesia y las élites tanto tradicionales como económicas. Existía un balance precario y poco estable entre estos grupos, de manera que la última decisión residía en el Caudillo. Generaciones de sociólogos han tratado de interpretar la sociología del franquismo a base de los cambios en la composición del gabinete, siendo el más significativo el del año 1957, de los viejos "movimientistas" a los protagonistas del Opus Dei.[22]

En el nacionalsocialismo había más policracia y más continuidad de las élites, en el franquismo más uniformidad, más coordinación con un *turnover* más alto del personal dirigente. También hay que mencionar una diferencia en cuanto al grado de la institucionalización de los respectivos regímenes. Los nacionalsocialistas violaron la Constitución alemana, pero trataron de establecer el simulacro de la semilegalidad con legislación de emergencia o de autorización especial y con el nombramiento de líderes nazis para cargos tradicionales. En la guerra llegaron a gobernar más por decretos. En España fue al revés: En los comienzos del régimen franquista había relativamente

---

22 J.C. Fest: *Hitler*, Frankfurt 1973; J.P. Fusi: *Franco*, Madrid 1985; un ejemplo para muchos: A. de Miguel: *Sociología del Franquismo*, Barcelona 1975.

poca institucionalización, fueron suspendidos la Constitución, los Estatutos y muchas leyes de la República, y el Estado fue administrado básicamente por medio de decretos. Por mucho tiempo los españoles ni siquiera sabían en qué forma de Estado y de gobierno vivían. Cierto aumento de la institucionalización se produjo a partir de 1945 por una serie errática de "leyes orgánicas" con aclamación plebiscitaria (hasta el reglamento de la sucesión de Franco en 1969).[23]

La diferencia: dictadura no modernizadora vs. dictadura modernizadora

La dictadura española se distingue categóricamente de la alemana por su diferente contexto temporal y por su duración mucho más larga. Estas diferencias se refieren a mucho más que sólo a los distintos ambientes en las constelaciones de la política internacional: Por un lado, la situación polarizada de entreguerras y por el otro, la de la guerra fría. Cuando llegaron al poder los nacionalsocialistas en Alemania, el país ya había atravesado los impulsos y las etapas decisivas de la modernización, ya regían las tecnologías de la segunda fase de la industrialización y ya se habían establecido los mecanismos del capitalismo organizado. Sólo fue por las consecuencias de la Primera Guerra Mundial, particularmente por la inflación y por las reparaciones, que todavía no pudo establecerse la sociedad de consumo masivo en la República de Weimar (al mismo tiempo que en Estados Unidos).

Los nacionalsocialistas, estructuralmente no iniciaron nada nuevo o revolucionario en cuanto al desarrollo económico o social, más bien intensificaron y consolidaron, muchas veces de forma sesgada, lo que ya existía o había sido iniciado antes. Algunas innovaciones se notaron en las tendencias hacia una dirección más intensiva de la economía por el Estado, hacia un aislamiento más fuerte del mercado mundial (autarquía), y en el aumento de las actividades del Estado y de una política del *deficit spending* en el saneamiento y la intensificación de la infraestructura y la expansión de la producción armamentista. Los sindicatos libres fueron liquidados, y la agricultura fue reorganizada en forma uniforme y altamente ideologizada. Como

---

23 Para Alemania véase E. Fraenkel: *The Dual State (1941)*, New York 1969; F. Neumann: *Behemoth*, New York 1963 (2.a edición 1944); idem: *Demokratischer und autoritärer Staat*, Frankfurt 1967; véase también Payne: *The Franco Regime* (nota 20), pp. 413 y ss.; P. Waldmann y otros (coord.): *Sozialer Wandel und Herrschaft im Spanien Francos*,

tendencia general, el estandard de vida de la población bajó (a corto plazo con la excepción de los trabajadores de la tierra). Durante la Segunda Guerra Mundial fue esencial maximizar la producción a pesar de la creciente escasez de materias primas y de la mano de obra a partir de 1943; finalmente, casi todo terminó en destrucción. De la experiencia y de los "logros" del régimen nacionalsocialista quedó muy poco positivo con excepción de algunos ejemplos horrorizantes de experiencias interesantes ex negativo y de las chances de una reconversión tecnológica después de los desastres de la guerra aérea.[24]

Después de la Guerra Civil, muchas partes de España estaban en situaciones parecidas, y con necesidad de ser reconstruidas. Los primeros años fueron duros y agravados aún más por el aislamiento del régimen franquista y por la política de autarquía. Pero cuando llegó al poder la dictadura, España, con excepción de algunas provincias periféricas altamente industrializadas (y no estimadas por el nuevo régimen), en su mayoría todavía era un país agrícola atrasado con muchas oportunidades para modernizarse, particularmente bajo un régimen que tenía tiempo y que carecía de una legitimación a largo plazo que no fuera otra que la represión y la fuerza bruta. A partir de los años 1950, el franquismo se convirtió en una dictadura modernizadora, con rasgos tecnocráticos. El impulso modernizador de los últimos años 50 y de los años 60 y 70, además fue apoyado por la coyuntura económica de la posguerra y por los mecanismos de la guerra fría que contribuyeron a finalizar la política de aislamiento de España frente a los países occidentales. Los capitales extranjeros entraron en el país, y se establecieron los mecanismos y las instituciones de fomento de la industria, de la planificación y de las empresas estatales según los modelos italianos y franceses. Se impulsó la industrialización en regiones carentes de ella, y se diversificaron las tecnologías y los productos industriales.

A partir de los años 60, España en su totalidad se encontraba en la transición del "estado agrario" al "estado industrial". Se aumentó el estandard de vida de todos los grupos sociales que tenían empleo, particularmente de los obreros industriales, de los trabajadores de la tierra y de otros integrantes de las clases bajas. Se modernizó la agricultura, básicamente por medidas e inversiones tecnológicas y tecnócratas, en contraste con las aspiraciones tradicionales en favor de una reforma agraria - un proceso que sin duda contribuyó, entre otros factores, a la virtual desaparición del anarquismo como

---

Paderborn 1984.

24 Véase p.ej. T.W. Mason: *Sozialpolitik im Dritten Reich*, Opladen 1977; las contribuciones en: *Geschichte und Gesellschaft* 15, 3, 1989; D. Schoenbaum: *Hitler's Social Revolution*,

movimiento social en España.[25] A partir de los años 70, también se inició a nivel masivo el turismo como industria con sus respectivas consecuencias para el auge del sector de servicios, para la balanza de pagos y la influencia de corporaciones multinacionales, así como para el aumento de la comunicación intercultural, que a su vez contribuyó más tarde a la apertura social y cultural con tendencias hacia la liberalización y, finalmente, hacia la democratización del sistema social y político.

El crecimiento de los ingresos del Estado hizo posible mejorar la infraestructura y algunos servicios sociales. Por mucho tiempo, sin embargo, la modernización franquista estuvo todavía caracterizada por una serie de rasgos de un "desarrollo dependiente". El país experimentó un cambio profundo y rápido, que finalmente agilizó procesos y estructuras de liberalización (y a largo plazo también democratización) de la sociedad y de sus instituciones, a pesar de los atavismos de las recaídas represivas de la última década del franquismo. Se formó y se fortaleció la oposición dentro del régimen y la oposición en contra del régimen: la dictadura murió lentamente, como el Caudillo.[26]

El hecho de que la dictadura española haya durado tres décadas más que la alemana ha tenido un coste social enorme, aunque con el tiempo decreció la intensidad de la represión, y ésta fue sustituída por estrategias más integradoras de incentivos. Los españoles no tuvieron que vivir los terrores de una rápida derrota en la guerra, como los vivieron los alemanes entre 1943 y 1945. En vez de eso, el particular contexto temporal y la larga duración de la dictadura contribuyó finalmente a crear las bases para superarla de forma pacífica y no violenta. La forma particular en la que España pasó de la dictadura a la democracia, la transición pactada que muchos han considerado la más exitosa y casi modélica, ha sido escencialmente prefigurada por el desarrollo del régimen franquista en sus últimas fases y por las consecuencias del impulso modernizador del

---

Garden City 1967.

25 J. Martínez Alier: *La estabilidad del latifundismo*, Paris 1968; idem: *Labourers and Landowners in Southern Spain*, London 1971; P. Carrión: *La reforma agraria de la segunda república y la situación actual de la agricultura española*, Barcelona 1973.

26 Véase más en detalle en Payne: *The Franco Regime* (nota 20); Waldmann y otros (coord.): *Sozialer Wandel* (nota 23); R. Carr y J.P. Fusi: *España, de la dictadura a la democracia*, Barcelona 1979; W.L. Bernecker: *Spaniens Geschichte seit dem Bürgerkrieg*, München 1988; R. Tamames: *Introducción a la economía española*, Madrid, 7.a edición, 1972; *DATA, Estructura social básica de la población de España y sus provincias*, Madrid 1973; A. de Miguel: *Manual de estructura social de España*, Madrid 1974.

franquismo. En este caso han sido importantes las repercusiones de las diferencias entre una dictadura no modernizadora y una dictadura modernizadora.

Transiciones del autoritarismo y consolidaciones democráticas

Las transiciones del autoritarismo y las consolidaciones democráticas en Alemania a partir de 1945 y en España a partir de 1975 se produjeron a tres décadas de distancia y en contextos diferentes, tanto económicamente como en cuanto a las constelaciones de la política internacional. Ambas transiciones, después de los años 1950/60 se produjeron dentro del ámbito del mercado mundial occidental, bajo influencia estadounidense, con más penetración del extranjero que antes, pero a niveles diferentes que correspondían al peso relativo de las dos economías industriales de ambos países. Aunque las transiciones alemana y española fueron bien diferentes - la primera una transición tras guerra y derrota en los años 40, la segunda una transición pactada en los años 70 -, ambas pusieron fin a las peculiaridades políticas e institucionales de los respectivos países, sea el "Sonderweg" en el caso alemán, sea el producto de la leyenda negra. Con sus transiciones hacia la democracia, ambos países llegaron a ser más similares a los otros países europeos, y se integraron más que antes en el contexto de la comunidad de las sociedades occidentales, un proceso profundizado más aún por las entradas de Alemania y España en la Comunidad Europea.

En cuanto a los aspectos más categoriales de la modernización lo que importa son las diferencias que también tienen que ver con los momentos tan distintos del comienzo de las respectivas transiciones y con la duración de los regímenes autoritarios/totalitarios. Aunque institucionalmente la transición en ambos casos fue una ruptura cuya sustancia podríamos llamar una *modernización política*, los procesos tienen significado diferente si los contrastamos con sus trasfondos históricos. En Alemania hay más continuidad, tanto en lo político como en lo socioeconómico y cultural, por lo menos en la fase constituyente de la República Federal, entre 1945 y 1960, es decir en la época que Walter Dirks y Eugen Kogon han llamado la época de la "restauración".[27] (No hablo aquí de la RDA.) No solamente casi todos

---

27 W. Dirks: "Der restaurative Charakter der Epoche." En: *Frankfurter Hefte* 5, 1950, pp. 942-954; E. Kogon: "Die Aussichten der Restauration." En: *Frankfurter Hefte* 7, 1952,

los funcionarios, jueces y profesores permanecieron en sus cargos. También el personal político, en esta primera fase de la instauración de la democracia, y después de no más de doce años de dictadura, en su mayor parte fue personal político (preferentemente del nivel municipal) de la época de la República de Weimar. Continuaron también, más o menos, ias estructuras de los sistemas de partidos políticos y de los grupos de presión, con dos modificaciones importantes: *(1)* la CDU (o la CSU en Baviera) no sólo fue sucesora y heredera del Partido Católico del Centro, sino que se constituyó como partido confesional, con católicos y protestantes, llegando a incorporar de esta manera las tradiciones de los partidos conservadores protestantes, de los conservadores del Imperio y del partido DNVP de la República de Weimar. *(2)* Estos partidos protestantes habían perdido su intransigencia anti-democrática y anticonstitucional de antes junto con la base social de los que les habían dominado hasta 1933: los grandes terratenientes del Este prusiano. Ahora hasta los conservadores todos se confesaron demócratas en el sentido de la Constitución.[28]

Aparte de eso, no había mucho cambio estructural, ni en cuanto a la propiedad o la gestión económica, ni con respecto a la estratificación social, a la manera de vida o a la política. El régimen nazi no había modernizado mucho, pero en la guerra se había perdido mucho de lo que había habido antes. Lo que faltaba, básicamente, era una reconstrucción (que implicaba cierta modernización técnica) de las empresas grandes o medianas y las explotaciones agrícolas hasta los mecanismos e instituciones de la política social y laboral. Casi toda la famosa legislación de los años 50 en cuanto al seguro social y al perfeccionamiento de los elementos del *welfare state*, al fuerte intervencionismo estatal en la agricultura o a las relaciones laborales, la co-determinación en las empresas industriales, etc., siguió en la continuidad de las líneas ya establecidas o bien en el Imperio o bien en la República de Weimar, hasta los privilegios de algunos grupos particulares. Lo mismo fue el caso en el sistema educacional, y en muchos otros sectores de la sociedad. Los grandes cambios de unas nuevas olas de modernización social, político-institucional, cultural y finalmente también económica en Alemania no comenzaron hasta los últimos años 60 y los 70, al mismo tiempo que en otros países occidentales, y fueron más similares a lo que pasó en otros países occidentales.[29]

---

pp. 165-177; antes: H.W. Richter en: *Der Ruf*, 15-XI-1946 y 15-I-1947.

28 Más en detalle en: H.J. Puhle: Konservatismus und Neo-Konservatismus: deutsche Entwicklungslinien seit 1945." En: R. Eisfeld y I. Müller (coord.): *Gegen Barbarei, Festschrift R.W. Kempner*, Frankfurt 1989, pp. 399-423.

29 Véase R. Löwenthal y H.P. Schwarz (coord.): *Die zweite Republik*, Stuttgart 1974; R.

En España, por otro lado, hay menos continuidad entre la Segunda República y el postfranquismo, por el simple hecho de las casi cuatro décadas de autoritarismo, pero también porque la República española institucional y políticamente no había logrado lo que logró la política de Weimar. Sí hay más continuidad entre la última fase, la fase modernizadora de la dictadura, y la transición y la primera fase de la consolidación democrática, tanto en lo socioeconómico que no cambió mucho como en algunos estratos del personal político de índole más tecnócrata.

Más importante, sin embargo, parece ser lo siguiente: En contraste con lo que pasó en Alemania después de la Segunda Guerra Mundial, parece que en España, por lo menos a partir de los años 80, existe un desafío político más grande que básicamente consiste en la necesidad de sincronizar, de una manera u otra, los procesos de la transición y consolidación político-institucional por un lado, y los procesos de una transformación, un cambio socioeconómico, tecnológico, cultural, una transición "societal" (si me permiten la palabra), por el otro, cuyos índices se han mostrado en las nuevas tecnologías y en la necesidad de adaptar a las viejas, la reconversión industrial, los cambios en el carácter del trabajo, de la movilidad social, las nuevas clases medias, la pérdida de influencia sindical, la necesidad de reformas en todos los aspectos: reformas administrativas, educacionales, territoriales, sociales, infraestructurales etc.[30]

Una de las consecuencias de la modernización tecnológica, del declive de la industria "clásica" y del auge de la informática y de nuevos sectores de

---

Dahrendorf: *Gesellschaft und Demokratie in Deutschland*, München 1968; Institut f. Zeitgeschichte (coord.): *Westdeutschlands Weg zur Bundesrepublik 1945-1949*, München 1976; C. Stern y H.A. Winkler (coord.): *Politische Weichenstellungen im Nachkriegsdeutschland 1945-1953*, Göttingen 1979; J. Becker y otros (coord.): *Vorgeschichte der Bundesrepublik Deutschland*, München 1979; C. Klessmann: *Die doppelte Staatsgründung*, Göttingen 1982; G. Schäfer y C. Nedelmann (coord.): *Der CDU-Staat*, München 1967; H.J. Puhle: *Politische Agrarbewegungen in kapitalistischen Industriegesellschaften*, Göttingen 1975.

30 Véase G. O'Donnell, P.C. Schmitter y L. Whitehead: *Transitions from Authoritarian Rule*, 4 t., Baltimore 1986; J.M. Maravall: *La política de la transición (1982)*, Madrid 1985; R. Gunther y otros: *Spain After Franco*, Berkeley 1988; J.J. Linz y J.R. Montero (coord.): *Crisis y cambio*, Madrid 1986, y más en particular: *FOESSA, Informe sociológico sobre el cambio social en España 1975-1983*, Madrid 1983; V. Pérez Díaz: *El retorno de la sociedad civil*, Madrid 1987; S. Giner (coord.): *España: Sociedad y Política*, Madrid 1990; S. Giner y E. Sevilla: "Spain: From Corporatism to Corporatism." En: A. Williams (coord.): *Southern Europe Transformed*, London 1984, pp. 113-141; J.M. Maravall: "From opposition to government: the politics and policies of the PSOE." En: ICPS (coord.): *Socialist Parties in Europe*, Barcelona 1991, pp. 5-34.

servicios ha sido un cambio en la gravedad regional del país de las regiones periféricas del Norte hacia el centro y hacia el Este y Sureste. Otra consecuencia es que existen fenómenos como el *"leapfrogging"*, grandes saltos de una región de nivel preindustrial a un nivel postindustrial o industrial tardío, sin pasar por la fase de la industria "clásica".

Esta sincronía de las transiciones político-institucional y societal complica mucho las cosas y las políticas en la España contemporánea. La simultaneidad o el paralelismo de la modernización política y la modernización socioeconómica, al mismo tiempo, en contraste a lo que fue la tradición española (más diacrónica), indica también que en la actualidad las características y las peculiaridades del distinto camino modernizador español como se conocía tienen - y parece que tendrán - mucho menos impacto y mucho menos significado que antes, y que España sigue en un camino menos "diferente" de los otros, como también ocurrió con Alemania unas décadas antes.

Josef Becker

Aspectos de las relaciones germano-españolas en la época de la fundación del Imperio de Bismarck

"En España ha vencido la revolución. La reina Isabel ha tenido que huir del país; la han depuesto del trono; el trono está vacante." Con estas palabras, un periódico prusiano de provincias[1] comenzó el 13 de octubre de 1868 su editorial titulado "El trono español". Se trata de uno de los documentos más extraños en la colección que hizo reunir el Príncipe Karl Anton de Hohenzollern-Sigmaringen sobre la génesis y el desarrollo de la candidatura al trono español de su hijo, el Príncipe heredero Leopoldo. En primer lugar, el anónimo y bien informado autor del artículo constató que la alternativa española "Monarquía o República" no podía ser indiferente a Europa, así como tampoco podía dar igual la decisión sobre quién sucedería a Isabel II. En vista del riesgo de favorecer a los "elementos socialistas-democráticos", en caso de una vacancia prolongada, la probabilidad estaba a favor del intento de los partidos españoles de lograr una rápida solución al problema de la candidatura al trono. El pronóstico rezaba: En vista de los "enfrentamientos partidistas" en España, no cabía esperar a un "candidato de entre los españoles"; por lo tanto, habría que elegir a un "príncipe de sangre real" que podría garantizar en la Península Ibérica el orden y el desarrollo del bienestar.

No solamente llama la atención el sorprendente hecho que un profundo conocedor de la situación en España y en Europa comentara en este periódico prusiano de provincias, dos semanas después de la Revolución de Septiembre, extensamente la cuestión de la sucesión al trono español. El artículo anónimo esboza sumariamente, pero con conocimiento de la materia, las posibilidades de los potenciales candidatos y pretendientes de diferente descendencia dinástica y procedencia nacional, llegando a la conclusión que - bien sea por motivos de política interior española, bien por causas internacionales - ninguno de los príncipes tenidos en cuenta hasta ese momento podía ser sucesor de la reina Isabel. A estas reflexiones se une una toma de postura, comprensible en un periódico de provincias sólo si se supone su

---

1   "Uckermärkische Zeitung" (Angermünde).

origen en una inspiración directa o indirecta proveniente de círculos cercanos al gobierno prusiano o a la Corte de los Hohenzollern:

> "¿No podría obtener el trono de Carlos Quinto, el país que ha
> dado a los alemanes un Emperador, el país que fue regido du-
> rante varios siglos por príncipes de ascendencia alemana, nue-
> vamente a un príncipe alemán como Rey??
> En la época en que los Habsburgo estaban en pleno apogeo y
> dominaban completamente Alemania, también dominaron
> España. - (También Francia bajo Luis XIV y Napoleón I dispo-
> nían de lo mismo, cuando dominaron en Europa.) Hoy, la casa
> de Habsburgo ya no domina Alemania - y tampoco dominan los
> Borbones. Otra casa protege y ampara a Alemania, llevándola a
> su alumbramiento, la casa de los Hohenzollern. ¿No debería
> intentar este linaje ocupar el trono español - desde cuyas alturas
> España, con un gobierno sensato, puede ser hecha feliz - con un
> miembro de su casa?! No desde un punto de vista dinástico,
> sino desde un punto de vista prusiano y alemán, e incluso en el
> interés de la tranquilidad de España y de la paz en Europa."

El desconocido 'hacedor de reyes" incluye en su argumentación histórico-
política un comentario, que ya debía llamar la atención de los contemporáneos: "Estamos convencidos que el diestro y astuto político de Varzin
[Bismarck] tomará - si impedimentos y consideraciones, desconocidos al
público, no le obligan a actuar de otra forma - la correspondiente medida;
desde luego, sería una de las jugadas más atrevidas y geniales, implantar la
influencia prusiana y alemana del norte en el sur de Europa, de Francia."

Tras haber adelantado de esta manera la 'diversion' española de Bismarck
de primavera de 1870, el autor se ocupa del tema principal, la persona en
cuestión:

> "¿Pero quién de la casa prusiana debe ser el futuro Rey de
> España? Nosotros somos de la opinión, que el Príncipe heredero
> de Hohenzollern-Sigmaringen. El Príncipa heredero es, como
> toda la línea mayor de los Hohenzollern, católico; esto segura-
> mente sería de la conveniencia del pueblo español. Además, la
> simpatía por él aumentará aún más debido a su parentesco con
> la casa Braganza, por medio de su esposa portuguesa [...] Es de
> esperar que el Príncipe [...] ejerza un gobierno sabio, en con-
> cordancia con la época y de acuerdo con el pueblo español lle-
> gando a ser el benefactor de éste.

Nos preguntamos: ¿Qué diría el extranjero sobre esta candidatura, si el pueblo español llegara a aceptarla? Inglaterra y Rusia, por intereses políticos y familiares, no tendrían ningún motivo de crearle problemas; al contrario, deberían favorecerla. Los Estados Unidos de Norteamérica la favorecerían por su interés y por la jugada contra Francia; incluso el Papa que siempre ha tenido relaciones amistosas con Prusia, quizá se haría gustosamente cargo de las circunstancias; y Francia y Austria son demasiado débiles como para plantear serias dificultades.

¿Y dónde se podría encontrar una candidatura apropiada si se consideran todas las circunstancias? En ningún lugar. Por lo tanto, la candidatura del Príncipe heredero de Hohenzollern al trono español es la única posible y una necesidad en el interés español, en el prusiano-alemán del norte y en el europeo."

Hasta hoy no se sabe, a quién se debe este artículo que se puede interpretar como una especie de globo sonda publicístico, proveniente de círculos prusianos interesados[2]; su importancia es corroborada por el hecho que el Príncipe Karl Anton de Hohenzollern-Sigmaringen lo ha incluido como primer documento en su colección hemerográfica sobre la candidatura del Príncipe Leopoldo. El artículo es una prueba (más) del gran interés con el que se contemplaban en Prusia los acontecimientos en España antes y después del Pronunciamiento de Septiembre de 1868 - en aquella constelación internacional, tras la exitosa 'guerra de secesión' de 1866 con la decisión previa a favor de una hegemonía prusiana en Alemania, y después de eliminar las apetencias de arbitraje francesas en asuntos alemanes después de Sadowa. La suposición de que Bismarck intervendría en el futuro de manera activa en la solución de la vacancia del trono español refleja, mutatis mutandis, las sospechas de los contemporáneos acerca de una complicidad prusiana en los preparativos del derrocamiento de Isabel II (y los rumores internacionales sobre una parcial financiación de los revolucionarios por subsidios berlineses).

Y los argumentos históricos así como las pretensiones que se derivan de la competencia dinástico-nacional entre los Hohenzollern y los Habsburgo,

2   Para octubre de 1868, Richard Fester menciona cinco noticias más sobre las posibilidades de un "Hohenzollern católico" o, explícitamente, del Príncipe heredero Leopoldo de recibir la Corona (Briefe, Aktenstücke und Regesten zur Geschichte der Hohenzollernschen Thronkandidatur in Spanien. Berlin 1913, pp. 1-5). Luis Alvarez Gutiérrez para el mismo período no ha encontrado en los tres periódicos de Colonia, investigados por él, ninguna mención directa o indirecta de Leopoldo (La revolución de 1868 ante la opinión pública alemana. Madrid 1976, pp. 246-253).

entre la casa reinante prusiana y la de los Bonaparte, llevan al meollo del problema, a la cuestión del poder: es decir, el potencial papel militar-estratégico de una Monarquía de los Hohenzollern en el flanco sur de Francia, cuando habría que decidir definitivamente la rivalidad nacional en el rango entre Prusia/Alemania y Francia en el sistema de las grandes potencias. En este contexto, España - al comienzo de un período de "seis años de continuada discualificación internacional" (J.M. Jover)[3] - es considerada como una potencia de rango inferior; se enjuicia a España en primer lugar en función del papel que puede desempeñar en un conflicto prusiano-francés que, desde Sadowa (1866) y el fracaso de la política compensatoria de Napoleón III, a más tardar en la crisis de Luxemburgo (1867), era contemplado en Europa como una consecuencia ineludible de la política de unificación prusiana (una política *kleindeutsch*, es decir de la "pequeña Alemania") y de los cambios, unidos a esta política, en el equilibrio de las potencias.

¿Cómo llegó a ser Leopoldo de Hohenzollern-Sigmaringen, finalmente, el candidato del Gobierno español (y el de Bismarck) para la sucesión de Isabel II? ¿Había, destrás de esta candidatura, una comunidad de intereses hispano-prusiana, o solamente una convergencia de intereses táctica y temporal, al no existir un potencial conflictivo nacional entre España y Prusia? ¿Y qué condiciones determinaron que la cuestión del trono español se convirtiera en catalizador del antagonismo prusiano-francés y, de esta manera, en mecanismo desencadenante de una guerra que resolvió definitivamente la - a pesar de Sadowa - todavía "inconclusa" cuestión alemana en el sentido de Prusia y de una solución de la 'pequeña Alemania' (*kleindeutsche Lösung*), y que decidió definitivamente por más de una generación el problema de la competencia entre Francia y Prusia-Alemania con respecto a la primacía en el continente europeo?

Retomando el artículo en el periódico prusiano de provincias, podemos examinar la lista de candidatos expuesta allí.[4] En primer lugar, se menciona

---

3   Cfr. R. Konetzke: "Spanien, die Vorgeschichte des Krieges von 1870 und die deutsche Reichsgründung". En: *Historische Zeitschrift* 214, 1972, p. 581.

4   Para el estado actual de la investigación, cfr. J. Rubio: *España y la Guerra de 1870*, 3 vols., Madrid 1989; idem: "La vacance du thrône d'Espagne (1868-1870) et l'équilibre européen. Une révision du problème des candidatures". En: Ph. Levillain/R. Riemenschneider (eds.): *La guerre de 1870/71 et ses conséquences*. Actes du XXe colloque historique franco-allemand organisé à Paris par l'Institut Historique Allemand en coopération avec le Centre de Recherches Adolphe Thiers, du 10 au 12 octobre 1984 et du 14 au 15 octobre 1985, Bonn 1990; L. Alvarez Gutiérrez: *La diplomacia Bismarckiana ante la cuestión cubana, 1868-1874*. Prólogo de Manuel Espadas Burgos, Madrid 1988; M. Espadas Burgos: *Alfonso XII y los orígenes de la Restauración*, Madrid, 2.a edición, 1990; L. Alvarez Gutiérrez: "España en el juego de las rivalidades entre Bismarck y

al hijo de Isabel II, el Príncipe de Asturias. Este, subiendo al trono en 1875, como Alfonso XII, iba a restaurar la casa de Borbón en España. Era el candidato encubierto de Napoleón III, pero a su candidatura se oponía la razón política de la Revolución de Septiembre y el triple "jamás" contra una restauración borbónica del General Prim (que actuaba, desde octubre de 1868, como Jefe de la política española). - El segundo potencial candidato, Don Carlos (VII), también debía ser excluido como pretendiente serio al trono, ya que la solución carlista era igualmente incompatible con las metas del Pronunciamiento de Septiembre. - En tercer lugar, el periódico enumeraba al cuñado orleanista de Isabel, el Duque de Montpensier, un hijo del "Rey Ciudadano" Luis Felipe de Orleans; el Duque había tomado parte en la conjuración de los revolucionarios septembrinos con la intención de obtener la corona española. Primero, se le tenía como favorito secreto de Prusia, ya que a causa de su oposición dinástica con los Bonaparte tenía que contar - según escribía el periódico prusiano - con la "enemistad incondicional y la protesta más enérgica de Napoleón III", incluso con el riesgo de una intervención francesa. En efecto: Napoleón III había declarado ya tempranamente que no quería repetir las faltas de su tío en lo relativo a la cuestión del trono español, y que por lo tanto se abstendría de inmiscuirse abiertamente en los asuntos españoles. Pero no había dejado lugar a dudas que excluía definitiva y absolutamente una candidatura: la del Duque de Montpensier.[5] Y en la publicística francesa se había comentado críticamente la importancia para la política exterior de una posible elección del orleanista, con las palabras: "Montpensier roi d'Espagne, c'est l'alliance de l'Espagne avec la Prusse contre la France; c'est peut-être le rétrécissement de nos frontières."[6]

Internacionalmente, la candidatura de Montpensier también se encontró con reservas británicas, ya que no se podía excluir, en un futuro próximo, una sucesión orleanista al trono en París, en vista de la menguada salud de Napoleón III; en tal caso, Londres veía surgir peligros para su tradicional

---

Napoleon III del otoño de 1867 al otoño de 1868". En: *Perspectivas de la España contemporánea*, Madrid 1986; H.-O. Kleinmann: "Die spanische Thronfrage in der internationalen Politik vor Ausbruch des deutsch-französischen Krieges". En: E. Kolb/E. Müller-Lückner (eds.): *Europa vor dem Krieg von 1870. Mächtekonstellation - Konfliktfelder - Kriegsausbruch*, München 1987.

5   Según un informe del representante belga en Lisboa d'Arethan (29-VI-1870) acerca de una información recibida por Saldanha sobre una conversación del Duque con Napoleón III durante su tiempo como representante portugués en París (Bruselas, Archivo del Ministère des Affaires Etrangères, du Commerce Extérieur et de la Coopération au Développement, Corr. Dipl. Lég. Portugal 12, n° 95).

6   Cfr. Rubio: *La vacance* (nota 4), p. 42, nota 22; idem: *España* (nota 4), t. 1, p. 58, nota 21.

política de equilibrio. En España, Montpensier podía apoyarse en un número considerable de partidarios (ante todo de la "Unión Liberal" de Serrano), pero sin tener asegurada una mayoría en las Cortes Constituyentes. Su candidatura se discutía en la política española siempre cuando se trataba de contrarrestar la influencia de Napoleón III. Montpensier no sólo fracasó a causa de la oposición francesa y de las reservas británicas; a fin de cuentas, también chocó con la resistencia insuperable de Prim. Cuando, en primavera de 1870 mató en un duelo al infante Don Enrique, sus posibilidades se desvanecieron definitivamente. - El cuarto candidato mencionado, pero que en opinión del periódico prusiano no tenía ninguna probabilidad de éxito, era el Príncipe Duque de Edinburgh, el segundo hijo de la Reina Victoria. Este solo jugó un papel marginal; ya a causa de su confesión protestante no tenía perspectivas reales de obtener el trono español.

Por lo tanto, en opinión de la *Uckermärkischen Zeitung*, de los príncipes europeos discutibles sólo quedaban el Duque Amadeo de Aosta y el Rey Fernando de Portugal. Contra Amadeo, el segundo hijo del Rey de Italia, se podía aducir que su dinastía iba "demasiado a remolque de Napoleón", y que por eso despertaba "la sospecha de no poder satisfacer suficientemente el orgullo español". Y Dom Fernando, de la casa Sachsen-Coburg-Gotha, tenía las mayores probabilidades con el pueblo español, entre otros motivos, porque su elección traería consigo la popular "unión ibérica"; pero debía contar con oposición en Portugal, y se encontraría, sin lugar a dudas, con la resistencia de parte francesa-bonapartista.

Llama la atención que como candidato italiano se mencionara solamente al Duque de Aosta quien en 1870 llegó a ser el sucesor de Isabel II, pero que dejó el trono, resignado, sin haberlo ocupado siquiera tres años completos. De hecho, hasta comienzos del año 1870 jugó un papel mucho más importante la candidatura de otro príncipe saboyano, la del Duque Tomás de Génova.

En busca de un candidato para el trono español, los victoriosos revolucionarios se habían dirigido a la casa se Saboya ya en septiembre/octubre de 1868. Este paso era fácilmente comprensible, tanto por razones dinásticas como políticas: Desde la *Pragmática Real* de 1713, Saboya era considerada una dinastía auxiliar española, e Italia era la única potencia de alguna importancia, donde se había celebrado en un espíritu de solidaridad liberal, la Revolución de Septiembre.[7] Además, la demanda española iba al encuentro de tendencias italianas de fortalecer la propia influencia en el Mediterrá-

---

7 Cfr. M.R. Saurin de la Iglesia: "1868. Reflexiones italianas sobre la 'Gloriosa'". En: J. Vincke (ed.): *Gesammelte Aufsätze zur Kulturgeschichte Spaniens*, vol. 24, 1968.

neo, de restringir el predominio francés y, además, de eliminar posiblemente - por medio de un rey saboyano en Madrid - el riesgo (que se había hecho visible en tiempos de Isabel II) que un día soldados españoles pudieran reemplazar las tropas de seguridad francesas en lo que quedaba de los Estados Pontificios. Después de haber rechazado Dom Fernando, en la primavera de 1869, la candidatura 'ibérica', sondeos (realizados en parte paralelamente) dieron por resultado que mientras el Príncipe heredero italiano Umberto no tuviera, por su parte, un heredero al trono, el Duque de Aosta, siendo el representante de la línea masculina de la casa de Saboya, no recibiría del Rey Víctor Manuel el permiso para presentar su candidatura al trono español. Fue entonces cuando el interés español se volcó sobre el Duque de Génova; pero la menoría del Duque hubiera hecho necesaria una Regencia de Prim, y esta perspectiva despertó inmediatamente las rivalidades partidistas entre unionistas y progresistas.

En el ámbito internacional, esta candidatura parecía chocar con la menor resistencia. Por otro lado, Gran Bretaña y Francia reaccionaron frente a los respectivos sondeos del Rey italiano y de Prim de manera bastante reservada, por lo menos sin muestras de un decidido apoyo que para Víctor Manuel aparentemente era una condición necesaria para permitir la candidatura del Príncipe, que todavía era menor de edad. Con su comportamiento reservado frente a la opción italiana, Napoleón III parece haber calculado el fracaso de esta opción para confrontar a Prim con una situación más o menos desesperada y, de esta manera, imponer la restauración borbónica en la persona del Príncipe de Asturias. A principios de enero de 1870, los esfuerzos españoles en torno al joven Duque de Génova habían fracasado.

Por esas fechas, un tercer candidato, favorecido por Prim - Dom Fernando de Portugal - ya no tenía tampoco probabilidades de éxito. La opción portuguesa-ibérica había copado, después de la Revolución de Septiembre, el interés de la prensa madrileña; varias iniciativas de Prim iban en esa dirección. El último de estos intentos antes de estallar la guerra franco-alemana fracasó en mayo de 1870. El decidido rechazo inglés de una unión de Portugal con España probablemente jugó un papel decisivo para que los esfuerzos con respecto al Príncipe de la casa Sachsen-Coburg-Gotha dieran un resultado negativo. La postura de París no era tan abiertamente de rechazo. Pero parece evidente que - como ya en los años de 1850 - la perspectiva de una unión ibérica no hallaba una resonancia favorable en París. Y como en la Península Apenina se vislumbraba la constitución de una Monarquía unitaria que abarcaría toda Italia, y no una confederación como la había favorecido inicialmente Napoleón III, formaba todavía menos parte del interés de la política francesa contribuir a la unificación de toda la Península Ibérica bajo una Monarquía.

En la retrospectiva histórica hay que conceder a los esfuerzos españoles de los años 1868-1870 de resolver la cuestión del trono, una lógica interna. Los diferentes sondeos tuvieron en cuenta las condiciones de política interior, y tanto para decidir la alternativa 'Monarquía o República' como para resolver la cuestión dinástica consideraron las condiciones-marco internacionales. Cuando, a finales de 1869 y principios de 1870 se incluyó seriamente en las reflexiones la candidatura de un Príncipe de la casa Hohenzollern, el Gobierno español ya había estado buscando en vano a un candidato por más de un año.

Dos crisis ministeriales que en parte estaban relacionadas con la no resuelta cuestión del trono, habían debilitado la posición de Prim. Por lo tanto no extraña del todo que en tal situación de ofertas fracasadas del trono y de creciente presión interna, el jefe de Gobierno español echara definitivamente mano de una candidatura que desde el Pronunciamiento de Septiembre se barajaba como una posibilidad, que con su etiqueta liberal concordaba con las tendencias de política constitucional e interior de los adversarios de Isabel y que, al mismo tiempo, dejaba abiertas las posibilidades de una unión ibérica; una candidatura que, por otro lado, encerraba internacionalmente, más todavía que la alternativa orleanista, un gran potencial conflictivo: la candidatura del Príncipe heredero Leopoldo de Hohenzollern-Sigmaringen.

Durante mucho tiempo se ha venido suponiendo que la candidatura de Leopoldo fue 'lanzada' al público español por primera vez en el folleto *La cuestión dinástica*, publicado en febrero de 1869 por Salazar y Mazarredo, que más tarde fue negociador secreto de Prim. Pero Javier Rubio ha demostrado, entretanto, que el diplomático y publicista Sinibaldo de Mas, también había presentado al Príncipe heredero de Hohenzollern-Sigmaringen en un folleto - ya en los primeros días de noviembre de 1868 - como un potencial candidato 'ibérico'.

Por el lado prusiano, el delegado en Madrid en los años 1864-1866 y posterior representante de Berlín en Munich, Georg von Werthern, reclamaba haber sido el primero en llamar la atención de los españoles sobre Leopoldo como posible sucesor de Isabel - en una reunión particular en Biarritz en otoño de 1866, en la que también tomó parte Salazar y Mazarredo. Cuando Salazar fue, en 1869, en una primera misión a Alemania donde los Hohenzollern de Sigmaringen, hizo referencia de este encuentro en Biarritz y se esforzó por la mediación de Werthern con los Hohenzollern de Sigmaringen.

Resulta lógico que también de parte portuguesa se haya hecho mención de Leopoldo, siendo éste yerno de Dom Fernando. Por lo tanto, en la Corte prusiana se estaba convencido "en los círculos más altos" ya a principios de octubre que Portugal favorecía la candidatura al trono del Príncipe heredero Leopoldo.[8] Por lo demás hay que dar por descontado que los políticos españoles conocían (sin necesitar demasiada ayuda desde el exterior) las relaciones genealógicas y que por lo tanto se sobreentendía que Leopoldo de Hohenzollern-Sigmaringen debía ser incluido en las reflexiones para solucionar el problema de la sucesión al trono, si no se quería perder por completo la perspectiva de una unión ibérica. Leopoldo fue una posible opción tanto para los 'iberistas' como para los progresistas quienes veían en Prusia la personificación de una moderna organización estatal. Para con los militares podía ser de ventaja para el Príncipe católico Hohenzollern el gran prestigio que había obtenido el ejército prusiano en 1866. Bajo la perspectiva de política interior y de partidos se puede, pues, calificar a Leopoldo justificadamente como un 'candidato de primera hora'.[9]

Pero esta candidatura se presentaba de manera muy diferente si se contemplaba la posible resonancia del Príncipe Hohenzollern a nivel internacional. El padre del Príncipe heredero y antecesor de Bismarck como Primer Ministro prusiano, el Príncipe Karl Anton, escribía, a principios de diciembre de 1868, en el primer comentario que se conoce de él sobre los rumores acerca de las posibilidades de su hijo de ser el sucesor de Isabel, que él, "si esta idea llegara a concretarse, jamás podría recomendar aceptar esta posición dubiosa que resplandecía en oropel. Además, debido a nuestras relaciones con Prusia, Francia jamás permitiría el asentamiento de los Hohenzollern allende los Pirineos." Y cuando Salazar entregó, en septiembre de 1869, en nombre de Prim la primera oferta directa de la Corona española, el Príncipe Karl Anton despidió al intermediario español con la "declaración categórica": "Si Vd. puede conseguir que el Emperador Napoleón se dirija a mi Rey y le explique que la fundación de una nueva dinastía Hohenzollern-Española es una garantía de la paz y de la tranquilidad europeas, y si mi Rey entonces llegara a expresarse a favor de tal solución de esta cuestión - entonces habría llegado para mí el momento de reflexionar sobre si los intereses

---

8 Informe del encargado de negocios portugués en Berlín Guilherme Street d'Arriaga a Cunha del 9-X-1868 (Ministerio dos Negocios Estrangeiros, Legação em Berlin, Officios reservados de 1868).

9 Kleinmann (nota 4), p. 145.

de nuestra familia permiten la aceptación o si nos imponen el deber de rechazar la oferta."[10]

Si el Príncipe Karl Anton finalmente sí dio su consentimiento a la candidatura para el trono de Carlos V, a pesar de este enjuiciamiento realista de los intereses dinásticos de Napoleón III y de la razón de Estado francesa, ello también fue debido a que era seducible por el aumento de prestigio y poder para su casa, unido a la obtención de la Corona. Pero ante todo se dobló ante la argumentación de Bismarck, quien evocó el deber dinástico y patriota del Príncipe Sigmaringen (así como su idea de prestigio) y no dudó en ejercer una presión que rayaba en coacción. Por lo demás, correspondía a la postura original de Karl Anton, que al aceptar, en junio de 1870, definitivamente la candidatura, propusiera al Gobierno español que los Hohenzollern o Prim informasen al Emperador francés antes de dar a conocer la candidatura, para excluir complicaciones.

El temor de que surgieran tales complicaciones era el principal motivo de la expresa reserva con la que el Rey prusiano como cabeza de toda la familia Hohenzollern acogía el proyecto de candidatura. Guillermo I, de 73 años de edad, en primer lugar estaba interesado en consolidar las extraordinarias ganancias territoriales y demográficas y el aumento de su poderío político-militar después de las guerras victoriosas de 1864 y 1866; no quería ponerlos en duda por medio de una política arriesgada. El temor de que Bismarck, apoyando la candidatura Hohenzollern, encaminaba la política hacia una guerra hizo que también la Reina Augusta se opusiera declaradamente a una aceptación de la oferta de la Corona española.

En efecto: Había habido suficientes advertencias - tanto diplomáticas como publicísticas - por parte francesa, desde que se vislumbraba la posibilidad de una 'estrategia de cerco' dinástica de Prusia frente a Francia. Napoleón III, según parece, había adoptado una postura intencionadamente susceptible de diversas interpretaciones frente a una candidatura del Príncipe heredero Leopoldo, emparentado con los Bonaparte. Resulta característico un episodio narrado por Saldanha, de la época en que era representante portugués en París. Según este relato, Napoleón III primero subrayó su principio (probablemente a finales de 1868 o en los primeros meses de 1869) - cuando Saldanha sondeó informalmente con respecto a una candidatura de Leopoldo - de no querer inmiscuirse *abiertamente* en los asuntos españoles; pero al mismo tiempo dio a entender que celebraría la candidatura de Leopoldo, y que Saldanha hablara al respecto con su Primer Ministro Rouher. Ahora bien: La reacción de Rouher no dejó lugar a dudas - a diferencia del com-

---

10 Cita según Becker: *Bismarck* (nota 13), p. 461.

portamiento del Emperador que, por consideración con su pariente de Sigmaringen o por motivos tácticos de política, no había sido tan claro. Rouher afirmó que no podría aceptar la elección de un príncipe prusiano en España ya que significaría un "segundo Sadowa" para la política francesa; antes demitiría que participar en tal "combinaison".[11] El trauma francés de una modificación en la balanza continental de poder a favor de Prusia en el año 1866 también era el trasfondo de unos comentarios (que se repetían) en la *Epoca* pocas semanas antes de aceptar Leopoldo definitivamente, en 1870, la candidatura, según los cuales habría un *casus belli* para París si Prusia, en el tema de la sucesión de Isabel II, jugaba a la carta Hohenzollern.

La posibilidad de que un asunto español pudiera ser un *casus belli* en las relaciones franco-prusianas, aparece en los documentos de Bismarck por primera vez en primavera de 1869, e inmediatamente de una manera muy significativa. El estadista prusiano en un principio había hablado de la Revolución de Septiembre y de la cuestión del trono como de una "fontanela de paz" - es decir una herida artificial -, que habría que mantener abierta con vistas a Francia. Indudablemente celebraba el éxito del Pronunciamiento ya que la caída de Isabel limitaba el margen de acción francés (ante todo también en relación con la cuestión romana y una posible alianza latino-católica dirigida contra Prusia). Frente a Londres y San Petersburgo, Bismarck aseveró que Prusia no actuaría aisladamente sino que esperaría cómo se desarrollaba el movimiento español, y que quería conocer las opiniones de los interesados y de las demás potencias. Ahora bien: Era máxima de la política prusiana que no consideraba una "solución agradable para Napoleón" como "útil" para Prusia.[12]

Cinco meses después de haber fijado de esta manera la diplomacia prusiana en la cuestión española, Bismarck hizo saber al Gobierno ruso - en una fase crítica de la cuestión oriental - que podría surgir una "complicación de la situación europea" en la cual Prusia se vería ante la alternativa de abandonar a Rusia en un conflicto con Francia, o de "llevar una guerra ofensiva impopular contra Francia". Pero en caso de surgir tal complicación, Prusia siempre "estaría en condiciones de modificar a tiempo la dirección del desarrollo. Entonces trataríamos de motivar nuestra participación en el lado de Rusia por medio de una postura o de un proceder que forzaría a Francia a atacar o a amenazar a Alemania. Disposiciones de tropas, manifestaciones nacionales en Alemania e Italia, así como nuestras relaciones con Bélgica e incluso con España nos brindarían la oportunidad de 'diversions' que condu-

11 Cfr. nota 5.
12 O. von Bismarck: *Die gesammelten Werke*, t. 6 a, Berlin 1930, p. 412 (3-X-1868).

ciñan a nuestra intervención sin darle a ésta la forma de una agresiva guerra de gabinete."[13]

Las relaciones hispano-prusianas como terreno de 'diversions' que provocaron a Napoleón III a una ofensiva político-militar contra Prusia y la Confederación Germánica del Norte, sin que podría demostrarse que la provocación de Francia (que partía de Berlín) era un reto intencionado y el proemio de una "guerra agresiva de gabinete", parecida a la del año 1866: En este concepto de colisión de política exterior se puede reconocer, en un principio, la pauta del curso de confrontación que, con la aceptación de la oferta de la Corona española, iba a emprender Bismarck en primavera de 1870. El estadista prusiano emprendió este curso en una constelación de política interior y exterior caracterizada por reveses para el movimiento nacional de la 'pequeña Alemania' (*kleindeutsche Nationalbewegung*) y por síntomas de márgenes menguantes de acción. En este sentido, la constelación era parecida a la situación en la que Prim, ofreciendo la corona al Príncipe Hohenzollern-Sigmaringen en primavera de 1870, se atrevía a esa acción arriesgada.

Desde la perspectiva de política interior, la situación se caracterizaba para Bismarck ante todo por dos desarrollos: *(1)* No se había cumplido la esperanza que la fundación de la Confederación Germánica del Norte tras la 'guerra de secesión' prusiana de 1866 iba a llevar con cierto grado de automatismo a la adhesión de los estados alemanes del Sur y, así, a la fundación de un Imperio de la 'Pequeña Alemania' (*kleindeutsches Reich*) bajo el

---

13 O. von Bismarck: *Die gesammelten Werke*, t. 6 b, Berlin 1930, p. 11 (9-III-1869). - La siguiente interpretación de la política de Bismarck (y de Prim) se basa en investigaciones comenzadas por el autor a finales de los años 60 sobre la cuestión de la sucesión en el trono español y de la Guerra Germano-Francesa. Estos trabajos - que tuvieron que ser interrumpidos debido a que el autor ejerció, entre 1983 y 1991 dos veces como Presidente de Universidad - serán finalizados con una extensa edición de fuentes bajo el título "Bismarck, die Hohenzollern und die spanische Thronfrage". Cfr. en detalle, ante todo: "Zum Problem der Bismarckschen Politik in der spanischen Thronfrage 1870". En: *Historische Zeitschrift* 212, 1971; "Bismarck, Prim, die Sigmaringer Hohenzollern und die spanische Thronfrage. Zum Fund von 'Bismarcks Instruktionsbrief für Bucher' vom 25. Juni 1870 in der 'Real Academia de la Historia' Madrid". En: *Francia* 9, 1981; "Der Krieg 1870-71 als Problem der deutsch-französischen Beziehungen". En: F. Knipping/E. Weisenfeld (eds.): *Eine ungewöhnliche Geschichte. Deutschland-Frankreich seit 1870*, Bonn 1988; y: "From Prussia's War of Secession 1866 to Bismarck's War of Little German Integration 1870. On Some Aspects of the Foundation of the German Empire" (se publicará probablemente a finales de 1993 en el tomo colectivo sobre un coloquio del Instituto Histórico Alemán en Washington: S. Förster/J. Nagler [eds.]: *On the Road to Total War. The American Civil War and the German Wars of Unification*).

liderazgo hegemónico de Prusia. La caída de un Primer Ministro bávaro pro-prusiano en primavera de 1870 selló un desarrollo que desembocó en el estancamiento e incluso en la retrogradación del movimiento unitario de la 'pequeña Alemania'. Si perduraba, este desarrollo podía fijar la división entre Alemania del Norte y del Sur a lo largo del río Meno, o bien podía brindar a Austria una posibilidad de revisión de la decisión de 1866. *(2)* La guerra de 1866 había "cortado" (J. Burckhardt), por de pronto, una fundamental crisis estructural de Prusia en la transición de la sociedad agraria a la industrial. Esta crisis había encontrado su expresión, a principios de los años de 1860, en el conflicto en relación con el Ejército y la Constitución, conflicto que había llevado a Bismarck al poder. La alternativa política a decidir rezaba: 'Régimen monárquico o gobierno parlamentario'; el conflicto político-social se concentraba en la cuestión de la soberanía parlamentaria en lo relacionado con el presupuesto militar en su función de pilar existencial de la monarquía militar prusiana. Bajo la impresión de la victoria militar sobre Austria y sus aliados de los estados alemanes medianos y pequeños en 1866, y con el apoyo de los liberales, que en el conflicto constitucional habían sido adver-sarios de Bismarck, se había decidido el conflicto provisionalmente a favor del 'principio monárquico' en un compromiso lábil: institucionalizando un "presupuesto de hierro" para los gastos militares, limitado hasta el año 1871. Ya a partir de 1870 se vislumbraba que en el año siguiente volverían a surgir con más intensidad aún las disputas parlamentarias sobre la continuación o la terminación del "presupuesto de hierro", poniendo en entredicho nueva-mente la base tradicional de la monarquía militar prusiana y de la estructura de poder.

Desde la perspectiva de política exterior, la situación se caracterizaba en primavera de 1870 ante todo por dos elementos: *(1)* El estancamiento y la regresión del movimiento 'pequeño-alemán' de unificación hacía imposible que Bismarck pudiera concluir la unidad 'pequeño-alemana' por vía pacífica y evolutiva, por medio de una adhesión voluntaria de los Estados alemanes del Sur. Esta vía, probablemente, hubiera sido la única que presentaba una posibilidad de esquivar la amenazadora intervención de Francia contra el progreso de la unificación 'pequeño-alemana' y contra una mayor alteración de la balanza continental de poder a favor de Prusia. Además, Bismarck ya no podía fiarse de que las alianzas secretas ofensivas y defensivas, concluidas después de Sadowa con los Estados alemanes del Sur, le garanti-zarían el apoyo militar de Baviera y de Württemberg en una situación en la que había un motivo de guerra debido a una ofensiva política de Prusia - especialmente en lo concerniente a la cuestión alemana (p.ej. al acoger el Gran Ducado de Baden que quería unirse a la Confederación Germánica del Norte en tal Confederación). *(2)* El debilitamiento de Napoleón III por el cambio del 'Empire autoritaire' al 'Empire libéral' había disminuido para el Emperador el umbral de tolerancia en la cuestión alemana y había aumentado el peso de la opinión pública para el nuevo gabinete Ollivier. Estaba claro, que en la rivalidad con Prusia sobre la posición de Francia y de Alemania, respectivamente, en el sistema de las grandes potencias, el Emperador no podía aceptar por motivos dinásticos y el Gobierno del 'Empire libéral' por motivos de política interior, ninguna pérdida sustancial de prestigio que evocara - aunque sólo fuera lejanamente - la asociación "Sadowa". El otorgamiento del Ministerio de Asuntos Exteriores francés (en mayo de 1870) al Duque de Gramont, fue una señal inequívoca en ese sentido. Por principio, la reacción del Gobierno de Napoleón III a la "explosión de la bomba española" en la crisis de julio de 1870, era calculable.

Un diplomático prusiano que a mediados de los años de 1870 obtuvo el puesto de representante en Madrid, dijo más tarde - conociendo la situación española y una parte sustancial de los documentos secretos prusianos relacionados con la cuestión del trono español - que la candidatura del Príncipe Leopoldo fue (con respecto a las condiciones-marco en España) un "desacierto", "si con ella no se intencionaba directamente el estallido de la guerra con Francia."[14] Similar era el juicio de Theodor von Bernhardi a quien se le ha considerado en España durante mucho tiempo injustificadamente como agente principal de Bismarck en los preparativos secretos de la candidatura de Leopoldo. La investigación, mayoritariamente concuerda en que Leopoldo de Hohenzollern-Sigmaringen no hubiera podido terminar definitivamente con éxito la 'interinidad' tras la caída de Isabel - como tampoco lo pudo Amadeo de Saboya. Si por otro lado la política bismarckiana en primavera de 1870 (por lo menos, desde el plebiscito francés y la nominación de Gramont) sólo parece ser consistente si la 'diversion' española - en el sentido del decreto secreto de marzo de 1869 - hacía estallar una provocada guerra defensiva con la finalidad de superar el estancamiento del movimiento de unificación 'pequeño-alemán' y de llegar a una decisión en la lucha entre Francia y Prusia-Alemania por la posición dominante en Europa, ¿cómo se puede hacer comprensible la política de Prim? ¿Iba dirigida a solucionar, a la sombra de la guerra franco-prusiana, que se esperaba desde 1866/67, la cuestión del trono español, sin tener que tener en cuenta las pesadas intromisiones y los intereses de Francia?

Apenas se pueden tener dudas de que Prim era consciente de correr un elevado riesgo en política exterior, al jugar la carta prusiana. Pero ha tratado

---

14 P. von Hatzfeld: *Nachgelassene Papiere 1838-1901*, editado por G. Ebel, junto con M. Behnen. T. 1, Boppard am Rhein 1976, p. 29.

de limitar este riesgo elaborando un plan que concordaba con las intenciones de los Hohenzollern de Sigmaringen y las expectativas del Rey prusiano, pero que no correspondía a los intereses de Bismarck. Al comenzar las negociaciones con Berlín y Sigmaringen en primavera de 1870, Prim había pedido que se guardara la discreción más estricta; su motivo principal fue el temor que un conocimiento prematuro de las conversaciones con el Príncipe Hohenzollern avivaría las diferencias políticas en España y haría fracasar la candidatura. Pero no fue la intención de Prim extender el secreto más allá de la aceptación de la candidatura al trono por Leopoldo, confrontando de esta manera a Napoleón III y su gobierno con un total 'fait accompli'. Prim estaba decidido a informar al Emperador francés, en una conversación personal, de las intenciones del Gobierno español; esta idea podía contar con el beneplácito de los Hohenzollern de Sigmaringen, pero no con el de Bismarck. El (posiblemente intencionado) desciframiento equívoco de un telegrama con la noticia de la aceptación de la candidatura en la Legación prusiana y la falta de discreción del exitoso negociador secreto Salazar y Mazarredo pusieron en movimiento en Madrid el proceso de crisis, que en poco tiempo llevó a Francia a la guerra contra la Confederación Germánica del Norte y los Estados alemanes del Sur, aliados con Prusia. El talento diplomático del estadista prusiano y unos casos de suerte, no calculables por Bismarck, habían conducido a una constelación óptima, tanto desde el punto de vista de política exterior como de política nacional:

(1) La cuestión dinástica de la candidatura Hohenzollern en Madrid proporcionó material para un conflicto prusiano-francés, no directamente del sector de la todavía no resuelta cuestión alemana, en donde cada iniciativa prusiana habría movilizado, a nivel nacional, las importantes diferencias entre los partidarios de una 'Alemania pequeña' y una 'Alemania grande', respectivamente, y a nivel internacional habría planteado la cuestión del equilibrio europeo. *(2)* El mantener en secreto la participación decisiva de Bismarck en la realización de la candidatura al trono del Príncipe Hohenzollern (a las espaldas del Rey prusiano) era una de las condiciones previas para que la política prusiana no pudiera ser atacada moralmente a nivel nacional e internacional. El secreto era un elemento esencial de los esfuerzos por impedir que el conflicto resultante de la 'diversion' española de Bismarck obtuviera "la forma de una guerra agresiva de gabinete". De esta manera, contribuyó decisivamente a un funcionamiento perfecto de las alianzas ofensivas y defensivas con los Estados alemanes del Sur y al aislamiento internacional del conflicto sobre la preponderancia en Europa.

Bismarck se había apoyado en una convergencia sectorial de su política prusiana de poder y de la política de Prim, orientada hacia intereses españoles. El estadista español había hecho uso del instrumento de la candidatura Hohenzollern, para - tras el fracaso de otras candidaturas - salir del 'impasse' de la custión dinástica y, ante todo, contrarrestar el proyecto de Napoleón III de restauración borbónica. Pero él había llegado a los límites de la comunidad de intereses con Prusia, cuando Bismarck esperaba la alianza militar de España en el conflicto prusiano-francés, tras la candidatura Hohenzollern. Bismarck había hecho uso de las relaciones españolas de Prusia, para sacar a la política de hegemonía prusiana en Alemania de su fase de estancamiento y para decidir el antagonismo prusiano-francés acerca de la prepotencia en Europa. De esta manera, España llegó a ser el catalizador de un desarrollo histórico que iba a marcar de manera decisiva la dirección del desarrollo de Europa y del mundo en las tres siguientes generaciones. Pero tanto su posición geo-estratégica como la prudencia de sus políticos han guardado a España, en 1870 y después, de dejarse intrumentalizar por completo al servicio de una política de poder extranjera.

(Traducción del alemán: Walther L. Bernecker)

Manuel Espadas Burgos

Alemania y España: De la época bismarckiana a la Gran Guerra

Las relaciones durante la época bismarckiana

Aunque todavía sea tema abierto a la investigación, al menos desde la perspectiva española, las relaciones entre España y Alemania en el último tercio del siglo XIX han sido objeto de la atención historiográfica, en la que podemos destacar los estudios de Julio Salóm[1], de José María Jover[2], de Luis Alvarez Gutiérrez[3], los míos sobre la gestación del régimen de la Restauración[4] o la reciente tesis de Ingrid Schulz[5], entre otros. De todos ellos se deduce que el régimen de la Restauración, cuyos comienzos no se entienden sino en el contexto de la Europa bismarckiana, desarrolló una política exterior poco comprometida y quizá con un exceso de "recogimiento", pero indudablemente más abierta y definida que la protagonizada por el régimen isabelino y, a pesar suyo, por los gobiernos nacidos de la revolución de 1868.

Al pragmatismo político de Cánovas, convencido de que "no tienen alianzas los que quieren, sino los que pueden", se unió el peso de medio siglo de aislamiento internacional junto a la convicción, común a muchos de sus contemporáneos, de la decadencia de los paises latinos desplazados por

1   J. Salóm: *España en la Europa de Bismarck. La política exterior de Cánovas*, Madrid 1967.

2   J.M. Jover: "Caracteres de la política exterior de España en el siglo XIX". En: *Homenaje a Johannes Vincke*, Madrid 1962, t. IV, pp. 751 - 794.

3   L. Alvarez: *La diplomacia bismarckiana ante la cuestión cubana*. Prólogo de M. Espadas Burgos, Madrid 1988.

4   M. Espadas Burgos: *Alfonso XII y los orígenes de la Restauración*, Madrid, 2.a edición, 1990.

5   I. Schulze Schneider: *El sistema informativo de Bismarck: Su proyección sobre la política y la prensa españolas*. Leida en la Universidad Complutense, 1987, Original mecanografiado.

el rápido ascenso de los germánicos. "Temor al poderío germano" tituló Leonor Meléndez su ya antiguo estudio sobre la política exterior del canovismo.[6] Como para algunos franceses, también fue para Cánovas la batalla de Sedan "une défaite de l'intelligence".

Por su parte, Bismarck tuvo siempre una gran desconfianza hacia el régimen monárquico restaurado - de cuyos marcados matices clericales recelaba - y valoró en muy poco el papel que España pudiera desempeñar en la escena internacional. Es de sobra conocida su opinión sobre lo inutil que sería, por parte alemana, esperar de España algo más que un intercambio comercial en las mejores condiciones posibles. "Por mi parte - aseguraba - no he pretendido otra cosa". A todo ello se unía el conocimiento profundo que Cánovas tenía de la realidad interior de España, de su endeble economía, de sus fisuras internas y de la pesada hipoteca exterior que significaban sus colonias.

De ahí que los compromisos establecidos entre España y Alemania en el período bismarckiano fueran mínimos o quedaran reducidos al mínimo. Fundamentalmente fueron tres: la vaga formulación de una promesa de ayuda mutua en 1877; el acuerdo personal entre Alfonso XII y el *Kronprinz* con motivo de la visita de este último a Madrid en 1883 y el más importante, el intento de aproximación de España a la Triple Alianza, de la mano de Italia. Subrayamos el respaldo con que contó la monarquía restaurada por parte de Bismarck.[7] Pero cuando España buscó su apoyo ante una hipotética agresión de Francia - donde todavía republicanos y carlistas gozaban de apoyo - la respuesta de Bismarck fue de una total vaguedad: "En el caso de que de tales eventualidades surja una amenaza o un peligro para España, el Gobierno Imperial empleará su acción diplomática en bien de España cuyos destinos así como los del rey don Alfonso inspiran a Alemania tanto interés como confianza".

Tras el viaje de Alfonso XII al Reich, que levantó tantas protestas en Francia, Bismarck consideró oportuno devolver la visita en la persona del *Kronprinz* Federico Guillermo e incluso la firma de un acuerdo privado y personal entre ambos príncipes.[8] El acuerdo, totalmente secreto, hasta el

---

6   L. Meléndez: *Cánovas y la política exterior de España*, Madrid 1944.

7   "Podemos expresar un vivo interés en el mantenimiento de la monarquía española, sobre todo en su forma moderna actual, así como en el mantenimiento de la completa independencia de España frente a Francia", escribía en 1877. Cit. en la tesis de I. Schulze, t. II, p. 797.

8   "El acuerdo iniciado por el rey Alfonso nos asegura probablemente en caso de guerra un valioso aliado incluso sin llegar a un acuerdo concreto, sin obligarnos a contraprestacio-

punto de que ni siquiera el gobierno tuvo de él conocimiento[9], tuvo escasa vigencia por el pronto fallecimiento de Alfonso XII. Más aún cuando en ese mismo año se había producido el momento más bajo en las relaciones hispano - alemanas por la crisis de las Carolinas.[10]

En ese trasfondo de un replanteamiento de los imperios coloniales y de las bases jurídicas y políticas en que se sustentaban, se inscribe el tercer compromiso internacional, el mas serio. Es el que, desde el ministerio de Estado, intenta Segismundo Moret con el propósito de una mayor integración de España en el marco de las monarquías europeas, sumándose a la Triple Alianza. "Estamos cansados de nuestro aislamiento y deseamos acercarnos a las potencias europeas de una manera decidida. Creemos que para nosotros el camino hacia Berlín y Viena pasa por Roma - decía Moret al barón Blanc, representante italiano en Madrid -. Hablo directamente con usted porque no quiero confiar mis planes a nuestros representantes en el extranjero. Estamos dispuestos a comprometer firmemente la Corona y el país. ¿Querría Italia intermediar nuestro acercamiento a Alemania y Austria?"[11] La postura italiana es bien conocida a través de la obra de Federico Curato.[12] Para Bismarck todo debía quedar en un acuerdo entre España e Italia, sin mayor compromiso por parte alemana.[13]

El comienzo de siglo estuvo indudablemente marcado por los efectos de la crisis colonial y, en especial, del "desastre" de 1898. En ese contexto se ins-

---

nes que no nos vengan impuestas por nuestro propio interés. El temor de los franceses a tener en una guerra tambien a España como enemigo o solo como vecino inseguro actuará en favor de la paz con Francia". Carta de Bismarck a Guillermo I, 20-X-1883, en I. Schulze, t. II, p. 809.

9   "Con el actual ministerio, que no es de fiar, no es posible ningún secreto", apostillaba Bismarck, recelando del gabinete liberal.

10   Sobre este tema cfr. la tesis de M.D. Elizalde: *España en el Pacífico: La colonia de las islas Carolinas (1885-1899)*, Madrid 1992.

11   En I. Schulze, t. II, p. 831.

12   F. Curato: *La questione marochina e gli accordi italo - spagnoli del 1887 e del 1891*, Milano 1961.

13   Este mayor compromiso internacional que, en mayor o menor medida, vinculó España durante ocho años a la Triple Alianza, no fue conocido por el parlamento ni, menos aún, por los medios de comunicación hasta 1904. Parece ser que cuando, en 1890, volvieron los conservadores al poder, el marqués de la Vega de Armijo sustrajo del archivo del ministerio de Estado los documentos relativos a esta operación para evitar que los demócratas, necesarios para una política de oposición, pero siempre muy hostiles a Alemania, conociesen ese intento llevado a cabo desde un gobierno liberal.

criben dos nombres y dos cuestiones que serían la clave del comportamiento internacional de España en los años siguientes: Gibraltar y Marruecos. Las relaciones con Francia y con Gran Bretaña, pero también con Alemania, hay que entenderlas en tal contexto. "El problema del Mediterráneo" sería el marco en que se moviera la política española en el primer cuarto de siglo. Ya en plena guerra mundial, en su discurso de Palma de Mallorca de abril de 1915 afirmaba Romanones: "Por el problema del Mediterráneo hemos ido y debemos permanecer en el norte de Marruecos; por el problema del Mediterráneo principalmente hemos de desarrollar nuestra eficacia militar y naval sobre las bases de Cádiz, Cartagena y estas islas (las Baleares); por el problema del Mediterráneo, conservadores y liberales iniciamos y mantuvimos los acuerdos de 1904, 1905, 1907 y 1912 y por el problema del Mediterráneo está impuesta la política de inteligencia con aquellas naciones con las cuales desde el comienzo del reinado de Alfonso XIII hemos venido manteniendo relaciones más directas". Esto es, Inglaterra y Francia. En su libro *Políticas de neutralidad*, Joaquín Sánchez de Toca, varias veces presidente del Consejo por el partido conservador, recordaba que la política internacional de España se había venido definiendo en los primeros años del siglo mediante los acuerdos firmados entre 1904 y 1912 e insistía en que "dentro de ese equilibrio, España no solo tiene que mantener su potencia de gravitación, *rebus sic stantibus*, sino que necesita preservarse de que su posición quede rebajada, aunque no sea mas que relativamente por el engrandecimiento de otras naciones".

La ambigua política hispano - alemana

Los primeros años del reinado de Alfonso XIII significaron el intento de lograr una mayor presencia internacional tras el desastre del 98 y el abandono internacional en que se había sentido España en la guerra con los Estados Unidos. Los viajes del monarca a distintas capitales europeas así como su matrimonio con la princesa Ena de Battenberg fueron clara muestra de ello. El viaje a Portugal, primera de esas visitas reales, fue un símbolo de otra de las claves de la política exterior española. La visita a Alemania - Berlín, Viena, Munich - despertó en Francia tantas protestas como, años atrás, levantara el viaje de Alfonso XII, solo sofocado por la posterior visita a París. Pero ahora el compromiso español con Inglaterra y Francia era ciertamente mayor y se inscribía en los intereses norteafricanos a los que tampoco era ajena Alemania. Buena prueba de ello fue la actitud española, tras la cual hay que ver las presiones anglo - francesas, cuando el proyectado viaje del emperador Guillermo II, en el que se inscribe el famoso discurso de Tanger que tanto crispó los ánimos ingleses y franceses.

Aquella visita estuvo plagada de reservas, conscientes malentendidos y notas diplomáticas. Estaba previsto el viaje para el 22 de Marzo. La primera escala se pensaba hacerla en Vigo, donde acudiría el rey Alfonso XIII para saludar al Kaiser y, desde allí, visitar ambos Santiago de Compostela. Sin embargo, a fines de Febrero, el rey se disculpaba alegando que "compromisos anteriores" le obligaban a permanener en Madrid, delegando la recepción del Emperador alemán en su tio el Infante don Carlos. El canciller alemán, tras la comunicación del embajador de España, se mostró lógicamente sorprendido, opinando que "antes de hablar con Su Majestad Imperial pedirá explicaciones a Radowitz del cambio imprevisto e inesperado".[14] El ministro de Estado le explicó al embajador Ruata las razones del cambio: El duque de Connaught había confirmado su visita a Madrid para finales de marzo; dado que era "una visita anteriormente aceptada", el Rey juzgaba prioritario atenderla. Razón que, naturalmente, no satisfizo a Berlín. Al punto de que el embajador, sin duda poco experto en las sutilezas del lenguaje diplomático, insistió en la conveniencia de hacer compatibles ambos compromisos evitando la coincidencia de fechas. La respuesta del ministro de Estado fue así de contundente: "Lamento no haya V.E. comprendido la conveniencia de que coincidan fechas y le encargo se abstenga de toda gestión o indicación que pueda contribuir a que se realicen deseos de V.E. que no coinciden con los de Su Majestad y su Gobierno". Tras varias notas tensas entre el embajador Radowitz y el ministro de Estado, al fin la embajada alemana comunicó que "El Emperador no tocará entonces Vigo a menos que el mal tiempo le fuerce a ello. En este caso Su Majestad desearía que no se diera ninguna nota de su presencia". El hecho que hizo aún más tensa la situación es que el duque de Connaught canceló su visita so pretexto de que debía ir a Italia a la boda de la princesa real de Suecia y Noruega que iba a contraer matrimonio en Roma.[15]

Por otro lado, durante esos años y dado el papel que las islas jugaban en el tráfico marítimo y, por ende, en las rutas comerciales y coloniales, las islas

---

14 Archivo del Ministerio de Asuntos Exteriores (AMAE), Alemania. Política, leg. 2290. Telegrama del embajador Ruata, 25-II-1905.

15 Sin embargo, sí pensaba hacer escala en Gibraltar, porque el ministro de Estado telegrafió al embajador en Londres: "Trato con embajador de Inglaterra vuelva Duque sobre su acuerdo porque viniendo a Gibraltar agravaría desaire y hasta comprometería viaje Su Majestad a Londres que pudiera por esta razón quedar aplazado". AMAE, leg. cit.

Baleares y, en mayor medida, las Canarias estuvieron en el punto de mira de los intereses internacionales y, en concreto, de los alemanes.

La presión por parte de empresas alemanas para introducirse en Canarias se fue acentuando durante el primer decenio de nuestro siglo. Una de estas empresas era la Woermann, instalada desde 1906. En la sesión del Congreso de los Diputados del 15 de febrero de 1912, el diputado por Las Palmas, Luis Morote, una de las figuras más conocidas del periodismo republicano, se refirió en un largo informe al problema de las empresas extranjeras en Canarias a propósito de la transferencia de determinados almacenes y muelles que, en Puerto de la Cruz, tenía don Miguel Curbelo y Espino a favor del súbdito alemán Eduardo Woermann. Aparte razones legales y de reconocimiento de precedentes transferencias a firmas extranjeras, como *Wilson*, *Hamilton* o *Cory Brothers*, la argumentación de Morote se basaba "en una razón política de muchísima fuerza y es la que mejor puede garantizar la integridad de nuestro territorio en el archipiélago canario y que puede conservar indefinidamente nuestra soberanía. Dados los adelantos modernos en el arte de la guerra, nuestros escasos medios en lo que toca a escuadra, la imposibilidad de resistir un bloqueo del archipiélago por falta de elementos de vida propios, impone que *hagamos una política de caracter internacional*[16], es decir, que demos fácil entrada a peticiones de concesión de las distintas potencias, huyendo de estar unicamente en manos de una".

En realidad incidía Morote en la postura mantenida por una gran parte de la izquierda parlamentaria de comprometerse en una política internacional, con todos los riesgos que ello supusiera, pero sabiendo que no eran menores los que acarreaba una continuada política de aislamiento, de recogimiento o de dependencia de una sola potencia europea. En Abril de 1905 escribía *El Imparcial*: "Ciertamente, el Kaiser y su admirable pueblo son grandes e ilustres. Ofrezcámosle nuestra amistad. Pero que no sea a costa de aquellos a los que ya nos unen intereses comunes", es decir, Francia e Inglaterra. Cuando la firma del Acta de Algeciras, en diciembre de 1906, escribía el diario *La Epoca*, órgano del partido conservador: "Se trata de asegurar la defensa de nuestras costas y de nuestros archipiélagos estratégicos, las Canarias y las Baleares, y bien sabemos que no podemos hacerlo con nuestras propias fuerzas y tenemos necesidad de una poderosa amiga y de una potente escuadra. Debemos buscar y mantener una estrecha inteligencia con las

---

16 Informe del diputado a Cortes por Las Palmas Luis Morote al ministro de Estado, Manuel García Prieto. En: AMAE, Alemania. Política, leg. 2290. Cfr. M. Espadas Burgos: "El interés alemán por Canarias en vísperas de la I Guerra Mundial". En: *Homenaje a Antonio Domínguez Ortiz*, Madrid 1981.

naciones más próximas a nosotros [...] Es el caso de Francia y de Inglaterra, afortunadamente unidas hoy". Tal afirmación procedente de un periódico conservador revelaba el recelo que, por entonces, se tenía hacia Alemania y sus posibles intereses en el archipiélago canario. Tales intereses se les hacía coincidir con los que venía manteniendo en el territorio marroquí y que provocarían las dos grandes crisis de Tanger (1905) y de Agadir (1911).

El interés alemán en Canarias se intensificó por cuestiones técnicas venidas de la necesidad de lograr medios propios de comunicación con colonias africanas. Uno de esos problemas fue la instalación de un cable entre la ciudad hannoveriana de Emden y la isla de Tenerife, que asegurase la comunicación telegráfica con los territorios alemanes en Africa y con la América del Sur. Tal cable terminó de instalarse en 1909. En 1913 se utilizó para el trazado de límites fronterizos del Camerún, fijando sus coordenadas geográficas.

Aumentaron también por esos años las misiones científicas alemanas a las islas Canarias. En Abril de 1914, por ejemplo, una comisión de científicos dirigida por los profesores Rauschelbach y barón de Prakh, solicitó permiso de estancia en las Islas "para ejecutar observaciones de cronología astronómica". El embajador español, al tramitarlo, opinaba que "en principio nada parece oponerse a que por parte del gobierno de Su Majestad se dispense la mas favorable acogida a los deseos expresados por el de Alemania [...] Sin embargo, como en repetidas ocasiones no he podido por menos de llamar la atención del gobierno de Su Majestad, *la predilección de los hombres de ciencia y de negocios de Alemania hacia Canarias*, punto que con sospechosa frecuencia escogen como el mas adecuado para desenvolver, bajo los auspicios del gobierno imperial, su emprendedora y perseverante actividad."[17] El permiso les fue concedido pero con las consiguientes reservas y las numerosas advertencias a las autoridades canarias para que estuvieran alerta y "los comisionados alemanes se limiten exclusivamente a los trabajos que, según el embajador alemán, constituyen el objeto de su visita".

En nuestro citado estudio hemos recogido otros casos y expediciones similares. Un proyecto importante fue el de la construcción de un gran observatorio astronómico en la isla de Tenerife, negociación en la que se estaba todavía en 1914 y a la que el gobierno puso fin. El ministro de la Gobernación, José Sánchez Guerra, comunicaba al de Estado, marqués de Lema: "Creí haberle dicho [...] que el Gobernador de Canarias opina de un modo terminante, y coincido por entero con su convencimiento que no conviene de modo alguno autorizar en momentos como los actuales experiencias

17 AMAE, Alemania. Política, leg. 2290, exp. 34.

científicas en el pico del Teide a súbditos alemanes, ya que las experiencias todas y la opinión de aquellas islas supondrían que no a investigaciones puramente científicas, sino a manipulaciones de otra índole podrían estar dedicados en sus trabajos". En 1915 los trabajos continuaban parados, como le comunicaba el ministro de Estado al embajador alemán, príncipe de Ratibor, y en 1916 el jefe de la misión, doctor Dember, solicitaba salvoconducto para volver a Alemania.[18]

Otro caso muy curioso, al que recientemente nos hemos referido[19], es el de la adquisición del Hotel *Taoro* de Santa Cruz de Tenerife por parte de una sociedad alemana, la *Kurhaus - Betriebsgesellschaft*, por la cantidad de 37.000 libras esterlinas. Ello dio lugar a un largo pleito, en el que intervino el ministerio de Estado, por el caracter que fue tomando y la intervención del embajador Ratibor, que consideró el asunto de la suficiente importancia como para ponerlo en conocimiento de su gobierno y para hacer llegar sus quejas no sólo al ministro de Estado sino también al de Gracia y Justicia. En la documentación cruzada entre ambos ministerios se percibe la preocupación no sólo por las presiones recibidas de la embajada alemana sino por la conciencia existente de penetración alemana en las Islas Canarias so pretexto de empresas científicas o de salud, cuyo número resultaba sospechoso. Tanto más cuanto ello se unía a la frecuente visita de barcos de guerra a puertos canarios y a los ejercicios de tiro que realizaban en aguas cercanas[20], por mucho que contase con permiso del gobierno español, siempre concedido con las naturales reservas.

La empresa que había comprado el *Gran Hotel Taoro* dirigía una red de sanatorios que, en recuerdo de la figura de Alexander von Humboldt, llevaba el nombre de *Humboldt Kurhaus*, cuya sede central estaba en Charlotten-

---

18 AMAE, leg. cit.

19 M. Espadas Burgos: "Empresas científicas y penetración alemana en Canarias. El pleito del Hotel Taoro (1907-1912)". En: *Anuario de Estudios Atlánticos* 1987.

20 Durante el año 1913 el *Hansa* visitó el puerto de Bilbao; el cañonero *Eber* los puertos de Las Palmas y de Santa Cruz de Tenerife; el buque escuela *Vineta* los puertos de El Ferrol, Santa Cruz y Las Palmas; el *Bremen* el de Las Palmas; el *Magdeburg* los de Santa Cruz y La Coruña; el *Hertha*, barco escuela Guardiamarinas, los de Cádiz y Villagarcía; el *Victoria Luisa* el de Valencia; el *Bremen* el de Santa Cruz y el *Dresden* el de Cádiz. AMAE, Alemania. Política leg. 2290, exp. 32.

En la relación de 1914, en la que aparecen casi todos los barcos citados en la precedente y casi en los mismos puertos, se cita tambien al *Panther*, que había creado el grave incidente de 1911 en la rada de Agadir, como visitante en ejercicios de tiro de los puertos de Las Palmas (1 al 14 de Abril) y de Santa Cruz (14 al 21 de Abril). AMAE, leg.cit., exp. 45.

burg. Uno de los personajes que más aparecen tanto en las notas del embajador Ratibor como en los papeles del ministerio de Estado era el doctor Pannwitz, secretario de una Asociación Internacional contra la tuberculosis, figura con más visos de agente e incluso de aventurero que de científico. En varios despachos el embajador Polo de Bernabé previene al ministerio de Estado contra el Dr. Pannwitz, "conocido por su habilidad para envolver a los adversarios en las mallas de la ley y convertir en provecho propio y hasta dar las apariencias de respetabilidad a los negocios menos legítimos", para terminar su informe instando a los ministerios correspondientes "a limitar sus actividades".

Tampoco se sentían muy confiadas las autoridades españolas respecto a las miras del gobierno alemán hacia los territorios españoles en el Africa ecuatorial. En Febrero de 1909 informaba el embajador español en Berlín sobre las actividades de una importante sociedad colonial llamada *Victoria*, cuyos representantes eran el príncipe Alfredo de Löwenstein - Wertheim - Freudenburg y el señor Kremmer, quienes se proponían "hacer un viaje a las colonias alemanas en Africa y, de paso, visitar Fernando Poo, deteniéndose a su regreso en Madrid para conocer a nuestras autoridades coloniales".[21] Las referencias a los territorios españoles en Africa fueron numerosas en publicaciones y conferencias de instituciones coloniales alemanas, al punto de que el embajador Polo de Bernabé podía alertar en mayo de 1914 al gobierno de Madrid de que "en los círculos que antes he mencionado y en otros que se interesan especialmente en la expansión alemana, se habla mas de lo que fuese de desear de Canarias, del Muni y de Fernando Poo, alegando que no sacamos partido de tan preciados territorios y haciendo fantásticos cálculos de lo que llegarían a ser en manos alemanas".

La cuestión marroquí

Como luego se demostraría en repetidas ocasiones, Alemania subestimó la capacidad de acción que España pudiera desarrollar en Marruecos al margen de los límites marcados por los intereses franceses. Ya lo habían señalado estudios como el de Hallmann[22] subrayando el error de la política alemana con España en el juego de los intereses coloniales. Estudios más recientes

---

21 Desp. del embajador Polo de Bernabé. AMAE leg. cit.

22 H. Hallmann: *Spanien und die französisch-englische Mittelmeerrivalität (1898-1907)*, Stuttgart 1937. Traducción italiana: *La Spagna e la rivalità anglo-francese nel Medi-*

como el que está llevando a cabo, desde fuentes italianas, Fernando García Sanz[23] corroboran tal apreciación. Alemania no valoró el papel de amortiguador o de catalizador de crisis, en aquel espacio norteafricano, que podía desarrollar España.

El año 1911 fue una fecha crítica en el juego de relaciones entre España, Francia y Alemania. Y lo fue especialmente por la coincidencia de acciones en el territorio marroquí. La ocupación española de Larache, Alcazarquivir y Arcila,contraviniendo los intereses y las advertencias de Francia, despertó gran malestar en París, mientras que contó con muestras de satisfacción por parte de Berlín. De ahí la interpretación que se diera en Francia de que, para tal acción, debería haber existido una connivencia con Alemania, tanto más cuando poco después se había producido el incidente del *Panther* en el puerto de Agadir. Canalejas lo desmintió sin paliativos: "Fuimos a Larache y Alcázar sin contar mas que con nuestro derecho y nuestra fuerza" y "los alemanes fueron a Agadir sin ningún género de inteligencia con España". Pero las críticas le llegaron a Canalejas de todas partes, excepto del rey. Tras el incidente del *Panther* algunos políticos españoles quisieron ver en la acción llevada a cabo en Marruecos un estímulo a la acción alemana. Tal fue el caso de Moret, según un documento publicado por Carlos Seco.[24] La alarma de Moret llegaba al punto de comparar la acción española en Marruecos con la candidatura al trono de España que Bismarck en 1870 utilizara como señuelo para lograr la guerra con Francia.[25] La visión de Canalejas resultó más positiva para España y más propia de un estadista que los temores de Moret. Como concluye Carlos Seco, "a finales de agosto la crisis había sido superada y las negociaciones francoalemanas llegaban a

---

terraneo (1898-1907), Milano 1942.

23 Cfr. la tesis doctoral de F. García Sanz: *España e Italia en la Europa de la "paz armada" (1890-1914)*, leida en la Universidad Complutense, mayo 1992.

24 "La actitud de Alemania, que la hemos provocado nosotros, es muy grave. Dicho país no hubiera tomado resolución ninguna de no haber ido nosotros tan imprudentemente a la ocupación de Larache y Alcazarquivir. Alemania hace tiempo que deseaba ocupar territorios en Marruecos, pero no lo hubiera llevado a cabo si no le hubiéramos nosotros abierto el camino. La situación nuestra es delicadísima, porque los diarios alemanes dicen que estamos entendidos con Francia contra los alemanes y los diarios franceses que estamos entendidos con Alemania contra Francia". Cfr.: C. Seco Serrano, "Las relaciones España-Francia en vísperas de la primera Guerra Mundial". En: *Boletín de la Real Academia de la Historia*, CLXXXIV, 1987, pp. 19-43.

25 "Es claro que vamos a ser la causa eficiente de la guerra, como fuimos el año 1870 y es claro que Francia no le será indiferente nuestra intervención", en C. Seco (cfr. nota 24), p. 31.

buen puerto, respetando las posiciones que Canalejas había conseguido fijar".[26]

Hasta 1912, cuando ya se había modificado el equilibrio mediterráneo con el asentamiento italiano en Tripolitania y Cirenaica, no se dió cuenta Alemania de la política equivocada que había usado con España. El propio gobierno italiano reprochó a Berlín el "descuido" y la desconsiderada actitud que se había seguido con España. El estallido de la primera Guerra Mundial evidenciaría esta realidad.

Por un lado la neutralidad italiana y, por otro, la española, permitieron que la balanza de poder en el Mediterráneo se inclinara del lado de los aliados y, en especial, de Francia. La presión alemana sobre España, sobre todo durante el primer año del conflicto, se justificaba en gran medida por la actitud neutral de Italia, que afirmaba el importante papel que para los imperios centrales podía ejercer una España beligerante de su lado, no sólo para dificultar la acción británica en la zona del Estrecho sino para romper la libertad de comunicaciones de Francia con el norte de Africa. Por su parte, la actitud de los aliados no buscaba tanto una España beligerante a su lado como una España neutral, tanto más cuanto que esa neutralidad se juzgaba fácilmente flexible.

No estuvo muy clara, al menos al comienzo de las hostilidades, la actitud de España en Marruecos, a la que se achacaba una clara postura de favor hacia Alemania, como probaban gestos como la cordial acogida que en la zona española se diera a los diplomáticos alemanes expulsados de Tanger, su plena libertad de movimientos o el escaso interés que las autoridades españolas mostraban en cortar el tráfico de armas hacia la zona francesa. La reciente tesis de Susana Sueiro[27], basándose fundamentalmente en fuentes y bibliografía francesa ha subrayado la idea que los aliados tuvieron del protectorado español como zona dominada por los intereses alemanes. "La zona española fue nuestro verdadero frente enemigo", diría, sin duda con exageración, el general Liautey. Es cierto que, sobre todo en la población indígena y en los medios militares españoles, una actitud de simpatía hacia

---

26 Ibid., p. 34. Si bien es cierto que, en 1912, España pagaría, con mayores reducciones en el territorio atribuido en Marruecos, la factura de las concesiones hechas por Francia a Alemania en el Congo. Con razón escribe Victor Morales, "el colonialismo francés pasaba la cuenta a su homónimo español de todas las concesiones hechas a los actores descollantes del sistema europeo de preguerra, Gran Bretaña y el Imperio Alemán, entre 1904 y 1911". V. Morales Lezcano: *El colonialismo hispano-francés en Marruecos (1898-1927)*, Madrid 1976, p. 111.

27 S. Sueiro: *España y Francia en Marruecos. La política mediterránea de Primo de Rivera,*

Alemania que, por lo que hace a Marruecos, se acrecentó con la entrada de Turquía, un país de predominio musulmán, al lado de Alemania. Actitud que favorecían agentes alemanes despertando en la población la esperanza de que un triunfo de su parte significaría la próxima independencia para Marruecos. Especialistas en el tema como Germain Ayache demuestran que no hubo tal política progermana por parte del gobierno español, "aunque está demostrada la actividad antifrancesa de los jefes indígenas de la zona española y la existencia de agentes alemanes en el Rif durante la guerra, lo cierto es que el gobierno español no propició estos planes, sino que, por el contrario, trató de impedirlos".[28]

El ejército ante la guerra

La guerra de 1870 y el modelo del ejército prusiano vencedor en Sedan fueron indudablemente uno de los puntos de referencia para el reformismo militar español del último tercio del siglo XIX. En los años inmediatos al conflicto franco - prusiano en toda Europa comenzaron a estudiarse, con caracter ejemplificador, las guerras de 1866 y de 1870. Se venía a deducir de su estudio que la victoria parecía provenir de la eficacia de los Estados Mayores, en cuanto aplicación de las doctrinas de Clausewitz por parte de Helmuth von Moltke; así como de la eficacia del sistema prusiano de reclutamiento y movilización y, en tercer lugar, del desarrollo que habían experimentado las comunicaciones, tanto las ferroviarias como las telegráficas.

La admiración por cuanto representaba el ejército alemán se mantuvo durante todo el régimen de la Restauración, incluso tras el fin de la primera Guerra Mundial. Presidiendo el rey Alfonso XIII un acto en el Estado Mayor Central del Ejército, en Febrero de 1907, improvisó un discurso, cuyo texto no llegó a publicarse íntegro, en el que junto a los elogios hacia el Estado Mayor y a la labor realizada en España, recordó la necesidad de una mayor instrucción al Ejército y mostró su esperanza "en los beneficios que le reportarían las enseñanzas recibidas por los oficiales que habían ido a formarse en centros militares alemanes y a hacer prácticas en los campos de instrucción del ejército prusiano". Y todavía en Junio de 1922, cuando asistía en Las Planas (Barcelona) al banquete de la Cooperativa Militar, estableció el

---

Tesis leída en la UNED, 1991.

28 En S. Sueiro, ejemplar mecanografiado, t. I, p. 41.

Rey un parangón entre los ejércitos español y alemán "a pesar de que este haya sido derrotado".

La germanofilia de que se acusó al ejército español durante la Guerra Mundial se basaba en gran medida en el modelo prusiano que se ofrecía en la formación de las Academias militares. Cuando el periódico *El Liberal* insistía en esta cuestión, *El Ejército Español* respondía: "Los militares españoles se han educado hasta hace muy pocos años estudiando como modelo militar a Prusia y como campañas tipos las de 1866 y 1870. No tiene, pues, nada de particular que en el ejército español se sienta una admiración profunda por Alemania."[29]

Recientes aún los desastrosos efectos de la guerra de 1898 y enfrentado a otro conflicto colonial, el de Marruecos, necesitado de reformas internas y paulatinamente alejado del proceso de profesionalidad que le caracterizara en los primeros años de la Restauración, el ejército español no estaba en las mejores condiciones para comprometerse en una guerra de alcance europeo. "Nos han puesto frente a la guerra europea sin ejército; peor que sin ejército, con una nómina de militares que absorbe cientos de millones sin que tuviéramos un regimiento completo", denunciaba Manuel Azaña en uno de sus discursos en el Ateneo de Madrid.[30]

En el ejército de tierra, de los 140.000 hombres en pie de armas, 76.000 estaban destinados en Marruecos. La Marina continuaba en muy precario estado. Hasta 1908 no se le había empezado a prestar atención tras el desastre del 98. En ese año se había aprobado la construcción de tres acorazados; en Febrero de 1915 se decidía la construcción de seis contratorpederos y de 28 submarinos, de los que España carecía en absoluto. "Si no tenemos nada de eso - material moderno, barcos, instrucción adecuada - tenemos otra cosa que puede ser envidiada en el extranjero: tenemos unas plantillas con las que podría haber suficiente para un ejército tres veces mayor", ironizaba en el Congreso de los Diputados el conde de Romanones, líder del Partido Liberal. Por otro lado, la cuestión marroquí era la que gravitaba realmente sobre la vida militar y sobre las cuestiones presupuestarias, en las que "la acción en Marruecos" era una partida en constante aumento.

Desde 1915 y de forma más intensa durante 1916 la guerra vino a sumar razones para quienes optaban por una postura intervencionista en el conflicto. Procedía aquélla del repetido hecho de agresión a barcos españoles

---

29 "Más sobre la neutralidad", 24-VIII-1914.

30 M. Azaña: "Los motivos de la germanofilia". En: *Obras completas*, Méjico 1966, t. I, p. 141.

por parte de los submarinos alemanes. Con el título "Los barcos hundidos", *La Correspondencia Militar* abordaba el ataque de que habían sido objeto los mercantes *Isidoro* y *Peña Castillo*. Aún dando crédito a la posibilidad de un error, se planteaba la duda de una intencionalidad en la agresión y se lamentaba que "por parte de Alemania no hayamos sido una excepción en el favor y en el trato amigable, correspondiendo así a las grandes simpatías que una considerable parte de la opinión española profesa a Alemania".

Gran impacto causó en la opinión española la noticia de la muerte del compositor Enrique Granados, pasajero del vapor inglés *Sussex* hundido por un submarino alemán, tanto más cuanto por las mismas fechas, otro vapor español, *el Vigo*, que transportaba madera con destino precisamente a un puerto alemán también había sido objeto de ataque. Pese a todo la prensa militar favorable a Alemania intentaba paliar los hechos: "Los casos del maestro Granados y del *Vigo* son lastimosos, deplorables, pero dejan camino abierto a amistosas explicaciones y a las posibles reparaciones", escribía *La Correspondencia*.

El 13 de Abril de 1917 *El Ejército Español* informaba de que ascendía a 70.000 toneladas el volumen de los barcos españoles hundidos, lo que equivalía al 6,5 % del tonelaje total de nuestra marina mercante. Y establecía una clara distinción entre tres casos: "El de buques que hacen el comercio entre un puerto español y otro neutral; el de buques que hacen el comercio entre un puerto español y un aliado y el de buques que, abanderados en España, se dedican al comercio entre dos puertos aliados". Sólo en estos dos últimos casos se justificaba, a su juicio, el ataque, condenando sin paliativos el primero de ellos. Tal había sido el caso, entre otros, del *Santanderino*, hundido en Abril de 1916 que ni transportaba carga alguna ni navegaba por aguas beligerantes. Cuando en Abril de 1917 era torpedeado el *San Fulgencio*, la enérgica protesta del gobierno español sólo consiguió una respuesta de Berlín, lamentando el hecho, pero afirmando que "no renunciaría por nada a la guerra submarina ilimitada contra beligerantes y contra neutrales, ya que en el submarino tiene puestas todas sus esperanzas de éxito". Nuevas y reiteradas protestas siguieron al hundimiento del *Tom*, que acarreó la muerte de 17 marineros españoles, del *Cabo Blanco*, de la compañía Ybarra, que sólo se dedicaba a la navegación de cabotaje, del *Carmen* o del *Patricio*.

Desde planteamientos jurídicos, un tema muy debatido en toda la prensa, incluida la militar, fue el de la condición jurídica de los submarinos, toda vez que fue declarada por los aliados su ilicitud como arma de guerra. Sumándose a tal condena, *El Ejército Español* comparaba su acción con la de otra novedad bélica, el avión: "Deben observar todos los pueblos neutrales que entre la inhumanidad del submarino y la del avión hay una diferencia muy grande en beneficio del primero.El submarino ataca a barcos que realizan un comercio prohibido o que marchan por una zona declarada de guerra. El avión ataca a núcleos de población civil y totalmente indefensos, que no hacen nada en pro de la guerra".

Fernando Bordejé, en su obra *Vicisitudes de una política naval*, establece que la guerra supuso para España una pérdida evaluable entre 139.000 y 250.000 toneladas de su flota mercante. De ahí que se considerase plenamente justificable la decisión del gobierno español, una vez que la guerra terminó, de resarcirse en parte de tales pérdidas con la incautación de barcos alemanes surtos en puertos españoles, tema que levantó un gran debate parlamentario y avivó la todavía vigente polémica entre aliadófilos y germanófilos, sobre todo cuando se trataba de saber con seguridad cuáles, entre los barcos hundidos, eran verdaderamente españoles y cuáles ingleses, aunque navegasen con pabellón español. De hecho las cláusulas del armisticio entre los Aliados y el Reich negaron valor jurídico a la posesión por parte de España de ocho barcos alemanes surtos en sus puertos al final de la guerra. "No se transferirán navíos mercantes alemanes de ninguna especie bajo ningún pabellón neutral", decía la cláusula 33 del Armisticio. A tal efecto comentaba *El Ejército Español*: "Esta cláusula es la anulación de toda aquella gestión internacional llevada por el gabinete de notables desde agosto a octubre, y a la cual hubimos de oponernos, porque desde el primer momento nos pareció que disgustaba por igual a los dos bandos beligerantes y que no resolvía nada útil para España".

Los límites de una polémica

Uno de los tópicos más necesitados de revisión, entre los efectos que la guerra produjo en España, es el de la división de la opinión española entre germanófilos y aliadófilos. Que tal polémica existió está fuera de duda. Que afectó solo a sectores muy minoritarios y en áreas muy concretas de grandes ciudades y de sectores muy concretos y muy concienciados del problema, también lo es.

Germanofilia y aliadofilia no fueron sólo actitudes de simpatía hacia uno de los dos bloques contendientes, en cuanto que cada uno de ellos representaba un modelo político y social distinto, sino trasposición al plano nacional, a una concepción global de la vida española, de los modelos que aquellos paises europeos encarnaban. El embajador español en París, Fernando de León y Castillo, lo resumía así a la prensa francesa: "Los imperios centrales representan la disciplina social autoritaria, la sumisión ciega del ciudadano; las naciones de la Triple Entente representan el progreso de la democracia, la supremacía del poder civil y el desarrollo de todas las libertades constitucionales". Para unos su admiración y sus simpatías hacia Alemania vendrían como consecuencia o como reacción a los agravios históricos recibidos de los aliados: Gibraltar, la guerra del 98, la política francesa en Marruecos. Así muchos españoles no serían tanto germanófilos cuanto antifranceses o antibritánicos. "Alemania no nos ha hecho daño", se decía. Aunque no faltaba quien recordase la crisis de las Carolinas, el momento de mayor tensión antialemana de los últimos años. Este mismo argumento se podía utilizar para explicar la actitud de los aliadófilos. "Para ellos - escribía Salvador de Madariaga - Inglaterra y Francia luchaban en su pro, pero incidentalmente luchaban por el liberalismo, es decir, por la escuela de ideas políticas que ve en el individuo no un mero instrumento en manos del Estado, sino su fin. No eran precisamente aliadófilos, sino antiprusianos".

Dentro de la renovación historiográfica de los últimos años, el estudio de los intelectuales como actores de la política, tanto en su dimensión interna como en la internacional, ha logrado un lugar dentro de la investigación histórica. En la historia de Francia parece existir el acuerdo de considerar el *affaire Dreyfuss* como el momento en que los intelectuales hacen acto de presencia, como tales, en la vida pública francesa. Sería interesante fijar en qué momento se puede situar esta presencia en la historia de España y desde luego uno de ellos fue la crisis del 98 . Pero me atrevo a decir que es precisamente en esa polémica originada por la guerra cuando se puede situar en España la presencia del intelectual comprometido y de una manera corporativa tanto como actor (firmante de manifiestos), como en su condición de testigo o de conciencia crítica de un momento de su país. Las figuras más representativas del pensamiento y de la cultura españoles del momento toman partido, hacen oir su voz, asisten a mítines, ocupan tribunas, firman manifiestos y crean opinión. La nómina sería amplísima, pero en ella están Miguel de Unamuno, José Ortega y Gasset, Ramón Pérez de Ayala, Gregorio Marañón, Luis de Zulueta, Ramiro de Maeztu, Américo Castro, Manuel García Morente, Eugenio D'Ors, José Castillejo, Jacinto Benavente o Pio Baroja. Muchos de ellos que se decantarán por el bando aliado, viven una verdadera esquizofrenia entre su formación cultural y su opción política. Por el prestigio que tenían las universidades alemanas, por la incidencia de la filosofía alemana en la Institución Libre de Enseñanza, en la que muchos de ellos se habían formado, y por la política de enviar estudiantes al extranjero desarrollada por la Junta para Ampliación de Estudios, la mayor parte de estos nombres del mundo intelectual español eran de formación germana: Ortega y Gasset había estudiado en Marburg y en Leipzig; García Morente en Berlín y Marburg; Eugenio D'Ors en Munich y en Heidelberg; Julián Besteiro en Berlín, Leipzig y Munich; Fernando de los Rios, en Jena y en Marburg... Y podíamos continuar. Su germanofilia cultural, a la que nunca renunciaron, era perfectamente compatible con una aliadofilia política dominante en la mayoría de ellos. El desencanto de la Alemania en guerra le hace escribir a Ortega: "Para convencernos de que la fuerza es la fuerza no era menester que se tomara Alemania tanto trabajo; más digno de ella, de su profunda tradición hubiera sido que nos enseñase, no a temer, sino a respetar jurídicamente la fuerza."[31] Casos de germanofilia esencial como los de Pio Baroja o del premio Nobel Jacinto Benavente son excepcionales. En ambos se encuentra también la profunda admiración a la cultura y la ciencia alemanas. El libro *Amistad hispano germana* publicado en Barcelona en Octubre de 1916, con miles de firmas de toda España, está elaborado sobre las "charlas de sobremesa" de Jacinto Benavente que, en el prólogo, afirma "el profundo reconocimiento a la magnificencia de la ciencia alemana y su poderosa contribución para el progreso del mundo". En la germanofilia de Pio Baroja, evidentemente exagerada por algunos de sus biógrafos y críticos, late su radical anticlericalismo, también su vena antisemita, pero sobre todo su convicción de la superioridad del intelectual alemán sobre el latino y de la universalidad del pensamiento germano en contraste con el localismo del latino: "Estos escritores alemanes, Nietzsche, Feuerbach, Schopenhauer, cada cual en su esfera del pensamiento, como antes Kant, Herder, Goethe, tienen el sentido humano sin localismo alguno. En Taine, en un Sainte Beuve, ya esto se restringe, ya sus ojos no son solo de hombre sino de francés; en Menéndez Pelayo la restricción es aún mayor, es un español el que habla y un español tradicionalista."[32] Pese a esta apasionada germanofilia, cuando el gobierno alemán le propuso un viaje por Alemania como corresponsal, Baroja se negó: "El escribir para adular a los gobiernos y al ejército no está en mi temperamento."[33]

En buena parte el manifiesto de esa opinión, favorable o contraria a Alemania, estuvo recogido en una literatura testimonial que no pasaba del reflejo de una actitud esteticista, a la que pertenece, por ejemplo, la encuesta que se hizo en Francia bajo el epígrafe *Don Quijote en las trincheras*, en que se preguntó a los más destacados intelectuales franceses sobre su valoración

---

31 Cfr. V. Morales: "Tres intelectuales regeneracionistas ante la guerra y la neutralidad (1914-1918)". En J.B. Vilar (ed.): *Las relaciones internacionales en la España contemporánea*, Madrid 1989, pp. 235-245.

32 P. Baroja: *Las horas solitarias*, Madrid 1918, p. 230.

33 Ibid., p. 97.

de la cultura española y del símbolo que representaba el Quijote. En esa línea se inscribe el poema, tantas veces citado, de Antonio Machado, escrito en Baeza (Jaén) el 10 de noviembre de 1914:

> "En mi rincón moruno, mientras repiquetea
> el agua de la siembra bendita en mis cristales,
> yo pienso en la lejana Europa que pelea,
> el fiero norte, envuelto en lluvias otoñales".

Era el enfrentamiento entre *la culture* y *die Kultur*, o como lo formulaba Valle-Inclán: "El Francés, hijo de la loba latina, y el bárbaro germano, espureo de toda tradición, otra vez en guerra". Pero también hay un mayor compromiso en los numerosos manifiestos de intelectuales o en organizaciones de carácter fundamentalmente "intelectual", como la *Liga antigermánica* o la *Unión Democrática Española*. Esta última, fundada por Manuel Azaña, cuyo manifiesto fundacional apareció en la revista *España* el 7 de noviembre de 1918, surgió como "un grupo de intelectuales" cuya finalidad era la democratización de España a fin de que pudiera ingresar en la naciente Sociedad de las Naciones.

Prensa y opinión pública

Considerados hoy como factores imprescindibles en el análisis de las relaciones internacionales, prensa y opinión pública experimentaron un formidable desarrollo durante los años de la Gran Guerra. Ya Bismarck, pese a su inicial menosprecio, había usado de la prensa como arma diplomática. A estudios como los de Eberhard Naujoks, Heinz Schulze o Irene Fischer Frauendienst, se une en España la citada tesis de Ingrid Schulz en que se analiza la utilización que el Canciller hiciera de la prensa al servicio de su política tanto en el interior de Alemania como en las relaciones exteriores del Reich. Dentro de la historiografía española es preciso recordar los artículos de Luis Alvarez Gutiérrez.[34] Utilizando los llamados *Welfenfonds*, más conocidos como *Reptilienfonds*, Bismarck y sus sucesores en la Cancillería del Reich dirigieron una acción de la prensa, una "Einwirkung auf die Presse im Interesse des deutschen Reichs". Por lo que respecta a España, tal acción

---

34 L. Alvarez: "La influencia alemana en la prensa española de la Restauración". En: *La prensa en la revolución liberal*, Madrid 1983, pp. 373-389, e "Intentos alemanes para contrarrestar la influencia francesa sobre la opinión pública española en los años precedentes a la I Guerra Mundial". En: *Españoles y franceses en la primera mitad del siglo*

se había hecho imprescindible en crisis como la de las Carolinas, el mayor momento de tensión entre los gobiernos de Madrid y de Berlín. Desde la mayor apertura al compromiso internacional que tuviera el Partido Liberal, fueron muy significativos los acercamientos de la prensa afín a los medios económicos alemanes buscando un apoyo financiero a cambio de una información favorable a los intereses germanos. Tal fue el caso, por ejemplo, de Segismundo Moret, ministro de Estado y el hombre que había intentado sumar a España a la Triple Alianza, cuando sabiendo las dificultades económicas por que estaba pasando *El Día*, periódico que acababa de adquirir, indagó del encargado de negocios alemán "si el gobierno imperial estaría dispuesto a subvencionarlo a cambio de utilizar el diario, especializado en temas económicos, para fomentar las relaciones económicas hispano - alemanas". La reacción de Berlín fue positiva pues se concedieron al diario liberal 500 pesetas mensuales, subvención que se mantuvo hasta 1896. El propio Cánovas, más reticente al compromiso alemán, buscó el apoyo financiero para el órgano periodístico de su partido, *La Epoca*, a cambio "de una información fidedigna sobre Alemania". Si bien, desde aquellos años finiseculares se fue apreciando por parte alemana que el método más eficaz de penetración en los medios de prensa y en la opinión pública debería proceder del establecimiento en España de filiales de las agencias de prensa alemanas.

Esta política fue continuada y aún potenciada por el canciller von Bülow. Una circular del 11 de Julio de 1902, dirigida a todos los jefes de misión en Europa y en los Estados Unidos, subrayaba la necesidad "de mantener contactos personales frecuentes con los hombres mas representativos e influyentes en el mundo de la prensa, no limitándose a la simple observación de sus contenidos y a informar sobre ellos". Se hacía especial hincapié en la creciente importancia de la prensa diaria en el campo de la política exterior.

Un periodista alemán, con larga actividad en España, Frederic Matthes, corresponsal de la *Kölnische Zeitung*, fue el hombre designado para potenciar esta política en el mundo de la prensa madrileña. La ocasión buscada fue la primera crisis marroquí entre Francia y Alemania. El propio embajador Radowitz, también muy introducido en los medios políticos y sociales de Madrid, estimuló a la prensa española a acercarse a las posiciones y a las razones alemanas en aquel conflicto. Tanto el embajador como el consejero de la Embajada Stumm se pusieron en contacto con los propietarios, directores y redactores de los principales periódicos. Tales presiones se hicieron visibles en diarios como *El Imparcial, El Liberal* o el *Heraldo de Madrid*. Hubo, entre otros, algunos artículos publicados en *El Imparcial* e inspirados por Frederic Matthes que despertaron profundo malestar y las consiguientes protestas por parte de Francia.

El canciller von Bülow había dispuesto la asignación de 10.000 marcos a la embajada en Madrid para ser utilizados en asuntos de prensa. Si bien hay algunos testimonios, no siempre fiables por su misma procedencia, sobre las dificultades de influir en la prensa española, dificultades que posiblemente hipertrofiaban los propios informantes para hacer más meritoria su actividad. Tomando noticias del corresponsal Frederic Matthes, el embajador Radowitz informa a su gobierno que "ni siquiera pagando se encontraba un órgano de prensa madrileño que estuviera dispuesto, sin mas, a publicar sobre temas internacionales que afectasen a los intereses españoles, artículos o comentarios de procedencia extranjera y con una determinada intencionalidad".[35] Lo que contrastaba con la propia realidad de la prensa española siempre endeudada y presta a vender sus oficios, como múltiples testimonios vienen a probar. Es posible cierto desinterés hacia los temas internacionales, lo que entonaba con la propia realidad de la vida política y de la opinión españolas. Algunas de esas dificultades de negociación con la prensa española se atribuían "a la escasa familiaridad de los periodistas españoles con la trama de la política internacional".

Como consecuencia de esa aparente o real resistencia de la prensa, se pensó en la mayor eficacia de los "agentes confidenciales", que se introdujeran en las redacciones de los periódicos y a quienes se pagase por cada servicio concreto efectuado. Uno de ellos sería el citado Frederic Matthes; otro, Alexander Bruns. Ambos desarrollaron una gran actividad en esos años precedentes a la Gran Guerra.

Especial atención se le prestó por esos años a la conveniencia de crear una agencia alemana de noticias en España, pues todas las noticias que llegaban lo hacían a través de la agencia francesa *Havas* o de su filial española *Fabra*, por lo que el monopolio informativo francés era una realidad. Hasta el punto de que los mismos despachos de la agencia alemana *Wolff* llegaban a España a través de la *Havas*. Téngase en cuenta que en 1919, el 90 % del material informativo que difundía *Fabra* procedía de *Havas*. El intento de abrir en Madrid una filial de la *Wolff* chocó con el acuerdo internacional suscrito por esta con las agencias *Reuter* y *Havas*, por el que se atribuía a esta última la exclusiva en España. Se buscaron soluciones alternativas, como el que la *Wolff* enviase directa y gratuitamente información a la *Fabra*. A fines de Agosto de 1906 se llegó a un principio de acuerdo entre la *Wolff* y la *Fabra*, con ciertas condiciones, entre las cuales se especificaba que el material

---

35 L. Alvarez: *Intentos alemanes* (cfr. nota 34), p. 144.

informativo enviado "no fuera contrario a los intereses políticos de los paises sedes de las agencias ni a los intereses profesionales de estas". De hecho tal cooperación fue por aquellos años muy decepcionante para los propósitos alemanes.

A lo largo de 1912, cuando el príncipe Max von Ratibor era ya embajador desde hacía dos años, hubo un nuevo intento de crear en España una agencia de noticias. El proyecto era de un súbdito alemán, August Hofer, y participaba en él un miembro del cuerpo consular, Hirsch, director de una agencia de noticias en Berlín. El servicio telegráfico se pensaba hacer utilizando el cable Emden-Vigo. Sin embargo, tal proyecto, por falta del necesario apoyo oficial y de la financiación adecuada, quedó en el papel. El proyecto se reavivaría en 1913, aunque sin mayor éxito.

Aún falta un detenido análisis de la prensa española durante los años de la guerra y, en especial, la utilización de fuentes alemanas. Por lo que conocemos a través de fuentes españolas y francesas[36], la incidencia de la propaganda alemana sobre las publicaciones periódicas españolas fue en rápido aumento, a partir de una sólida base de penetración constituida en la década anterior. Luis Araquistain, corresponsal durante la guerra del diario *El Liberal* en Londres, escribía el 12 de Enero de 1916: "Los dedos de una sola mano pueden servir para contar los periódicos diarios que no han sido comprados en Madrid". Y se quejaba, sobre todo, de que la mayoría de esos periódicos estaban a sueldo alemán. Tales palabras crearon una gran reacción, tanto de quienes - como *ABC* - se sintieron aludidos y lo desmintieron, tildando a Araquistain de agente del *Foreign Office*, como de quienes, desde la prensa socialista, le organizaron un homenaje. En el citado artículo, Paul Aubert da cuenta de una carta inédita de don Ramón del Valle-Inclán, interceptada por los servicios franceses, en que denunciaba el creciente progreso de la propaganda alemana y recomendaba a los franceses que "no se durmieran".[37]

Los centros principales de los servicios de propaganda alemanes estaban, naturalmente, en Madrid y en Barcelona. Pero contaba también con activos establecimientos en Bilbao, en Sevilla y en Vigo, punto peninsular del cable Emden-Tenerife, al que nos hemos referido. En Madrid los servicios de propaganda estaban dirigidos por el agregado militar mayor Kalle y por el teniente de navío von Krohn. En Barcelona, el servicio de noticias *Deutscher Nachrichtendienst* fundado en 1914, estaba en el número 8 de la calle de

---

36 Cfr. P. Aubert: "La propagande étrangère en Espagne pendant la 1ère Guerre Mondiale". En: *Españoles y franceses en la primera mitad del siglo XX*, Madrid 1986, pp. 357-411.

37 P. Aubert (cfr. nota 36), p. 382.

Santa Teresa, muy próximo al céntrico Paseo de Gracia. Justamente en la acera de enfrente, en el número 9, estaba la imprenta de los hermanos Almerich, que publicaba, entre otras ediciones, el quincenal *Germania*, dirigido por Luis Almerich, el semanario *La Verité*, equívocamente editado en francés, y el diario *Heraldo Germánico*. En Madrid existían dos comités de propaganda, uno dirigido por Bruns, al que ya nos hemos referido, y otro por el relojero Carlos Coppel, que editaba el quincenal *Por la Patria y la Verdad*, con una tirada de 100.000 ejemplares.

Pronto las otras potencias en guerra, muy especialmente Francia, se dispusieron a contrarrestar esta pujante influencia alemana. Pero convencidas - como lo prueban numerosos comentarios - de la distancia que les separaba de la implantación alemana. "Los alemanes no improvisan nunca", se decía en uno de los informes franceses, insistiendo en la buena organización y en los varios años de actividad de los servicios alemanes. El 23 de Diciembre de 1915, el ministro francés de la Guerra tomaba la decisión de crear, de acuerdo con el *Deuxième Bureau*, un servicio de contraespionaje en España, que sería dirigido por el agregado militar coronel Denvignes y por el subteniente Gilbert de Neufville.

La dimensión religiosa

La necesidad de buscar una explicación a una realidad tan dramática como una guerra desde otros planteamientos que no fueran los económicos o los políticos, llevó a considerarla - tanto en los paises beligerantes como en los neutrales - consecuencia de un castigo divino. Surgió en todos ellos una literatura que acentuaba tal concepción trascendente del conflicto. La propaganda alemana fue insistente en ello. Incluso a través de la obra de intelectuales, teólogos y profesores universitarios. Ejemplo de ello pudieron ser las obras del profesor de Teología de la universidad de Bonn, Heinrich Schroers, en especial la titulada *Der Krieg und der Katholizismus* (München 1915), con *imprimatur* del obispo de Augsburgo, o la de A.J. Rosenberg, profesor de la universidad de Paderborn, *Der deutsche Krieg und der Katholizismus* (Berlin 1915), coincidentes ambas en presentar la victoria alemana como un triunfo de los intereses del catolicismo. Entre las pruebas que aporta Rosenberg hay una directamente referida a España: el caso Ferrer, que tan amplia repercusión internacional había tenido. Para Rosenberg, todos los que habían defendido a Ferrer y habían criticado a la Iglesia

Católica eran precisamente "los que se encuentran en el campo antialemán: son los anticatólicos, los anticristianos".

En regiones donde el peso del clero y de los partidos confesionales era muy acusado, tales como Navarra o el País Vasco, el número y la difusión de las publicaciones progermanas monopolizaba prácticamente la información sobre la guerra. Tal era el caso de *El Diario de Navarra*, de *La Tradición*, del *Pensamiento Navarro*, del *Noticiero* y del *Diario Vasco* de San Sebastián; así como del *Noticiero Bilbaino*, o de *La Tarde* y de *La Gaceta del Norte* de Bilbao.

Sin duda la figura más señera en el campo político confesional de esta tendencia progermana era Juan Vázquez de Mella, "campeón de la causa germana en España, idolo del clero y de las derechas", como le calificaba Alvaro Alcalá Galiano.[38] El discurso que pronunció en el Teatro de la Zarzuela de Madrid el 30 de Mayo de 1915 tuvo enorme incidencia en los sectores eclesiásticos y, en general, en la opinión de amplios sectores del catolicismo español. Hizo en él la gran loa del Emperador alemán: "Guillermo II es artista, poeta, humanista; parece un peregrino cuando recorre Palestina. Es como César, va al frente de sus tropas, preside a sus ministros y cuando en los Cárpatos vacilan sus soldados, surge el Emperador. Yo le saludo como al testamentario de Felipe II y de Napoleón."[39] El efecto que aquel discurso tuvo en la prensa católica y en las revistas eclesiásticas fue inmediato. "Las personas sensatas admiraron el vigor incomparable de su raciocinio y vieron reflejado en su pensamiento el sentir de la mayoria del pueblo español", comentaba la revista jesuita *Razón y Fe*.[40]

También desde esta dimensión religiosa de apreciación del conflicto es claro que un amplio sector del catolicismo español que se declaraba abiertamente germanófilo no lo era tanto por su simpatía hacia el Reich alemán y sus intereses en la lucha, cuanto por su visceral francofobia. En uno de los múltiples libros de autor eclesiástico que circularon en España, el P. Bruno Ibeas partía de la convicción de que "la Francia de hoy no es católica" sino una nación corrompida, presta a todo cuanto fuese "el triunfo del anticlericalismo".

Por lo que hace a la jerarquía católica, el episcopado era solidario defensor de la neutralidad y, salvo contadas excepciones, se situaba, de forma más o menos visible, en el sector germanófilo. Quizá la figura mas representativa

---

38 A. Alcalá Galiano: *España ante el conflicto europeo*, Madrid 1916, p. 164.

39 Publicado en *La Epoca*, 1-VI-1915.

40 *Razón y Fe*, núm. 42, mayo-agosto 1915, p. 410.

de esta tendencia fuese la del cardenal primado y arzobispo de Toledo, monseñor Guisasola, como lo era del minoritario sector aliadófilo del clero el obispo de Tarragona, monseñor López Peláez. Si aceptamos informes de los servicios franceses de inteligencia hasta al propio episcopado y para sostener su actitud neutralista y benévola llegó el dinero alemán. Según tales informes, a través de Toledo varias diócesis y, para fines de asistencia social, recibieron una subvención mensual que oscilaba entre los 1.240 y los 1.360 marcos, aunque no se precisa el tiempo que duró tal denunciada ayuda. Tras un viaje a varias ciudades españolas, el obispo católico de Southwark escribía: "Sería dificil hablar de las simpatías de España por uno u otro bando, si bien en general los militares admiran los métodos alemanes, el clero deplora el trato dado a la iglesia en Francia y otros creen que los aliados exageran al mencionar las atrocidades alemanas en Bélgica. En su sentir, los españoles tienen un alto concepto de los católicos alemanes."[41]

A modo de conclusión

Consciente de lo que limita el tiempo de una conferencia, avanzaré algunas reflexiones que nos permitan luego un debate. En primer lugar, poniendo de manifiesto, como hice al comienzo de mis palabras, que el tema no sólo sigue abierto sino que está aún pendiente de una investigación más sistemática, en especial a partir de fuentes alemanas, ya que desde la historiografía de los países comprometidos en la guerra se ha prestado escasa o nula atención al papel de España en ese contexto. Por lo que se refiere a la propia documentación española, que hemos revisado en el archivo del Ministerio de Asuntos Exteriores, resulta sorprendente el exiguo volumen documental de esos años, lo que hace suponer la pérdida o la desaparición de numerosos documentos. Ambas consideraciones apuntan a la necesidad de utilizar otros fondos documentales, también escasamente revisados para esta cuestión, como los del *Public Record Office* o los del *Quai d'Orsay*. Los archivos italianos, sobre todo en tesis como la citada de Fernando García Sanz, ya están más incorporados a la investigación de este período en su dimensión española. En todo caso, insistimos en una revisión detenida de los fondos de los respectivos ministerios de Asuntos Exteriores. Si nos atenemos a otras fuentes como las militares, la situación es aún más negativa. Por lo que hace a las españolas, en especial a los informes de los agregados militares, archivados en el Servicio Histórico Militar, sólo en estos últimos años se ha

---

41 En *The Dublin Review*, 16-IV-1916.

posibilitado el acceso a los investigadores. Quedan, por otro lado, los papeles de los servicios secretos de los diferentes ejércitos que precisan también de una sistemática revisión.

Más avanzada está la investigación en el ámbito de la prensa y de la publicística de aquellos años, como hemos puesto de manifiesto; aunque, desde la propia investigación española no se haya realizado una revisión de la prensa alemana, limitada con frecuencia a los recortes de prensa que los servicios de las embajadas proporcionaban.

En el abandono en que se ha tenido durante mucho tiempo a la biografía, género historiográfico hoy recuperado, tampoco se han analizado las figuras y los comportamientos de los protagonistas de aquellos años. Carecemos de biografías de Romanones, de Dato, de Maura - me refiero a biografías escritas desde planteamientos historiográficos serios y renovados, no a ocasionales semblanzas biográficas -, pero también de los embajadores españoles en los países beligerantes o de los representantes de éstos en España. Por ejemplo, sería muy interesante un detenido análisis de la figura del príncipe Max von Ratibor, y de Corvey, embajador alemán en Madrid y personalidad clave en el transcurso de la guerra, sobre el que existen numerosas noticias, sumamente contradictorias, en la publicística y en la prensa de la época.[42] El conde de Romanones recoge en *Las responsabilidades políticas del antiguo régimen. De 1875 a 1923* una de las ofertas de Ratibor, comunicada a Dato con un telegrama del Kaiser, acerca de cómo el concurso, directo o indirecto, de España a la política alemana sería pagado, al final del conflicto, con Gibraltar, Tanger y manos libres en Portugal.

Es preciso diferenciar claramente dos planos que, con frecuencia, se confunden y, por tanto, se contradicen: el plano de la política de los diferentes gabinetes españoles en relación con el conflicto, y el plano de la opinión pública y de los diferentes sectores de la vida española: iglesia, ejército, partidos políticos... En el primer caso, los gobiernos españoles mantuvieron una actitud de "neutralidad benévola" que, en numerosas ocasiones, se mostró muy claramente en favor de los aliados. Tal fue la postura representada por Romanones, que tenía como objetivo principal la inserción de España en la futura conferencia de paz que regularía las relaciones internacionales de la postguerra. En este sentido, el otro plano, el de la heterogénea y discordante opinión pública no hizo más que confundir y enmarañar la línea seguida por los distintos gobiernos, ya fueran conservadores o liberales.

---

42 Un avance sobre el tema, J.L. Martínez Sanz: "El enfrentamiento Romanones-Ratibor". En: *Hispania* 154, 1983, pp. 401-428.

Wolfgang Pöppinghaus

¿Intercambio cultural, proyección cultural o imperialismo cultural?

Aspectos de las relaciones culturales germano-españolas entre 1918 y 1932

Entre España y Alemania existen hoy relaciones culturales intensas. En este sentido baste recordar las planificaciones en curso para la fundación de varios institutos de cultura españoles en la República Federal de Alemania o la celebración en 1991 de la Feria del Libro de Francfort, que en esta ocasión estuvo centrada en España y en relación con la cual se organizaron de forma paralela, y a iniciativa del Ministerio de Cultura español, diversos actos culturales en varias ciudades alemanas. Inversamente, el Ministerio de Asuntos Exteriores alemán financia hoy día de forma parcial o total, con fondos provenientes de su Departamento Cultural, varios colegios alemanes, Institutos Goethe o centros de investigación científica ubicados en diferentes ciudades españolas. La concepción, muy criticada, del pabellón alemán en la Exposición Universal de Sevilla Expo '92 demuestra que la República Federal de Alemania se vale de este acontecimiento para practicar, y no en último lugar, un exhibicionismo cultural. Al lado de esta política cultural exterior institucional figuran diversos programas de intercambio entre universidades e iniciativas privadas (sociedades germano-españolas etc.) cuyo objetivo común es mantener y favorecer los contactos culturales entre los dos países.

Las raíces históricas de estos intercambios culturales institucionalizados se remontan al primer tercio del siglo XX. Al contrario de Francia, que ya en 1871 comenzó a establecer una tupida red cultural en el extranjero[1], la

---

1 Para la génesis del trabajo cultural francés en el exterior cfr. p. ej. K. Remme/M. Esch: *Die französische Kulturpropaganda*, Berlin 1927. Este trabajo se caracteriza por una gran admiración del lado alemán, típica para la época, respecto a la efectividad de la política cultural francesa.

introducción planificada de elementos culturales en la configuración de las relaciones exteriores tiene en Alemania una tradición relativamente joven.[2]

A pesar de que ya hacia finales del siglo XIX se pueden observar algunas iniciativas, es sólo a partir de 1906 cuando se constata efectivamente un creciente interés estatal por los medios y las perspectivas de una "política cultural exterior" que estuviese enmarcada dentro de la política exterior alemana.[3] Este cambio de rumbo se debió en gran parte a la catástrofe diplomática de la Conferencia de Algeciras (16.1.-17.4.1906), en la cual se puso de manifiesto el enorme grado de auto-aislamiento al que había llegado el 'Reich' en Europa. A esto se añadía que ante la expansión rasante de la economía alemana en los mercados mundiales, la política cultural exterior se reveló de pronto como posible 'rompehielos' para el imperialismo económico alemán.[4]

Teniendo esto en cuenta, la política cultural en el extranjero prestó hasta la primera guerra mundial sobre todo atención a dos aspectos: a que la ciencia alemana estuviese representada adecuadamente en el extranjero y al fomento estatal de la formación escolar alemana en el extranjero.

Un debate *público* sobre métodos, contenidos y metas de lo que debía ser una labor cultural en el extranjero sólo surgió en Alemania en el momento en que las crisis internacionales presagiaban ya un conflicto armado, debate en que participó únicamente el reducido círculo de la burguesía intelectual. Las opiniones, divergentes, iban desde las que defendían una política cultural parcialmente autónoma con el objetivo de fomentar el entendimiento entre los pueblos[5], pasando por las que postulaban una propaganda cultural que apoyara la 'Weltpolitik' alemana en el extranjero por medio de la "conquista moral"[6], hasta las que finalmente defendían un imperialismo cultural sin restricciones[7]. Había, sin embargo, consenso en que la 'Weltpolitik' alemana

---

2   Aquí es necesario señalar que el presente artículo ofrece resultados previos a los que puedan resultar de una proyectada tesis doctoral, donde se analizarán de forma exhaustiva las relaciones culturales germano-españolas entre 1906 y 1939.

3   Para la política cultural exterior anterior a 1914 cfr. sobre todo: R. vom Bruch: *Weltpolitik als Kulturmission. Auswärtige Kulturpolitik und Bildungsbürgertum in Deutschland am Vorabend des Ersten Weltkrieges*, Paderborn 1982 (con amplia bibliografía) y K. Düwell: *Deutschlands auswärtige Kulturpolitik 1918-1932*, Köln/Wien 1976, pp. 1-69.

4   Cfr. K. Hildebrand: *Deutsche Außenpolitik 1871-1918*, München 1989, p. 35 y ss. y Bruch (nota 3), p. 39.

5   K. Lamprecht: *Über auswärtige Kulturpolitik*, Stuttgart 1913.

6   P. Rohrbach: *Der deutsche Gedanke in der Welt*, Königstein/Ts. 1912.

7   J.J. Ruedorffer (i.e. K. Riezler): *Grundzüge der Weltpolitik in der Gegenwart*,

tenía que "fundamentarse en una base más amplia"[8], debiendo incorporar para ello, tal como hacía Francia, un aspecto cultural a la política exterior. El estallido de la primera guerra mundial impidió, sin embargo, poner en práctica estas ideas, siempre al servicio de la política expansionista alemana.

Fue precisamente *después* de 1918 cuando, al haberse perdido la guerra y tener que prescindir debido al Tratado de Versailles de importantes elementos tradicionales en la política exterior, se empezó a pensar que una política cultural alemana en el extranjero consecuentemente desarrollada, pero sobre todo configurada de forma autónoma, podría ofrecer amplias perspectivas. Muchos contemporáneos opinaban que, ante el fatal desenlace de la guerra, "Alemania ya sólo podría desarrollarse en un futuro en el terreno cultural"[9]. Esta consideración se refleja ejemplarmente en la frase conjuradora pronunciada por el que sería Ministro de Cultura prusiano, C.H. Becker, en 1919: "Es con *ideas* con las que el 'Reich' tiene que hacer [de una vez] política exterior"[10]. Hasta 1932, esta frase aparece una y otra vez en las actas, constituyéndose en verdadero *leitmotiv* que llevó a que en 1919/20 se fundara finalmente un Departamento Cultural autónomo dentro del Ministerio de Asuntos Exteriores.[11]

La importancia que se le dio en la época a la política cultural no se refleja en la atención que le ha prestado la investigación histórica, que presenta en relación al tema grandes lagunas. Esto se debe a que en Alemania, al contrario de lo que ocurre en Francia, hay una infravaloración tradicional de la cultura como elemento configurativo de las relaciones entre estados. Incluso estudios recientes sobre la política exterior en la República de Weimar no tratan, como quien dice, la política cultural en el extranjero.[12]

A pesar de contar con algunos trabajos sueltos provenientes de otras disciplinas, hasta 1976 no se publicó una investigación *histórica*, sobre las fuentes, de la política cultural exterior de la República de Weimar. Se trata del

Stuttgart/Berlin 1914.

8   Cfr. Bruch (nota 3), p. 37.

9   P. M. Rühlmann: *Kulturpropaganda. Grundsätzliche Darlegungen und Auslandsbeobachtungen*, Berlin-Charlottenburg 1919, p. 12.

10 C.H. Becker: *Kulturpolitische Aufgaben des Reiches*, Leipzig 1919, p. 16.

11 Cfr. Düwell (nota 3), pp. 78-102. El a pesar de los efectos de la guerra excelente estado de conservación de las actas de este departamento, que se encuentran hoy en el Archivo Político del Ministerio de Asuntos Exteriores, posibilita el análisis de un amplio número de fuentes. El material de archivos se complementa con los numerosos estudios contemporáneos sobre política cultural.

estudio fundamental de Kurt Düwell.[13] Además de entrar en consideraciones teóricas sobre la materia, Düwell traza, siguiendo una orientación genético-fenomenológica, las líneas maestras de lo que fue la política cultural exterior entre 1918 y 1932. Los "hechos históricos" se ofrecen, por ello, únicamente a grandes rasgos.

Aparte del estudio de Düwell hay unos pocos trabajos más en los que se analiza algún que otro aspecto de la política cultural en el extranjero de la República de Weimar. En general, sin embargo, las investigaciones más recientes prestan muy poca atención a la política cultural exterior. A pesar del intenso estudio historiográfico de la política exterior entre 1918 y 1932, hay una escasez especial en cuanto a trabajos sobre el lugar que ocupaba y la función que desempeñaba la política cultural en el extranjero en el marco de las relaciones bilaterales de Alemania con otros estados. Para los años anteriores a 1918 y posteriores a 1933 se constatan vacíos similares.[14]

La labor cultural alemana en España entre 1918 y 1932

Ya durante la primera guerra mundial, pero especialmente después de la capitulación y la firma del Tratado de Versailles en junio de 1919, la 'política europea occidental' de Alemania se orientó hacia una intensificación de las relaciones con España. Si España había desempeñado antes de la primera guerra mundial únicamente un papel secundario en la política exterior del 'Kaiserreich', a partir de 1918/19 España se convirtió de repente, debido a su neutralidad, por lo menos teórica, durante la primera guerra mundial, en el nuevo país amigo predestinado a ser el aliado de Alemania en Europa occidental. Sin embargo, la guerra también había dejado huella en las relaciones germano-españolas: los estrechos lazos económicos de España con la Entente, la guerra de submarinos contra la flota comercial española, la propaganda bélica alemana en el interior del país, las intrigas de diplomáticos alemanes contra políticos españoles francófilos y, finalmente, el miedo del Gobierno de la Restauración a que la Revolución de Noviembre alemana pasase a la Península Ibérica, todo ello representaba una grave carga del pasado.[15]

---

12 Cfr. p. ej. P. Krüger: *Die Außenpolitik der Republik von Weimar*, Darmstadt 1985.

13 Cfr. nota 3.

14 Cfr. K. Hildebrand (nota 4), p. 120 y Bruch (nota 3), p. 21 y ss.

15 Cfr. B. Rüchardt: *Die deutsch-spanischen Beziehungen 1898-1931*, (tesis doctoral) Mün-

En el Ministerio de Asuntos Exteriores en Berlín, pero también por parte de diplomáticos alemanes en España, se insistía a partir de 1918 una y otra vez en que, perdida la guerra y ante la condena internacional del país, había que instrumentalizar la división de opiniones que respecto a Alemania reinaba entre la opinión pública española.[16] La "actitud caballeresca" de los germanófilos debía ser recompensada para que no decayera.[17] Sin embargo, los contactos diplomáticos entre la joven República de Weimar y la "única gran potencia del mundo que había permanecido neutral"[18] se vieron, por los motivos citados, gravemente interferidos hasta otoño de 1920. A esto se añadía que las cuasi extintas relaciones comerciales sólo se normalizaron con la firma del tratado comercial germano-español de 1924/26.[19]

A pesar de todo, España pasó a ser a partir de 1918 el país de atención preferente de la política cultural en el extranjero. Los pilares básicos de la labor cultural alemana en España fueron hasta 1932 la 'Deutschtumspflege', esto es, el fomento de aquellos valores que se consideraban propiamente alemanes, junto con la formación escolar alemana en el extranjero y el establecimiento de contactos científicos.

---

chen 1988. El trabajo de Rüchardt analiza desde una perspectiva tradicional las relaciones diplomáticas y económicas germano-españolas en el primer tercio del siglo XX. El estudio adolece de la falta de un planteamiento general. Algunos aspectos de política cultural se tratan de manera muy superficial, ofreciéndose en ocasiones datos erróneos (pp. 244-251); cfr. además: L. Gelos de Vaz Ferreira: *Die Neutralitätspolitik Spaniens während des Ersten Weltkrieges. Unter besonderer Berücksichtigung der deutsch-spanischen Beziehungen*, Hamburg 1966 y R.M. Carden: *German Policy towards Neutral Spain, 1914-1918*, New York/London 1987; cfr. también el ensayo de Manuel Espadas Burgos en el presente tomo.

16 Cfr. F. Diaz Plaja: *Francófilos y Germanófilos. Los Españoles en la Guerra Europea*, Barcelona 1973, p. 17 y s. y Rüchardt (nota 15), pp. 167 y ss.

17 Este es el sentido del escrito dirigido el 7-IX-1920 por parte del Departamento Político del Ministerio de Asuntos Exteriores al Departamento de Cultura. *Archivo Político del Ministerio de Asuntos Exteriores (PAAA), Kult VI B, Kunst und Wissenschaft no 282. Die deutsche wissenschaftliche Arbeitsstelle in Madrid*, tomo 1 [R 64478].

18 W. Zechlin: "Deutschland und Spanien". En: *Illustrirte Zeitung*, n° 4037, Leipzig 1920, pp. 652-654. Cita en p. 652. Esta exageración es buena muestra de las grandes esperanzas que inmediatamente después de la guerra mundial Alemania ponía en la intensificación de los contactos germano-españoles.

19 Cfr. Rüchardt (nota 15), pp. 277 y ss.

El cultivo de los valores germánicos en España

Para la ampliación de las relaciones culturales con España fue de gran utilidad para el Ministerio de Asuntos Exteriores el que las diferentes asociaciones en que se habían organizado los alemanes residentes en España se hubiesen, al contrario de lo que ocurría en otros países, conservado en su mayoría. El número de "representantes de la cultura alemana" en España había incluso aumentado durante la primera guerra mundial debido a los inmigrantes procedentes del sur de Francia, norte de Africa, Latinoamérica y Portugal. Si antes de la guerra había unos 5.000 alemanes en España, sobre todo comerciantes e ingenieros con sus familias, hasta 1918 aumentó su número a entre 8.000 y 10.000.[20] Estos alemanes vivían en 1918 en colonias[21] de entre 2.000 y 2.500 personas en las metrópolis de Madrid y Barcelona; grupos más reducidos se habían asentado en ciudades portuarias de interés comercial, tal como Valencia, San Sebastián, Vigo, Cádiz, La Coruña, Málaga, Santander, Sevilla y Bilbao, además de en Zaragoza. Este aumento cuantitativamente considerable iba acompañado, sin embargo, de graves problemas económicos y sociales.

Un buen conocedor de la situación de los alemanes en España, Otto Boelitz[22], puso ya en la fase final de la guerra el dedo en la llaga. Según él, no cabía hablar entre los alemanes residentes en España de una "conciencia nacional alemana", ya que la "solidaridad" entre ellos "era igual a cero", y si bien habían seguido siendo "alemanes excelentes", el aislamiento y la consiguiente ausencia de relaciones sociales con la población española, aunque probablemente "útil para la conservación de la germanidad individual", había sido "negativo en cuanto a la gran influencia que una cultura fuerte y singular [como la alemana] hubiera podido ejercer sobre el país".[23] Por ello

---

20 Cfr. O. Boelitz: *Das Grenz- und Auslanddeutschtum, seine Geschichte und seine Bedeutung*, München/Berlin [2]1930, p. 157 y ss.

21 Si se usa el concepto de 'colonia' no es naturalmente en el sentido de posesión en el extranjero política y económicamente dependiente de Alemania. Se trata de designar simplemente a un grupo de personas de nacionalidad o proveniencia alemana que vivían en España en un mismo lugar dentro de una ciudad y que cultivaban su 'identidad alemana'.

22 Otto Boelitz (1876-1951) fue de 1909 a 1915 director del colegio alemán en Barcelona, de 1921 a 1924, Ministro Prusiano de cultura. En el curso de 1929/30 desempeñó el cargo de director en el recién fundado Instituto Ibero-Americano de Berlin; en 1934 fue destituido de su cargo.

23 O. Boelitz: "Das Deutschtum in Spanien. Conferencia pronunciada en la universidad de Friburgo el 8-X-1918". Recogida en: *Spanien. Zeitschrift für Auslandkunde* 1, 1919, cuaderno 1, pp. 2-21. Citas en p. 13 y ss.

que en opinión de Boelitz fuese necesario que en el futuro estos asuntos contasen con "la más delicada atención de nuestros organismos oficiales para reconstruir el sector comercial e industrial alemán en España", ya que con el fin de asegurarse el influjo alemán en el extranjero "eran tan importantes los intereses que defendiesen los bancos como los aspectos nacionales o, mejor dicho, político-culturales", últimos que "deberían ser tenidos especialmente en cuenta".[24]

Las actividades del Cónsul General alemán en Barcelona, Ulrich von Hassell[25], muestran ejemplarmente cuáles eran los métodos y las metas, pero también las dificultades y los problemas con que se encontraban los organismos oficiales a la hora de intentar prestar esa "delicada atención" a los asuntos culturales:

Hassell fue destinado en marzo de 1921 a Barcelona, haciéndose pronto una idea clara de cuáles eran las circunstancias económicas, políticas y culturales de los alemanes residentes allí en aquel momento. Tuvo que constatar, extrañado, que en la colonia alemana había graves tensiones internas nacidas del fuerte incremento que la colonia había experimentado a causa de la guerra. Según comunicaba Hassell en un informe al Ministerio de Asuntos Exteriores, muchos alemanes no hacían vida en común con el resto de la colonia, existiendo además "cierto antagonismo" entre los "antiguos residentes" y los "elementos jóvenes y recién llegados".[26]

Aparte de este 'conflicto generacional', seguía informando Hassell, era sobre todo "la política interior alemana" la que se había convertido "en la manzana de la discordia dentro de la colonia", llegándose a una "actitud abierta de combate".[27] Tampoco el variopinto conjunto de asociaciones alemanas dentro de la colonia, todas ellas organizadas de forma fuertemente

---

24 Ibid., p. 12.

25 Ulrich von Hassell (1881-1944), entre 1921 y 1926 fue cónsul general en Barcelona, de 1932 a 1938, embajador alemán en Roma. Hassell, que rechazaba la política exterior del régimen nacionalsocialista, formó parte, sobre todo a partir de 1938, de la oposición conservadora; después del atentado contra Hitler, el 20 de julio de 1944, fue detenido y el 8-IX-1944 ejecutado.

26 Anotaciones del 25-X-1921. *PAAA, Kult VI A, Deutschtum im Ausland, Spanien, tomo 1. Förderung des Deutschtums in Spanien* [R 60214].

27 Ibid., p. 3 de las anotaciones. Con dos partes en el extranjero también en las colonias en España, especialmente en Madrid y Barcelona, la manifestación de concepciones políticas divergentes se manifestó en el 'conflicto de las banderas'. Cfr. A.H. Hofer: "Deutschtum in Spanien". En: *Der Auslanddeutsche*, 7, 1924, p. 410 y los informes de la Embajada Alemana en Madrid del 19-XII-*1927*, 25-V-1928 y 3-XII-1928. PAAA IIa, Spanien Pol.

jerárquica, estaba en condiciones, en opinión de Hassell, de fomentar la solidaridad entre ellos.

El Cónsul señalaba además otro punto flaco: la absolutamente deficiente atención que los consulados prestaban a los alemanes, lo cual había llevado a "una falta de confianza entre las representaciones oficiales del 'Reich' y los alemanes en el extranjero", puesto que "era opinión generalizada de que los cónsules se limitaban a ponerse en contacto con las colonias cuando se trataba de la recepción con ocasión del cumpleaños del 'Kaiser'".[28]

En vista de esta situación desolada, Hassell había llegado a la conclusión de que urgía reorganizar la estructura interna de la colonia alemana en Barcelona. Con este fin creó en verano de 1921 una 'Comisión Alemana' a la cual pertenecían, aparte del Cónsul General como representante del 'Reich', los presidentes de las asociaciones alemanas en Barcelona. La Comisión se marcó varios objetivos: superar las divergencias políticas entre los alemanes en Barcelona, fomentar la solidaridad entre ellos y, consecuentemente, "impulsar y utilizar los valores germánicos en el extranjero para la causa nacional"; además había que "aleccionar más de lo que hasta ahora había sido el caso a cada uno de los alemanes con el fin de que se sintiesen representantes permanentes de su patria y de los intereses de la misma".[29]

En opinión de Hassell, existía la posibilidad de que las diferentes comisiones que se creasen en diferentes lugares de España llegasen a "crear una solidaridad entre los alemanes de todo el país", y ello por medio de consultas regulares entre ellas que en ningún caso podían tener "carácter de proclama". La Comisión debía "evitar cuidadosamente esos métodos de propaganda que nos han desacreditado, para los cuales nos falta el dinero" y para los que "carecemos de talento".[30]

Hassell entendía pues que la Comisión era antes que nada una asociación cultural y después una organización de trasfondo político-económico. Lo que Hassell perseguía era suavizar las divergencias políticas dentro de la colonia alemana y ofrecer así una imagen más solidaria y positiva hacia el exterior.

La fundación de la Comisión Alemana en Barcelona fue recibida muy positivamente en el Departamento Cultural del Ministerio de Asuntos Exte-

25, *Das Deutschtum in Spanien*, tomo 1 [R 71946].

28 P. 2 de las anotaciones del 25-X-1921 (cfr. nota 26).

29 Ibid., p. 8 y 10.

30 Ibid., p. 8 y 12.

riores.[31] Se consideraba que esta institución podría ser un modelo aplicable eventualmente a otros países, enviándose por ello una síntesis de las propuestas de Hassell a distintas embajadas y consulados. Sin embargo, tanto el Ministerio de Asuntos Exteriores como Hassell se encontraron con un fuerte rechazo. El Embajador alemán en Madrid, Langwerth von Simmern, dio las propuestas de Hassell como muy bienvenidas, pero entendía que había grandes problemas para realizarlas ya que la colonia madrileña se caracterizaba por una absoluta "falta de comprensión hacia causas comunes". Pues aunque se habían considerado ya iniciativas parecidas a las de Hassell para la capital, estas habían tenido que ser finalmente desechadas. Según Langwerth, eran sobre todo "los más jóvenes de entre los comerciantes alemanes" los que veían en sus "compatriotas únicamente a competidores incómodos"; ésta era la causa principal de que los proyectos comunes topasen con una "resistencia consciente"; que ya era bastante difícil consolidar cada una de las asociaciones alemanas. Pretensiones mayores sólo "llevarían a un aumento de los conflictos".[32]

Si las iniciativas de Hassell habían sido consideradas por su colega en Madrid como una empresa interesante, pero condenada al fracaso, los esfuerzos del Cónsul General alcanzaron en Barcelona, por lo menos parcialmente, cierto éxito. La colonia alemana estableció un 'Día Alemán' anual en que participaban muchos españoles y que por sus cualidades propagandísticas fue muy bien acogido en el Ministerio de Asuntos Exteriores.[33]

Además, en 1922/23, y por iniciativa de Hassell, se fundó, como organización destinada a suceder a la 'Asociación Económica', que se había creado en 1917, la 'Cámara Alemana de Comercio para España', con sede en Barcelona. La Cámara de Comercio se ocupaba de la exportación e intentaba impulsar los contactos entre las empresas alemanas en España.[34] La Cámara de Comercio participó también en las negociaciones sobre el acuerdo comercial germano-español (1924/26) intentando, naturalmente, favorecer los intereses de las empresas alemanas afincadas en España y procurando

---

31 Dictamen del director del Departamento Cultural, F. Heilbron (12-XII-1921). *PAAA, Kult VI A, Deutschtum im Ausland, Spanien, tomo 1. Förderung des Deutschtums in Spanien* [R 60214].

32 Ibid., informe de Langwerth del 11-VII-1922.

33 Ibid., informes de Hassell del 5-X-1922 y del 21-XI-1923.

34 *Handbuch der deutschen Auslandshandelskammern*, Berlin 1927, p. 62 y ss. El número de las empresas alemanas y españolas englobadas dentro de la Cámara de Comercio aumentó, hasta la crisis económica mundial, de forma continuada (1925: 193, 1926: 208, 1927: 223, 1929: 258). Cfr. los informes anuales recogidos en: *Der Auslanddeutsche*, 8,

"conservar el mercado español como enclave en que poder colocar de forma permanente los productos de la industria alemana".[35]

Aparte del anual 'Día Alemán', la colonia alemana organizó en el marco de la Exposición Universal de Barcelona de 1929 una 'Semana Alemana' en que se intentó por medio de "conferencias, funciones de teatro y festividades varias" acercar la cultura alemana a la población española.[36] El Gobierno del 'Reich' apoyó estas actividades con el envío de un zepelín y del crucero 'Königsberg', que fue acogido por los miembros de la colonia de forma entusiasta, pues los alemanes en el extranjero consideraban que el atraque de barcos de guerra alemanes en puertos españoles favorecía "el comercio y la navegación alemanes" y que era un medio formidable de "hacer amistades".[37] La 'Semana Alemana' se convirtió así, según apreciación de la colonia, en un "gran éxito en cuanto a la divulgación del espíritu alemán, reforzándose de nuevo los lazos entre la patria y el extranjero".[38]

Hasta 1930, la población alemana aumentó tanto en Barcelona como en Madrid hasta llegar a unas 5.000 personas. Se consideraba en estos momentos que la colonia barcelonesa era "especialmente importante", sobre todo por la forma eficiente en que estaba organizada.[39] Este desarrollo contó desde luego con la atención de los españoles y en ocasiones incluso fue objeto de dura crítica. Un periodista español expresaba en 1930 su preocupación por el crecimiento de las colonias alemanas en los siguientes términos: "Donde quiera que actúa una minoría alemana hay un propósito colonizador [...] se considera el suelo ocupado territorio de colonización, que tiene ya nombre propio: *'Geschlossenes deutsches Siedlungsgebiet'*. Así Barcelona, así Madrid, así otras muchas ciudades y regiones en todo el mundo [...] estos alemanes [...] van germanizando las empresas, los negocios, las ciencias, las artes y las letras. Y dentro de pocos años, a la entrada de cada ciudad

---

1925, p. 551 y ss.; 9, 1926, p. 430; 10, 1927, p. 572; 12, 1929, p. 587; 13, 1930, p. 730.

35 J. Lulvés: "Die deutschen Kolonien in Spanien nach dem Weltkriege". En: *Auslandswarte* 6, 1926, pp. 501-502. Cita en p. 502.

36 *Der Auslanddeutsche* 12, 1929, p. 782.

37 Cfr. E.E. Fricke: "Das Band des Meeres. Der deutsche Kreuzer 'Berlin' in Spanien". En: *Münchener Neueste Nachrichten* del 24-V-1924.

38 *Der Auslanddeutsche* 12, 1929, p. 782.

39 H. Klein: *Kulturelle und wirtschaftliche Verbindung mit den Deutschen im Auslande*, Berlin 1930, p. 12.

española podrá colgarse un cartelón que diga: *'Geschlossenes deutsches Siedlungsgebiet'*.[40]

Sin duda, estas afirmaciones no se pueden considerar representativas para la totalidad de la población española. Sin embargo, demuestran hasta qué punto era necesaria *también* en España y *aun* doce años después del final de la primera guerra mundial cierta contención por parte de los alemanes en el extranjero y de las organizaciones que defendían sus intereses. El notable bienestar de los alemanes, sobre todo en relación con la situación económica dramática de muchos españoles, y su influencia en comercio e industria, se transformaba en una mezcla explosiva al ligarse a la propagación de ideas nacionalistas, desencadenándose entonces con facilidad temores y resentimientos entre la población española.[41]

Las imaginativas medidas que Hassel impulsó durante el ejercicio de su cargo en la metrópolis catalana, que desde luego fortalecieron las asociaciones autónomas de los alemanes allí residentes, fueron, sin embargo, las únicas iniciativas que las instituciones oficiales llevaron verdaderamente a la práctica en relación con las colonias de alemanes residentes en España. Aunque los Embajadores alemanes en Madrid, Langwerth (1920-25), y especialmente el Conde Welczeck (a partir de 1926), intentaron ejercer su influencia sobre los alemanes que se encontraban en la capital de España, no consiguieron alcanzar éxitos parecidos a los de Hassel.[42] El Cónsul General, interesado en cuestiones de política cultural, resultó ser el único diplomático alemán en España que supo seguir el planteamiento del Departa-

---

40 D. Perez: "La ciencia del Germanismo en España". En: *Noticiero Bilbaíno* del 25-V-1930. La Embajada Alemana en Madrid averiguó que el autor trabajaba para una agencia periodística en Madrid y que se situaba políticamente "bastante a la izquierda". Carta del Consulado Alemán en Bilbao del 3-VI-1930. *PAAA, Botschaft Madrid, Kunst und Wissenschaft, tomo 1. Allgemeines (Deutsch-Spanische Kulturbeziehungen)* [416/1].

41 Los acontecimientos en torno a las elecciones para el Parlamento Alemán del 5-III-1933 acaecidos en Barcelona, ya hacia el final de la República de Weimar, ofrecen testimonio de la actitud política radical de una gran mayoría de los alemanes residentes en España: puesto que los alemanes en el extranjero sólo tenían derecho al voto si en el momento de las elecciones se encontraban en Alemania o a bordo de un barco alemán que surcase aguas internacionales, la 'Unión Nacional', constituida en Barcelona, alquiló un barco alemán para hacerse durante varias horas a la mar. El resultado de las elecciones, en las cuales participaron también alemanes llegados para este fin de Madrid, no necesita, debido a su claridad, ser comentado: de los 708 votos emitidos, el NSDAP obtuvo 508 (65,1 %), el DNVP 137 (17,6 %), el Zentrum 37 (4,7 %), el DVP 31 (4,0 %), el SPD 28 (3,5 %), el KPD 19 (2,4 %). Cfr.: *Der Auslanddeutsche* 16, 1933, p. 187.

42 Los otros consulados alemanes en España (25) ni siquiera aparecen mencionados en cuanto a este tema en las actas. Cfr. la relación de los consulados del 12-VII-1922.

mento Cultural del Ministerio de Asuntos Exteriores, que postulaba una 'política de germanidad in situ'.

Los colegios alemanes en España

Los colegios alemanes de las ciudades medias y grandes de la Península y de las Islas Canarias fueron un punto de encuentro para 'el cultivo de los valores germánicos' y una labor cultural 'verdadera', esto es, una labor que iba dirigida a la población española.

El apoyo económico de los colegios en el extranjero por parte de las instituciones oficiales, que ya antes de 1914 había llegado a suponer un volumen considerable, se convirtió a partir de 1918 en "la base de toda la política cultural".[43] ¿Cuáles eran las funciones que se les asignaban a los colegios alemanes en el extranjero dentro del tejido de la labor cultural alemana?[44]

1. Los colegios alemanes en el extranjero tenían la misión esencial de impedir por medio de la enseñanza de la lengua alemana que los alemanes en el extranjero se desligasen culturalmente de la patria y tener que darlos así por perdidos para el 'Volkstum', perdidos como representantes y defensores de los valores patrios. Por ello, se estimaba que los colegios alemanes en el

---

43 H. Freytag: "Über deutsche Kulturpolitik im Ausland". En: *Deutsche Rundschau* 55, 1929, cuaderno 11, pp. 97-109. Cita en p. 98. Freitag dirigió el Departamento Cultural de 1926 hasta 1933.

44 Esta era la interrogante principal en los escritos de la época relacionados con el tema. El lenguaje usado al tratar este asunto estaba caracterizado por una patriotería que para el lector actual resulta desde luego extraña pero que no lo es tanto en el contexto histórico de la época. La utilización de este vocabulario no se limitaba únicamente a círculos nacionalistas o en torno a la Deutsche Nationale Volkspartei, sino que constituye prácticamente un lenguaje común a la Alemania de la época. A pesar de ello, la lectura de estas fuentes en tiempos 'posthitlerianos' provoca una sensación de extrañeza y asombro. En todas las publicaciones contemporáneas recogidas en este trabajo sobre los colegios alemanes en el extranjero aparecen siempre los mismos argumentos para señalar la gran importancia de éstos y solicitar el apoyo de los mismos. Cfr. O. Boelitz/H. Südhof (eds.): *Die deutsche Auslandschule, Beiträge zur Erkenntnis ihres Wesens und ihrer Aufgaben,* Berlin/Leipzig 1929 y L. Hettich: "Die deutschen Auslandschulen". En: *Süddeutsche Monatshefte* 28, 1930/31, pp. 239-247; cfr. además los diversos artículos en la revista *'Die deutsche Schule im Ausland'* (DSchA).

extranjero eran "el factor más importante para el reforzamiento de los valores germánicos y un enclave de una forma de vida alemana".[45]

2. Los colegios alemanes en el extranjero estaban destinados además, debido a su "poder de atracción moral y cultural", "a mantener relaciones fructíferas con el país y los nativos del mismo".[46] Debían "atraer en el extranjero a los círculos simpatizantes con los valores germánicos y guiarlos hacia la cultura alemana".[47] Los colegios alemanes estaban llamados, más que cualquier otra forma de política cultural exterior, a fomentar "incluso en el rincón más apartado de la tierra el espíritu alemán en el mundo"[48] y con ello los intereses políticos y económicos de Alemania.

Una ampliación de la estructura escolar alemana parecía en España especialmente prometedora, pues, a diferencia de lo que ocurría en otros países de Europa, la enseñanza alemana ya contaba aquí a finales de 1918 con cierto arraigo. A los colegios alemanes de Madrid, Barcelona, Málaga y Puerto Orotava, todos ellos fundados antes de 1914 y con un número total de 679 alumnos (307 españoles, 233 alemanes, 129 de otras nacionalidades)[49] se añadió en 1917 el colegio alemán de Bilbao.

Si bien los colegios alemanes en España tuvieron que valerse temporalmente por sí mismos debido al bloqueo aliado en la primera guerra mundial, y si bien tenían que hacer frente a fuertes dificultades económicas debido a la acogida de alumnos alemanes provenientes de diversos países, y que por carecer de medios no estaban en disposición de pagar tasas escolares, España, como país que se declaraba neutral, no ponía ningún tipo de impedimentos al funcionamiento de los colegios, pudiendo quedar así sentadas las bases que permitirían reestructurar y ampliar posteriormente los colegios alemanes en España.

Las instituciones oficiales en Alemania influían en los colegios alemanes en España, a pesar de su autonomía formal, de tres maneras:

---

45 Hettich (cfr. nota 44), p. 239 y ss.

46 T. Böhme: "Die deutsche Auslandschule in ihrem Verhältnis zum Gastlande". En: Boelitz/Südhof (cfr. nota 44), pp. 60-68, cita en p. 63.

47 W. Keiper: "Organisation und Verwaltung der deutschen Auslandschulen". En: Boelitz/Südhof (cfr. nota 44) p. 41-59. Cita en p. 47.

48 A. Meyer: "Die deutsche Auslandschule im Dienst deutscher Kulturwerbung". En: *DSchA* 24, 1932, pp. 389-390, cita en p. 390.

49 PAAA, Schul-S., tomo 2, n° 155 adh. 3: "Die Denkschrift über die deutschen Schulen im Auslande (1914)" [R 62366], p. 14 y p. 54 y ss.; recogida en: Düwell (cfr. nota 3), p. 268 y ss.

Por un lado, los colegios recibían apoyo financiero de los fondos del Departamento Cultural del Ministerio de Asuntos Exteriores. Por otro, este Departamento Cultural tomaba parte activa en la contratación, a veces muy difícil, de profesores alemanes para el extranjero. Finalmente, se enviaban, previo acuerdo con el Ministerio del Interior del 'Reich', inspectores escolares a los colegios en el extranjero para que asistiesen a los exámenes finales e hiciesen una valoración general de los colegios.

Entre 1918 y 1932 se produjo una expansión extraordinaria de los colegios alemanes en España.[50] En sólo catorce años se fundaron colegios alemanes en todas las ciudades españolas que contaban con un cierto número de habitantes. Mientras que en el año escolar de 1918/19 estaban matriculados 773 alumnos en cuatro colegios alemanes, en 1932/33 ya eran 2.425 alumnos los que asistían a las clases impartidas en catorce colegios.[51] Este aumento del número de alumnos en un 362 % en escasamente dos décadas está muy por encima del porcentaje comparativo de los colegios alemanes en otros países europeos (35 %).[52]

Pero no sólo cuantitativamente sino también cualitativamente los colegios alemanes en España ocupaban el primer lugar de entre los europeos. De los 11 'Oberrealschulen'[53] en el extranjero reconocidos oficialmente que había

---

50 Aquí sólo podemos ofrecer una panorámica. Los datos que siguen están tomados de las actas de la Embajada Alemana en Madrid y del negociado para asuntos escolares del Departamento Cultural (VI B), inserto dentro del PAAA. Las actas escolares del Departamento Cultural contienen las peticiones anuales de ayuda económica que las asociaciones escolares remitían al negociado escolar, los informes anuales de las asociaciones escolares, la correspondencia general sobre diversas cuestiones escolares entre el negociado escolar, las representaciones diplomáticas en España y los colegios mismos, así como los informes de los inspectores escolares sobre sus visitas a los colegios en el extranjero. Especialmente las peticiones de apoyo financiero, que desgraciadamente no están completas para los años de 1927 a 1932 debido a los daños causados por varios incendios, contienen valiosos datos estadísticos tanto sobre el número de estudiantes y profesores como sobre los medios económicos de los que disponían los colegios.

51 Colegios de Barcelona (fundado en 1894), Bilbao (1917), Cádiz (1929), Cartagena (1931), Flix (1932), Las Palmas (1920), Madrid (1896), Málaga (1907), San Sebastián (1921), Santa Cruz de Tenerife (1908/1919), Sevilla (1921), Valencia (1909/26), Vigo (1925) y de Zaragoza (1929).

52 Cfr. *DSchA* 26, 1934, p. 142.

53 El sistema educativo alemán distinguía antes de la segunda guerra mundial entre 'Gymnasium', que era un instituto de bachillerato clásico (latín y griego), las 'Oberrealschulen': instituto de bachillerato con lenguas modernas (francés, inglés), y 'Realschulen', que eran una suerte de institutos intermedios entre educación general básica e institutos de bachillerato.

en 1929, dos tenían su sede en España (Barcelona, Madrid). A partir de 1924, después de estar los años anteriores marcados por la crisis económica y monetaria, estos dos institutos aumentaron su número de estudiantes de forma extraordinaria y a principios de la década de 1930 pertenecían con un total de 1.600 alumnos a los colegios alemanes punteros en el extranjero: "Su efectividad resulta en España tan convincente, que incluso españoles como el conde de Romanones, que era todo menos germanófilo, mandaba a sus hijos al colegio alemán"[54]. Aparte de estos estaban además los tres 'Realschulen' ampliados de Bilbao, Sevilla y Málaga.

Este fuerte proceso expansionista de la enseñanza alemana en España se debía principalmente a dos factores:

- Como se ha apuntado ya, durante la primera guerra mundial y los años posteriores a ésta el número de alemanes refugiados en España aumentó de forma continuada, de tal manera que si en 1914 había unos 5.000, a principios de la década de 1930 se contaba ya con un número de entre 13.000 y 15.000 alemanes que residían de forma permanente en España. Este desarrollo llevó a una demanda creciente y creó las condiciones necesarias para que también en colonias alemanas más bien pequeñas se creasen colegios alemanes.

- A esto hay que añadir el factor importantísimo de que los colegios alemanes tenían, sobre todo entre las capas superiores de la población española, muy buena fama. Generalmente, los padres de los alumnos españoles gozaban como comerciantes, propietarios de fábricas, militares, abogados y médicos de una privilegiada situación social, siendo su talante político fundamentalmente conservador. La decisión de mandar a sus hijos a un colegio alemán estaba determinada, aparte de por consideraciones económicas (relaciones comerciales con Alemania), sobre todo por la situación desolada del sistema educativo español, que llevaba a un gran descontento para con los propios colegios.[55] Aunque el Gobierno Republicano, una vez fracasado el sistema de la Restauración, hizo durante el bienio de reformas hasta 1933 grandes esfuerzos por mejorar el nivel educativo a través de una "campaña educativa y de escolarización" que preveía la construcción de un amplio número de escuelas así como la contratación de 7.000 maestros, no se pudo impedir que, a consecuencia de las medidas de laicización y del aumento simultáneo del número de estudiantes, se produjese "una enorme deficiencia

---

54 H. J. Ohrem: *Spanien und Deutschland. Ihre Kulturbeziehungen in Vergangenheit und Gegenwart*, Köln 1930, p. 33.

55 Cfr. R. Seyfang: "Die deutschen Schulen in Spanien". En: *DSchA* 17, 1925, pp. 137-148.

en cuanto a profesores y aulas".[56] La consecuencia inmediata fue que se virtió una nueva gran oleada de alumnos españoles sobre los colegios alemanes, aumentando con ello entre 1931 y 1933 de forma considerable el porcentaje de alumnos españoles que asistían a colegios alemanes. Caso aparte es el de Madrid, donde ya en 1918 la Junta para Ampliación de Estudios e Investigaciones Científicas había creado, con el visto bueno estatal, el innovador Instituto Escuela.

Los colegios alemanes se convirtieron así, efectivamente, en elementos importantes desde los cuales se 'proyectaba la cultura alemana' sobre la sociedad española. Parecía que se iba a cumplir la tarea encomendada a los colegios: "sembrar en los corazones de los niños la semilla alemana para que un día diese fruto".[57]

Sin embargo, la meta de impedir el desligamiento cultural de los alemanes residentes en el extranjero, postulada una y otra vez durante la República de Weimar, no se pudo alcanzar del todo en España. No en todas partes fue posible aumentar en los colegios el número porcentual de estudiantes con nacionalidad alemana, y que empleasen fundamentalmente el alemán en sus relaciones cotidianas, por medio del reclamo de la enseñanza en alemán. En algunas ciudades, por ejemplo en Sevilla y Madrid, incluso descendió vertiginosamente. Este proceso fue objeto por parte de algunos coetáneos de duras críticas, puesto que se interpretaba como un debilitamiento de la conciencia nacional alemana.[58] Por otra parte, es un indicio también de la creciente asimilación, y la disposición para asimilarse, de muchos alemanes en España, pues los niños que hablaban español y que poseían la nacionalidad alemana provenían en su mayoría de 'matrimonios mixtos' hispano-alemanes. Voces más bien aisladas que clamaban por una barrera étnica a través de una limitación estricta del número de alumnos españoles y clases separadas tuvieron que capitular rápidamente ante las necesidades pecuniarias de los colegios.

Sin embargo, tener un número elevado de alumnos españoles llegó a ser para los colegios alemanes una cuestión de supervivencia. Los ejemplos negativos de Gijón y Santander, donde los colegios alemanes tuvieron que

---

56 W.L. Bernecker: *Sozialgeschichte Spaniens im 19. und 20. Jahrhundert*, Frankfurt/M. 1990, p. 271 y ss.

57 G. Manz, en: *Der Auslanddeutsche* 21, 1929, p. 378. Si se contemplan los acontecimientos del año 1936 y posteriores, esta frase adquiere respecto a las relaciones germanoespañolas carácter de cínica profecía.

58 Cfr. p. ej. H. Bayer: "Propagandatätigkeit und Ueberfremdung der deutschen Auslandschule". En: *DSchA* 20, 1928, pp. 133-136 y Seyfang (nota 55), p. 138 y ss.

ser cerrados en 1924 y 1926 por falta de estudiantes, demuestran que sólo con estudiantes alemanes no había forma, especialmente por lo que se refiere a los colegios pequeños, de garantizar a largo plazo la enseñanza. La fundación del colegio alemán en Cartagena en 1931 (en 1933 contaba ya con 50 alumnos de los cuales 42 eran españoles) es un buen ejemplo de cómo colegios incluso muy pequeños podían desarrollarse rápidamente con tal de llevar a cabo las medidas adecuadas para que la enseñanaza en ellos impartida resultase interesante para los alumnos españoles. Lo mismo vale para Zaragoza, Valencia o Cádiz.

Que no se hubiera producido una expansión todavia más rápida de la enseñanza alemana en los años entre 1918 y 1933 se debe únicamente al insuficiente apoyo financiero que el 'Reich' prestó a los colegios. Aunque el Departamento Cultural del Ministerio de Asuntos Exteriores hizo grandes esfuerzos por revalorizar los colegios alemanes en España mediante un rápido reconocimiento oficial, la contratación de profesores y la concesión de medios financieros, el presupuesto restringido del Departamento Cultural no era ni con mucho suficiente para cubrir en ningún momento los gastos de los colegios alemanes en fase de expansión. Al contrario, en los años críticos de 1919 a 1923, caracterizados por una inflación galopante, algunos colegios alemanes en España estaban, a pesar de un número creciente de estudiantes, a punto de quiebra, pudiéndose salvar únicamente gracias al apoyo masivo de particulares.

En 1929, después de regresar de un viaje a España, el Ministro de Asuntos Exteriores alemán, G. Stresemann, pronunció un discurso en el Parlamento del 'Reich' en el que se refería con las siguientes palabras a esta deficiencia central de la política cultural exterior alemana: "Si se está en el extranjero y se tiene ocasión, como yo la tuve hace poco en Madrid, de visitar un colegio en que españoles y alemanes compartían las clases, si uno ve cómo el patrimonio de la educación alemana se vierte también sobre otra nación, entonces hay que lamentarse de que no dispongamos de otra clase de medios para que sea así en todas las partes del mundo".[59]

---

59 *Informes estenográficos sobre las negociaciones en el 'Reichstag'*, tomo 425 (5-28-VI-1929), Berlin 1929, p. 2881.

La representación de la 'ciencia alemana' en España

Karl Lamprecht había definido en 1912 la intensificación de las relaciones internacionales científicas por medio de un "equipo de espíritus selectos" como el medio ideal para conformar una política cultural exterior "fructífera", esto es, para ganarse "las simpatías internacionales y llegar a un entendimiento mutuo".[60] Pocos años más tarde este planteamiento fue llevado por su colega ad absurdum. La "ola de propaganda científica militante"[61] de los años del enfrentamiento bélico llevó a que los científicos alemanes perdiesen ante la opinión pública internacional todo crédito moral creando las bases para que, una vez finalizado el conflicto armado, se llegase a un desprecio de la ciencia alemana al considerar que el país del que procedía había sido el desencadenante de la guerra. Las innovaciones bélicas, y especialmente la utilización de armamento químico por parte alemana, reforzó igualmente la tesis según la cual la ciencia se había convertido en un instrumento al servicio del poder económico, político y militar.[62]

Ante el trasfondo de estas experiencias, se produjo después de la guerra un boicot internacional a la ciencia alemana. El establecimiento y el cultivo de relaciones científicas internacionales tuvo lugar en los primeros años de la década de 1920 según "el esquema de coaliciones de la guerra mundial".[63] Sin embargo, dado que en Alemania se opinaba que era indispensable una amplia representación científica en el extranjero como elemento esencial de la política cultural exterior[64], los responsables políticos en el Ministerio de Asuntos Exteriores reaccionaron inmediatamente. El Departamento Cultural insistió en que había que apoyar especialmente a aquellos científicos alemanes que estuviesen interesados en reanudar antiguas relaciones o en crear nuevas, subrayándose el hecho de que toda iniciativa propia era muy bienvenida. Ya que después de la guerra resultaba impensable la integración del 'Reich' en el sistema de relaciones científicas internacionales, lo cual no se

---

60 Lamprecht (cfr. nota 5), p. 14.

61 B. Schröder-Gudehus: "Internationale Wissenschaftsbeziehungen und auswärtige Kultur-politik 1919-1933. Vom Boykott und Gegenboykott zu ihrer Wiederaufnahme". En: R. Vierhaus/B. vom Brocke (eds.): *Forschung im Spannungsfeld von Politik und Gesell-schaft. Geschichte und Struktur der Kaiser-Wilhelm-/Max-Plank-Gesellschaft*, Stuttgart 1990, pp. 858-885. Cita en p. 859.

62 Cfr. ibid., p. 858.

63 Ibid., p. 859.

64 Cfr. p. ej. el discurso del Ministro de Asuntos Exteriores W. Simons en el 'Reichstag', re-cogido en: *Deutsche Allgemeine Zeitung*, nº 39 del 25-I-1921.

dio hasta alrededor de 1925, los esfuerzos se centraron sobre todo en el establecimiento de relaciones científicas *bilaterales*, haciéndose necesario para ello eludir el boicot internacional. En este sentido, los países que durante la primera guerra mundial se habían declarado neutrales o que de antiguo tenían una relación de simpatía con Alemania, parecían predestinados a entablar estas relaciones. Para Europa occidental sólo se podía contar con España.

Ya en la primavera de 1919, un grupo de científicos españoles había causado con su "Llamamiento a favor de la ciencia alemana"[65], dirigido a la conferencia de paz de Versailles, un gran revuelo en Alemania. Este llamamiento parecía augurar un buen futuro en las relaciones científicas germano-españolas. Mas, no fue necesario esperar a que se produjese esta iniciativa española para que Alemania dirigiese la mirada hacia la Península. Los primeros pasos en este ámbito se habían dado ya hace tiempo. La historia del establecimiento de una representación científica alemana con sede en Madrid señala claramente los esfuerzos particulares y oficiales por llegar a una amplia cooperación científica entre Alemania y España.

Ya durante la primera guerra mundial, en 1917, el Ministerio de Asuntos Exteriores y la Sociedad Kaiser-Wilhelm (KWG) habían iniciado los trámites para la creación de un instituto histórico alemán en Madrid. La meta declarada era "establecerse también en el ámbito científico firmemente en España y enfrentarse así a la propaganda cultural francesa".[66]

Pero debido al conflicto bélico, estos planes no acababan de convertirse en realidad. Entonces, la KWG intentó a mediados de 1920 darle un nuevo impulso al proyecto. El renombrado científico alemán Heinrich Finke[67] debería viajar en otoño de 1920 a España en calidad de 'avanzadilla' y actuar allí como "representante de la ciencia alemana en el sentido más amplio

---

65 Reproducido en: *Spanien* 2, 1920, cuaderno 1/2, p. 74 y ss.

66 Carta del presidente de la KWG, A. von Harnack, al Ministro de Asuntos Exteriores, W. Simons, del 2-VII-1920. *PAAA, Kult VI B, Kunst und Wissenschaft Nr. 282. Die deutsche wissenschaftliche Arbeitsstelle in Madrid, tomo* 1 [R 64478] (a partir de ahora: Centro germano-español, tomo 1 [VI B]).

67 Heinrich Finke (1855-1938), historiador, desde 1891 catedrático en Münster, desde 1899 en Friburgo. Centró sus investigaciones especialmente en la historia medieval aragonesa. En 1924 fue elegido presidente de la Sociedad Görres. Participó de forma fundamental - junto con Georg Schreiber - en la fundación del Instituto Histórico de la Sociedad Görres en Madrid.

posible" para "reanudar así los contactos y restablecer las relaciones interrumpidas".[68]

Puesto que la misión de Finke era considerada en el Ministerio de Asuntos Exteriores como eminentemente política, diversos departamentos expresaron su opinión respecto a ella: W. Zechlin, jefe de la oficina de prensa incorporada en el mismo año de 1920 al Departamento Cultural, mantuvo en principio una actitud muy positiva respecto a la propuesta de la KWG y aprobó el proyecto. Zechlin hacía hincapié en el hecho de que el viaje de Finke se insertaba sin solución de continuidad en los esfuerzos del Departamento Cultural, iniciados ya durante la guerra, por definir las relaciones germano-españolas. El viaje de Finke debía, según Zechlin, llevar sobre todo a un "aprovechamiento propagandístico [...] de los contactos que éste tuviese entre el mundo científico español".[69] Quedaba claro que para Zechlin el mes de noviembre de 1918 no había significado una ruptura con la labor que la oficina de prensa había venido desarrollando. Sin modificarlas, seguía intentando llevar a cabo las ideas propagandísticas de los tiempos de guerra.

El Departamento Político se mostró, a pesar de estar en el fondo de acuerdo con el proyecto, cauteloso, y propuso aplazar el viaje hasta que el nuevo embajador en Madrid, Langwerth, hubiese presentado sus credenciales. Paralelamente, se insistía, sin embargo, en la necesidad de actuar, ya que "ciertos círculos de entre la Entente" se esforzaban una y otra vez en "minar el gran prestigio de que en otros tiempos la ciencia alemana había gozado en España".[70]

El comportamiento de los responsables del *Departamento Cultural* en este asunto hace pensar en la aparición de un 'espíritu nuevo' en el campo de la política cultural exterior. El jefe de departamento, R. Moraht[71], rechazó la financiación del viaje por parte del Ministerio de Asuntos Exteriores ya que, como confesaba en una carta de 1921 al embajador Langwerth, quien mientras tanto había tomado ya posesión de su cargo en España, mantenía frente al planteamiento del viaje grandes reservas: "Las relaciones culturales entre dos pueblos tienen que surgir desde dentro de forma natural y por medio de largos años de labor conjunta; de los viajes propagandísticos resultan, en el

---

68 Ibid.

69 *Centro germano-español*, tomo 1 [VI B]. Consideraciones de Zechlin del 21-VII-1920 y del 4-VIII-1920.

70 *Centro germano-español*, tomo 1 [VI B]. Escritos del Departamento Político al Departamento Cultural fechados el 9-VIII-1920 y el 7-IX-1920.

71 Rudolf Moraht llevó el Departamento Cultural entre 1920-1921.

mejor de los casos, éxitos efímeros".[72] Con estas palabras, Moraht expresaba abiertamente su rechazo y su desconfianza hacia los planes de la KWG, poniendo en tela de juicio la efectividad de cierta propaganda cultural en el marco de una política cultural exterior. A esto se añadía la objeción general del Departamento Cultural según la cual los científicos emprendían tales viajes sobre todo pensando en el rendimiento que pudiesen ofrecer para las investigaciones científicas propias y menos atendiendo a criterios globales de política cultural. Se temía, además, que se pasasen de la raya equiparando su estancia en el extranjero con un "viaje propagandístico", lo cual no debía "bajo ningún concepto hacerse ostensible".[73]

Las concepciones anteriormente expuestas muestran a las claras la desconfianza y la reserva del Departamento Cultural del Ministerio de Asuntos Exteriores respecto a las iniciativas estrictamente particulares - y por ello en gran medida libres de un control por parte oficial - en favor de una ampliación de las relaciones científicas germano-españolas. Que esta cautela estaba más que justificada se mostró en la primera mitad de la década de 1920. Una verdadera cohorte de científicos alemanes desconocedores del país y su lengua se abatió entonces sobre España para dar, ante la consternación de los diplomáticos alemanes en Madrid y Barcelona[74], mediocres conferencias bien remuneradas, lo que les valió ser calificados por parte de la prensa española de "aves famélicas".[75]

Ante estos hechos, el Departamento Cultural desechó los planes de la KWG e hizo suyo el proyecto de establecer una representación científica permanente en Madrid. Pero a causa de la grave crisis financiera en que se encontraba el "Reich", hubo que esperar hasta 1924 para que estos planes se hiciesen realidad.[76]

---

72 *Centro germano-español*, tomo 1 [VI B]. Informe de R. Moraht del 14-I-1921.

73 Ibid.

74 Cfr. p. ej. el informe de Langwerth al Ministerio de Asuntos Exteriores del 28-IV-1922. *PAAA, Kult VI B, Kunst und Wissenschaft n° 518. Vorträge deutscher Gelehrter in Spanien und spanischer Gelehrter über und in Deutschland*, tomo 1 [R 64720], o la carta de Hassell al Ministerio de Asuntos Exteriores del 12-VI-1926. *PAAA, Kult VI B, Kunst und Wissenschaft no 282. Die deutsche wissenschaftliche Vermittlungssstelle in Barcelona* [R 64481].

75 "Los profesores extranjeros en España". En: *El Sol* del 14-IV-1922.

76 Ya en 1923 había sido creado por iniciativa de Hassell el "Centro de Estudios alemanes y de Intercambio" ("Centre d'Etudis Alemanye i d'Intercambi"). Hasta 1925, sin embargo, el Ministerio de Asuntos Exteriores no se comprometió en este proyecto ni económicamente ni a efectos de organización ya que Hassell consideraba que procedía quedarse al margen

En 1925, finalmente, tuvo lugar la apertura del 'Centro de intercambio intelectual germano-español', que al principio tuvo su sede dentro del edificio del colegio alemán. La tarea a él encomendada consistía en términos generales en "difundir el acervo cultural alemán"[77]. En la práctica esto suponía:

- establecer un servicio de información científica en beneficio de españoles y alemanes,

- la concesión de pequeñas ayudas financieras para viajes de estudios,

- reunir una pequeña biblioteca selecta,

- elaborar una bibliografía germano-española,

- organizar ciclos de conferencias y cursos de lengua dentro del Centro,

- organizar un servicio de préstamos bibliotecarios internacional

e

- ir trazando el perfil de un programa germano-español de intercambio de estudiantes.

El Departamento Cultural cubría de sus fondos todos los gastos de equipamiento y mantenimiento del Centro germano-español.[78] Pronto se mostró que las cantidades procedentes del reducido presupuesto habían sido bien invertidas: el Centro germano-español se desarrolló hasta 1932 de forma muy positiva. Poco a poco se puso en práctica cada uno de los puntos del ambicioso programa. Hasta mediados de 1927, la tarea se centró en la organización regular de conferencias de científicos españoles y alemanes, y en el servicio de información científica, que la prensa española aprovechó agradecida aceptando y difundiendo información de y sobre Alemania. Debido a estos

---

para disipar todo "tufillo propagandístico". A partir de 1925, ambos centros se desarrollaron de forma paralela. Para el centro de Barcelona cfr. *PAAA, Kult VI B, Kunst und Wissenschaft no 282. Die deutsche wissenschaftliche Vermittlungssstelle in Barcelona* [R 64481].

77 Copia de los estatutos en las actas del Centro germano-español: *PAAA, Kult VI B, Kunst und Wissenschaft no 282. Die deutsche Wissenschaftliche Arbeitsstelle Madrid*, tomo 1-3 [R 64478-64480] y *PAAA Kult VI W, Kunst und Wissenschaft, Hochschulwesen. Die deutsch-spanische Arbeitsstelle in Madrid*, tomo 1-3 [R 64126-64128]. Lo que a continuación se expone sobre el trabajo del Centro germano-español se basa, a no ser que haya indicación contraria, en las actas citadas, de cuya mención puntual se prescinde de aquí en adelante.

78 Cfr. loc. cit. las cuentas anuales del Centro germano-español con el Ministerio de Asuntos Exteriores.

contactos con la prensa, hubo ocasión de difundir a través de los grandes periódicos madrileños de distinta coloración política (ABC, El Sol, La Nación, El Debate) informes sobre las conferencias dadas en el Centro. Así, tanto en Alemania como en España se corrió pronto la voz sobre la existencia de esta nueva institución.

Gracias a que el Ministerio de Asuntos Exteriores ponía cada vez más medios económicos a disposición del Centro, éste pudo ocupar en 1927 unas nuevas oficinas en pleno centro de Madrid. Pero mucho más importante era que por fin se podía pensar en realizar los amplios proyectos editoriales. En el mismo año de 1927, el Centro se presentó editorialmente nada menos que con tres títulos de publicación periódica.[79]

Aparte de esto, el Centro extendió su actividad asesora a otros campos política y culturalmente interesantes (Ferias del Libro de Leipzig en 1927 y de Madrid en 1928, PRESSA 1928, Exposición Iberoamericana de Sevilla en 1929).

Importancia fundamental tuvo también que se consiguieran establecer lazos cada vez más estrechos con la organización científica española más importante, la Junta para Ampliación de Estudios e Investigaciones Científicas, llegándose a una íntima colaboración en varios ámbitos (intercambio de estudiantes, mediación en cuanto a lectores, intercambio de literatura científica).

Finalmente, en abril de 1929 se creó, por iniciativa del Centro germano-español, del agregado cultural de la Embajada Alemana y de algunos círculos españoles, el "Comité Hispano-Alemán" con el objetivo de "contribuir a una profundización en las relaciones culturales germano-españolas y posibilitar un mayor arraigo social del Centro".[80] Del Comité formaban parte en un principio alrededor de cien representantes de los "círculos eminentes de Madrid", elevándose el número hasta 1931 a doscientos cincuenta. Como contrapartida se creó en abril de 1930 un grupo alemán local, integrado dentro de la Unión Intelectual Española (U. I. E.), cuya meta era favorecer el contacto entre los intelectuales españoles bajo una organización central.

El Centro germano-español pudo desarrollar así en pocos años un amplio espectro de actividades y establecer un gran número de contactos personales e institucionales en el campo de las relaciones culturales germano-españolas.

---

79 Estos eran: *Investigación y Progreso del Centro de Intercambio Intelectual Germano-Español, Conferencias dadas en el Centro de Intercambio Intelectual Germano-Español, Boletín Bibliográfico*. En conjunto, unos 7.000 ejemplares de tirada.

80 Informe de actividades del Centro, 15-IX-1928, p. 15.

Había una conciencia muy clara de que no había que limitarse a desempeñar las tareas propias de un instituto científico a la vieja usanza y de que el Centro debía tener carácter de "instituto dedicado a política cultural". Puesto que el Centro colaboraba estrechamente con la Embajada Alemana, y dado que económicamente dependía de forma absoluta del apoyo oficial, el Departamento Cultural del Ministerio de Asuntos Exteriores consiguió alcanzar plenamente sus dos objetivos: con medios reducidos ejercer en España un influjo político-cultural intenso y amplio, conservando a la vez el control sobre todas las actividades. Ateniendo a estas consideraciones, se convino en que la creación de un instituto científico especializado que interesara únicamente a un número reducido y ya formado de personas era, en comparación con los gastos, poco efectivo. En este contexto, las reservas del Departamento Cultural hacia los planes de la KWG resultaban todavía más comprensibles. Y efectivamente, el Departamento Cultural demostró llevar la razón. Con un presupuesto relativamente pequeño y con el personal mínimo requerido, el Centro germano-español realizó una considerable labor en el campo político-cultural. Mientras que las exigencias científicas quedaban cubiertas por las publicaciones y el servicio de información, se llegaba mediante la organización de ciclos de conferencias, los cursos de alemán, la colaboración en acontecimientos culturales importantes, así como a través de la presencia continua en la prensa española, a un amplio público culturalmente interesado.

A pesar de la llamativa ponderación en la labor cultural entre gastos y beneficios, que ante el trasfondo de la permanente escasez de medios del Departamento Cultural resultaba comprensible, las actividades del Centro se vieron en gran medida libres de elementos propagandísticos. No se daba aquí, aun cuando se subrayase eventualmente la importancia de la ciencia alemana, la manifiesta prepotencia y arrogancia crasa de la que hacían gala muchos alemanes en España, y que tan dañina resultaba a 'la causa'. Por el contrario, se buscaba la colaboración estrecha, libre de prejuicios de casta, con instituciones y científicos españoles, llegándose finalmente a un alto grado de cooperación.

Beneficiosa resultaba también la actitud política del personal del Centro germano-español, tan diferente a la de la mayoría de los alemanes en España. Si estos consideraban la situación política española en todo caso según intereses económicos propios, o bien se desentendían de ella tomando en caso de duda partido por las fuerzas monárquicas no demócratas, desde el Centro se registraban atentamente, especialmente a partir de 1929 en que pasó a dirigirlo A. Adams, todas las transformaciones políticas en España. Así, Adams transmitió en sus informes a Berlín una valoración diferenciada del ínterin entre la dictadura de Primo de Rivera y la Segunda República sin ocultar sus simpatías por "los intelectuales españoles orientados hacia la izquierda y por los estudiantes que se manifiestan en favor de la libertad republicana".[81] El Centro tampoco sentía reparos en colaborar ampliamente con organizaciones liberales como la Junta para Ampliación de Estudios e Investigaciones Científicas, y ello aunque esto supusiera una clara toma de partido, ya que era notorio que la Junta se encontraba "ideológicamente enfrentada al Gobierno"[82] y que se había ido convirtiendo en los últimos años de la década de 1920 en una plataforma de protesta intelectual contra el régimen dictatorial.

Finalmente, algunas breves consideraciones sobre motivos e intenciones de la política cultural alemana en España entre los años 1918 y 1932 sustentadas en tres ejemplos:

1. El interés alemán por (r-)establecer de la forma más rápida e intensa posible los lazos culturales con España partía, por lo menos hasta la Conferencia de Locarno, de una preocupación fundamental de la política exterior alemana: buscar nuevos aliados en Europa occidental en vista de la prácticamente total ruptura de contactos políticos, económicos y culturales con los antiguos países enemigos: Francia, Inglaterra e Italia. España debía asumir la función de "una nueva vía sanguínea dentro de un cuerpo amputado".[83]

Dado que los obstáculos descritos dificultaban en tiempos de posguerra el rápido establecimiento de relaciones bilaterales diplomáticas y económicas con España, la única alternativa parecía ser la de intensificar inmediatamente la labor cultural alemana en España.

2. Ya durante la última fase de la primera guerra mundial, pero especialmente a partir de 1918, se repetían las manifestaciones por parte alemana en cuanto a la función de puente que España desempeñaba hacia el continente suramericano y las oportunidades económicas que podrían resultar de una buena relación con España en Hispanoamérica, lo cual representaba un aliciente añadido para la intensificación de la labor cultural alemana en España. Un memorándum en torno a la planeada representación científica en la capital española recoge este planteamiento de forma especialmente clara:

"A pesar de todas las iniciativas, no se puede hablar [para Hispanoamérica] de una influencia de la cultura alemana [...] Precisamente porque los españoles nos sobrepasan por su le-

---

81 Informe de actividades del Centro, 20-II-1931, p. 5 y ss.

82 Ibid., p. 8.

83 W. Greif: "Die Entwicklung der deutschen Beziehungen zum ibero-amerikanischen Kulturkreis". En: *Deutsches Philologenblatt* 38, 1930, pp. 343-346. Cita en p. 346.

gado histórico en esto ampliamente, podríamos sacar ventaja de
la ya hoy en día [...] importante idea de una 'Commonwealth'
hispanoamericana. Condición previa es, desde luego, que el
arraigo alemán en España sea lo suficientemente firme como
para lograr que este país resulte útil en toda su amplitud a nuestros propósitos, y que la influencia alemana se proyecte entonces [sobre Hispanoamérica] [...] Una fuerte calada de la ciencia,
el arte y la cultura alemanas en España se reflejaría también
aquí [...] No debemos perder el tren".[84]

Al producirse, mediada la década de 1920, un estancamiento en la cooperación política y económica entre Alemania y España[85], los grupos participantes en la configuración de las relaciones culturales con España se vieron
ante la imperiosa necesidad de justificarse en la 'lucha' por obtener recursos
del exiguo presupuesto del departamento de cultura. A modo de compensación, se hacía entonces hincapié en que había que relacionar la labor cultural en España con la función de cabeza de puente que desempeñaba la
Península, argumento que pasó a ocupar, sobre todo a partir de 1925, el
punto central del debate sobre política cultural.[86] En este sentido, España
siguió teniendo, incluso *después* de Locarno, una extraordinaria importancia
en la política cultural exterior.

3. La exigencia planteada por C. H. Becker en 1919 de que había que desli-
gar los intereses políticos y económicos, predominantes, de la política cultural exterior, o subordinar aquellos a las directrices de la política cultural,

---

84 Memorándum del 5-VI-1922 elaborado por Kroeger, a la sazón canciller de la Residencia
   Ministerial de San José (Costa Rica). *PAAA, Kult VI B, Deutschtum im Ausland, Spanien,
   tomo 1. Förderung des Deutschtums in Spanien* [R 60214]. Denkschrift vom 5-VI-1922
   vom Kanzler der deutschen Ministerresidentur in San José (Costa Rica), Kroeger.

   En 1919, el Conde Welczeck, que sería embajador alemán en Madrid, había subrayado ya,
   dentro de una visión de conjunto sobre las relaciones germano-españolas, la importancia
   de España como "puente hacia América del Sur". Anotaciones de Welczeck del 1-II-1919,
   en: *Akten zur Deutschen Auswärtigen Politik, Serie A, tomo 1, escrito no 129*, Göttingen
   1982, p. 224.

85 Cfr. Rüchardt (nota 15), p. 319 y ss.

86 El director del Centro germano-español en Madrid, Moldenhauer, lo expresaba en 1928
   de la siguiente manera: "A menudo se plantea la pregunta de si es políticamente realista el
   empeño y los esfuerzos del Centro en relación con aquello que se supone alcanzable. En
   mi opinión, esta pregunta sólo merece una respuesta plenamente afirmativa si se cree en el
   futuro del Iberoamericanismo como entidad espiritual, si se valora la Península Ibérica
   como un país de entrada y tránsito hacia el mundo iberoamericano". Informe de actividades del Centro, 15-IX-1928.

no encontró a la hora de perfilar las relaciones germano-españolas demasiado eco.

Tampoco alteró para nada este hecho el que la política cultural exterior adquiriese carácter institucional al pasar a ser competencia de un departamento propio dentro del Ministerio de Asuntos Exteriores. Por ello que no se pueda hablar para los años comprendidos entre 1918 y 1932 de una autonomía, ni siquiera parcial, de la política cultural alemana en España. Muy al contrario. Hasta 1925 tiene lugar una clara aproximación a la tesis cultural-propagandística que Rohrbach[87] había defendido en 1912. La política cultural exterior siguió practicándose cual si se tratara de continuar la política de fuerza con otros medios o de sustituir con los mismos fines ésta por aquélla. No pretendía llegar a un *intercambio* cultural fundado en el principio de igualdad, sino que intentaba contribuir a asegurar el afianzamiento y la extensión de la influencia alemana sobre España.

4. Desde un principio se entendieron todas las actividades de política cultural en España como insertas en una especie de competición por alcanzar el favor del país. Ante la excluyente presencia francesa en Cataluña, había que asegurarse de que por encima de la derrota, la condena internacional de Alemania, la Revolución de Noviembre y los índices de inflación, se pudiera seguir contando con la tantas veces alabada "actitud caballeresca" que los círculos germanófilos españoles habían mantenido durante la primera guerra mundial. Era necesario actuar a tiempo y a gran escala para "poner freno" a lo que el Ministerio de Asuntos Exteriores consideraba esfuerzos de los países de la Entente por "minar" el "gran prestigio" de Alemania en España.[88]

5. Después de 1925 sí que se pueden observar finalmente ciertos indicios de un cambio en la *configuración* de la labor cultural alemana en España. Crece ostensiblemente la disposición de cooperar con la parte española, lo cual, sin embargo, no hay que interpretar como una revisión fundamental por parte alemana de los planteamientos anteriores a 1925: "En la labor científica alemana [poseemos] un artículo de exportación" que ofrece la ventaja de no "desencadenar una guerra de aranceles".[89] Incluso *después* de Locarno, la

---

87 Cfr. nota 6.

88 Escrito del 7-IX-1920 del Departamento Político en el Ministerio de Asuntos Exteriores al Departamento Cultural. *Centro germano-español*, tomo 1 [VI B].

89 Anotaciones de Moldenhauer del 24-XII-1925. *PAAA, Kult VI B, Kunst und Wissenschaft no 282. Die deutsche wissenschaftliche Arbeitsstelle Madrid*, tomo 2 [R 64479].

parte alemana seguía observando con celo las actividades culturales de otros países en España.[90]

6. En la última fase de la República de Weimar todavía reinaba entre los funcionarios alemanes en España la sensación de trabajar según métodos desfasados e imperfectos y de carecer de los medios apropiados para poder realizar una labor político-cultural eficaz, sobre todo en comparación con la evidente superioridad que en este campo demostraba Francia, país que a estos efectos seguía conservando valor ejemplar. Aunque este descontento no era nuevo, pues ya se había dado en los años previos a la gran guerra, el análisis de la labor cultural desarrollada en España después de la primera guerra mundial revela una evidente revalorización del ámbito cultural como elemento de política exterior. Este cambio abrupto se constata claramente en la forma de actuar del Departamento Cultural, creado en 1919/1920 como una sección del Ministerio de Asuntos Exteriores. El Departamento Cultural se convirtió en centro motriz y director desde el cual se pretendían coordinar todas las iniciativas culturales, buscando en su momento también la colaboración con instituciones privadas como, por ejemplo, el Centro de Investigaciones de la Sociedad Görres (Görres-Gesellschaft), inaugurado en 1929 en Madrid. Al mismo tiempo, ponía coto a aquellas actividades que no cuadraban con la concepción general de la política cultural exterior alemana o que amenazaban provocar efectos no deseados. De este departamento partieron también las primeras voces aisladas que señalaban que la política cultural exterior sólo tendría futuro si se practicaba como intercambio cultural.

7. Como era de esperar, la política cultural exterior alemana no pudo cumplir entre 1918 y 1932 esa función primordial y decisiva que le asignaba Becker en 1919, esto es, la de ser la que marca "pautas y límites"[91] a la política exterior o, en su caso, a la política económica exterior. Si bien los múltiples contactos culturales entre ambos países no alteraron de forma directa el grado de cooperación política y cultural, fue en el terreno cultural donde las relaciones bilaterales llegaron a su mayor intensidad.

8. La ampliación de las relaciones culturales, que en algunos ámbitos decisivos no se produjo hasta mediada la década de 1920, se debe en no poca medida a la creciente voluntad española de que así fuera. El tradicional prestigio que tenía la cultura alemana entre la intelectualidad española contribuyó de forma esencial al éxito de la labor cultural alemana.

---

90 En el Departamento Cultural crearon un dossier al respecto: *PAAA, Kult VI W, Generalia. Ausländische Kulturpropaganda in Spanien* [R 61210].

91 Becker (cfr. nota 10) p. 53.

Este éxito no debe llamar a engaño: la influencia cultural alemana estuvo durante todo el período aquí considerado muy por detrás de la francesa. Sin embargo, es obvio que no se puede medir aquélla por ésta.

Javier Tusell

La crisis de la democracia en una perspectiva comparada: Alemania (1933) y España (1936)

El estudio de las causas y los procesos que dan lugar al colapso de las democracias es relativamente reciente. Durante la segunda posguerra mundial y hasta la década de los años sesenta, los historiadores y sociólogos así como científicos de la política centraron sus preocupaciones principalmente en el estudio de las condiciones que hacían posible la democracia: de acuerdo con estas tesis, que se pueden ejemplificar en los libros de Huntington y Barrington Moore, una determinada cultura cívica y cierto desarrollo económico e industrial constituirían los factores esenciales para explicar que determinados países tuvieran unas instituciones democráticas. Esta interpretación era muy optimista en el sentido que permitía pensar que, al llegarse a un determinado grado de desarrollo, inevitablemente las instituciones serían democráticas, pero entraba en plena contradicción con la realidad histórica anterior a 1945 presentando el advenimiento de regímenes no democráticos como el producto de conspiraciones o de enloquecimientos colectivos.

La crisis intelectual de la democracia en los años sesenta tuvo como consecuencia que no sólo se estudiaran las condiciones que posibilitaban la democracia sino también los procesos de destrucción de la misma debidos a circunstancias diversas. A este respecto resulta muy interesante el volumen de interpretación editado por Juan J. Linz y Alfred Stepan titulado "The Breakdown of Democratic Regimes", cuyas líneas interpretativas y esquema conceptual se siguen, en líneas generales, en estas páginas aunque dotándolas de referencias comparativas en relación con España y Alemania. Con ellas tan sólo se pretende proporcionar un planteamiento de carácter fundamental, susceptible de ser perfeccionado y contrastado en puntos concretos. El esquema conceptual elaborado por Linz y Stepan no ha sido objeto de rectificación ni de verdadero contraste porque no se han dado casos de destrucción de la democracia desde la fecha en que fue publicado. En cambio ha sido objeto de ulterior precisión en un artículo publicado en el volumen colectivo aparecido con el título "Europa en crisis, 1919-1939" en el que Linz insiste, de forma especial y entre otros temas, en la noción de "reequilibramiento de la democracia", es decir aquel procedimiento por el que el proceso de destrucción de un sistema democrático puede ser detenido, y en el papel de los nacionalismos como factores que dificultan la estabilidad de un régimen democrático.

Conviene recalcar, sin embargo, que el estudio comparativo de la quiebra de las democracias se ha completado en los últimos años con el de los procedimientos de transición desde la dictadura a la democracia, un fenómeno afortunadamente frecuente en la última década y media. A este respecto la aportación más interesante es "Transitions from Authoritarian Rule", editado por Guillermo O'Donnell, Philippe Schmitter y Laurence Whitehead. Por supuesto, las transiciones desde las dictaduras comunistas son demasiado recientes como para haber sido objeto de una elaboración teórica y se alejan del centro del interés para un trabajo de las características del presente.

El estudio de la destrucción de la democracia no se puede basar tan sólo en la afirmación de que hay tensiones superestructurales que la favorecen o la dificultan; eso es obvio, pero también es insuficientemente explicativo. Una democracia se destruye como consecuencia de un proceso largo y complicado que puede ser concluido en su quiebra, pero que también puede acabar en un "reequilibramiento" de las instituciones democráticas frente a los peligros que las amenazan. Las dificultades pueden ser mayores o menores y derivar de la coyuntura que ha tocado vivir o de las características de una sociedad determinada, pero siempre es posible evitar esa quiebra final. Utilizando una frase de un historiador alemán, Meinecke, acerca del advenimiento de Hitler, de la quiebra de las democracias es posible decir que "todo esto no fue necesario". En el año 1919 no estaba escrito que la República de Weimar estuviera condenada a dar paso a una dictadura en 1933 y tampoco en 1931 era previsible que poco más de cinco años después la II República española concluyera en una guerra civil. El modelo interpretativo del que aquí se parte se basa en la consideración de que hay circunstancias que hacen más o menos probable la quiebra de un sistema democrático pero que siempre hay una posibilidad de que la acción humana, la ingeniería o la artesanía políticas o el "crafting", por decirlo de tres maneras distintas, haga imposible que ese proceso llegue a su desenlace. Una democracia puede vivir una circunstancia crítica pero puede también evitar su destrucción gracias a la manera de comportarse sus dirigentes.

Alemania y España pasaron por esa crisis y no llegaron a conseguir el reequilibramiento. Uno y otro caso tienen puntos de contacto importantes que nacen de la coyuntura histórica europea, pero también diferencias sustanciales, producto de las existentes entre ambos países. En términos generales puede decirse que los antecedentes históricos hacían esperable que la destrucción de la democracia fuera más probable en Alemania porque la derrota en la primera guerra mundial y la inexistencia de fronteras nacionales aceptadas por todos introducían evidentes factores de inestabilidad. España no tenía reivindicaciones territoriales y fue el único país que habiendo sido neutral en la primera guerra mundial presenció una quiebra de su sistema democrático. En 1933 desapareció en Alemania un régimen que había tenido una duración importante y que había sido considerado como modélico en la Europa de la primera posguerra; a diferencia de lo sucedido cuando Benito Mussolini alcanzó el poder con ocasión de lo acontecido en Alemania por vez primera las potencias europeas sintieron, con razón, el temor a que el cambio de instituciones, producido sin un golpe de Estado pero con una "coordinación" rapidísima (a diferencia de Italia), tuviera como consecuencia el estallido de una guerra generalizada. España presenció una experiencia democrática más corta y más tensa, su caso fue el último que concluyó en la destrucción de la misma y el único que produjo una guerra civil. Este último hecho se explica sobre todo por lo que había sucedido en países en que no hubo resistencia a las fuerzas que querían destruir el sistema democrático.

Para la consideración comparativa de la destrucción de la democracia en los dos países se puede partir del examen algo más detallado de lo que podría denominarse como los *elementos potenciales de ruptura*, en primer lugar, y del *proceso mismo de ésta*, siempre teniendo en cuenta que la posibilidad de reequilibramiento existe hasta el momento final. Centrándome, en primer lugar, en los elementos potenciales de ruptura se debe hacer mención, de acuerdo con el esquema interpretativo que estoy utilizando, a la legitimidad intelectual del régimen, al bagaje de problemas sobre sus espaldas en el momento de nacer, a la forma de institucionalizarse, a la vertebración de sus fuerzas políticas y a la forma que tuvieron de enfocar la etapa inaugural de nuevo régimen.

Aunque pueda parecer a corto plazo que la existencia de un determinado *ambiente intelectual* no necesariamente ha de tener tanta importancia en la estabilidad de un régimen democrático, lo cierto es, sin embargo, que juega un papel muy considerable: una actitud empírica o el respeto a una común tradición humanista son decisivos para la vigencia de las instituciones liberal-democráticas. En el caso de Alemania estudios ya clásicos han hablado de la existencia de una "crisis de la conciencia alemana", de una "vía alemana a la modernidad" o del "ansia de totalidad" que, de hecho, antes de los años treinta se contraponía a los planteamientos intelectuales de carácter liberal o democrático, defendiendo la vigencia de una fe nacional, propiciando el irracionalismo político o el racismo, ensalzando el poder del Estado o despreciando al parlamentarismo. Esta tradición intelectual tenía sólidas raices, muy superiores a las que pudiera haber en Italia y aunque el NSDAP no tuvo pretensiones intelectuales pudo apoyarse en este clima, mucho más amplio y generalizado.

En España existía un pensamiento de derecha tradicional muy poco afín al liberalismo y la tradición intelectual de la izquierda socialista era de lo que se ha denominado como un "reformismo revolucionario", que mantenía lo primero en la práctica y lo segundo en teoría, con lo que practicaba una peligrosa ambigüedad. Durante la Dictadura del general Primo de Rivera la izquierda concibió un marco de vida política para el futuro que incluía no sólo unas instituciones democráticas sino un programa concreto republicano, y la derecha acentuó su autoritarismo. Sin embargo, las ideas manifiestamente antiliberales o fascistas no llegaron a calar tan profundamente en la intelectualidad con la excepción de la más joven, que tendió hacia los maximalismos de derecha o de izquierda. Así como comunistas y fascistas abundaron en la generación de 1927 fueron muy escasos en la de 1914 o en la finisecular en las que sólo fue perceptible un circunstancial antiliberalismo.

En ambos países la República democrática fue una experiencia histórica nueva a la que se llegó con una acumulación de *problemas* a los que era preciso dar respuesta. Esto resulta especialmente obvio en el caso español. En el terreno político la Segunda República presenció una movilización política extensiva e intensiva que le hizo pasar bruscamente de un liberalismo oligárquico a una radicalización de las masas, ante la inexperiencia de la nueva clase política dirigente. En Alemania la movilización se había iniciado en el Imperio y allí se formó la clase política de la futura República de Weimar, mucho más experta, por tanto, que la española. España tenía un ejército que había dado origen a la Restauración, intervenido periódicamente durante ella y provocado la dictadura del año 1923, inicio bien patente de la crisis del liberalismo más que de la quiebra de la democracia.

En Alemania el ejército pudo mantener una tensión potencial contra las instituciones o no haberse "rallié" a la República, pero no hubo una porción importante de él que se sublevara contra el régimen vigente. Tampoco hubo en Alemania un "hambre de tierras" como la de los campesinos del Sur de España en los años treinta que pretendían una transformación muy rápida de la propiedad agraria, poco viable en un sistema democrático. En Alemania como en España era un problema la organización regional del Estado y en ambos casos la Constitución le dio respuesta aunque fuera mucho más efectiva y práctica en el caso alemán. Finalmente en Alemania no existieron las fortísimas tensiones clericalismo-anticlericalismo que se dieron en España y que en la época sólo encontrarían un paralelo en lo que sucedió en Méjico. La pluralidad religiosa había obligado a una convivencia en Alemania; en ella como en muchos países europeos, además, la vertebración de los partidos políticos católicos fue un factor que contribuyó a detener el avance del voto nazi. En cambio sin duda en el sur de Europa el problema clerical o religioso contribuyó a la crisis del sistema democrático. Sin embargo en España la importancia de este problema fue muchísimo mayor hasta el punto de que puede decirse que la lucha política era una lucha religiosa.

Da, por tanto, la sensación de que los problemas acumulados sobre la sociedad española en el momento de vigencia del sistema democrático eran mucho mayores que los de la alemana; en Alemania fue la coyuntura de los años treinta la que supuso una radicalización que arreció gracias a la crisis económica pero sin que el cambio de sistema de vida política que se produjo en España revelara graves tensiones de fondo que pudieran producir inestabilidad política grave. España sólo carecía de un problema que tuviera en grado elevado Alemania: el de su inserción en la política internacional de su tiempo. El "Diktat" de Versailles estuvo presente de manera decisiva en la política alemana mientras que ningún problema exterior jugó un papel decisivo en la española. Benito Mussolini intervino en ella pero de ninguna manera cabe atribuir a este hecho un papel fundamental en el colapso del régimen democrático. La guerra civil española se convirtió en un acontecimiento internacional una vez estallada pero no puede decirse de ella que fuera provocada por una conspiración exterior.

La *institucionalización* política puede contribuir a solucionar los problemas políticos de una democracia o agravarlos. En los dos casos, Alemania y España, los especialistas han señalado las disfunciones del sistema político para la estabilidad de la democracia. En Alemania la existencia de un poder presidencial elegido por sufragio universal y el hecho de que, como consecuencia de la situación política, estuviera en manos de opciones de derecha autoritaria y el uso generalizado, ya en los años treinta, de los "poderes de emergencia", facilitaron el advenimiento de Hitler y, antes, desprestigiaron al parlamento o hicieron posible una alternativa conservadora que viciaba los principios de la República de Weimar. En España el excesivo parlamentarismo de la Constitución, la ausencia de Senado y la existencia de un presidente débil coadyuvaron a la destrucción de la democracia, aunque su papel puede haber sido exagerado pues gran parte de las crisis gubernamentales se debieron más a razones derivadas del sistema de partidos que a las que tenían que ver con el exceso de parlamentarismo.

Tan importante o más que eso fue que en los dos países el sistema electoral resultó inapropiado y contraproducente. En Alemania la representación proporcional permitía que con tan sólo 60.000 votos, en un electorado de 35 millones, se alcanzara un escaño; en los años treinta un 18 % de los parlamentarios pertenecía a partidos que no llegaban al 5 % de los votos. En España parecían haberse evitado los males del sistema proporcional pues el sistema electoral era mayoritario, con fuerte prima a la primera lista, pero las consecuencias fueron una fragmentación parecida porque fomentaba la creación de grandes coaliciones con el inconveniente añadido de que, de esta manera, se potenciaban los pequeños partidos de los extremos cuya relevancia en un sistema proporcional hubiera sido menor y, además, se les mezclaba en una misma lista con quienes diferían esencialmente. Es probable que cualquier otra solución en los dos casos hubiera tenido el mismo resultado pero, en todo caso, la institucionalización legal que tuvo lugar no resolvió esos problemas. De todos modos sería, por supuesto, una exageración considerar que el sistema electoral destruyó la democracia en los dos países.

El problema de fondo era el *sistema de partidos* al que cabe considerar como la expresión política de las tensiones de las dos sociedades. Si quisiéramos enunciar las características más importantes del mismo en los dos países podrían resumirse de la siguiente manera: en ambos países se trataba de un sistema de partidos caracterizado por la polarización y el pluralismo; incluso podría añadirse que no sólo había muchos partidos y muy distanciados sino que los puntos de fractura entre ellos (lo que los sociólogos de la política denominan "cleavages") eran varios. En realidad eran prácticamente idénticos en los dos países: unitarismo/regionalismo, autoritarismo/democracia, capitalismo liberal/anticapitalismo y adscripción religiosa/no adscripción religiosa. Por supuesto, en estos "cleavages" hay muchos matices y distinciones entre España y Alemania, pero lo verdaderamente importante es que un sistema de partidos plural y polarizado es siempre el que, de acuerdo con la taxonomía elaborada por Sartori, más favorece una posible quiebra de la democracia.

Si bien se mira, también tenían un sistema de partidos semejante al de Alemania en 1933 o al de España en 1936, el Chile de 1973 o la Italia de 1922. No se trata, como es lógico, de un factor que conduzca necesariamente a la catástrofe del sistema democrático porque, en esencia, el sistema de partidos en la España actual sigue siendo parecido, mucho más que de bipartidismo imperfecto. Lo que sucede es que un sistema pluralista y polarizado tiene una enorme capacidad potencial autodestructiva, sólo si hay una sólida base "consociacional" nacida del apoyo a una legitimidad se evitan las tendencias centrífugas que pueden poner en peligro la viabilidad de un sistema democrático. Este puede tener una configuración especialmente "consociacional" en el caso de los países que han sido estudiados por

Lijphardt, pero siempre mantiene una común legitimidad como base esencial. Como veremos tanto en el caso de Alemania como en el de España esa legitimidad estaba herida de muerte desde el principio de la vida del régimen.

Un decisivo elemento potencial de ruptura, en efecto, puede surgir de la forma en que se plantea la *etapa inaugural* del sistema democrático. En esos momentos la población suele estar en una situación de disponibilidad respecto de las instituciones recién nacidas y no parte de resentimientos adquiridos. En ellos la actuación más correcta de los políticos de la democracia, hace poco fundada, consiste en procurar no marginar a una parte de la población y, al mismo tiempo, establecer una prioridad en la acción política y legislativa de modo que no resten adhesiones iniciales al nuevo régimen, quebrando su legitimidad, al mismo tiempo que hagan posible las alternativas en el poder de diferentes opciones. Aunque no se refiere a esta época sino a una muy posterior merece la pena recordar aquello que dice Adenauer en sus *Memorias*: él procuró evitar un gobierno de coalición con los socialdemócratas en la Alemania de la posguerra para impedir que surgiera a su derecha un partido político de la derecha nacionalista fuerte.

Tanto en Alemania como en España los inicios de la República fueron prometedores. En Alemania la "coalición de Weimar" (socialdemócratas, Zentrum católico y DDP) sumó más del 75 % de los sufragios; en España la República fue recibida con entusiasmo y en las elecciones constituyentes de 1931 no hubo prácticamente verdadera lucha electoral. Ambas situaciones eran engañosas, sin embargo. En Alemania la "coalición de Weimar", sometida al desgaste de la presión de los vencedores en la guerra mundial, descendió a menos del 50 % de los sufragios en los años veinte y a menos del cuarenta en los treinta; además no pudo o no supo desarrollar una "Weltanschauung" propia de las instituciones republicanas y compartida por todos. En España la izquierda había desarrollado la convicción de que no bastaba un marco democrático sino que el republicanismo conllevaba un determinado programa que marginaba a parte de la población. Había republicanos que lo eran mucho más que verdaderos demócratas y esta actitud fue, además, fomentada por la virtual ausencia de la derecha en las elecciones constituyentes de 1931: como se había de demostrar con el transcurso del tiempo representaba mucho más en la sociedad española que el peso político que obtuvo en escaños parlamentarios en junio de 1931, porque el cambio no sólo había sido de régimen sino también de vida política y fue demasiado súbito como para que la derecha actuara en él. En España los errores de la etapa inaugural democrática fueron de los propios protagonistas de la acción política, en Alemania fueron más bien de los vencedores en la

Primera Guerra Mundial que impusieron una excesiva carga a un régimen nuevo. Aunque los dirigentes alemanes eran más expertos que los españoles, la carga fue demasiado pesada en ambos casos. En el caso español, sin duda, la renovación radical de la clase política dirigente, con una discontinuidad que es muy característica de la política española contemporánea, agravó la situación.

La mejor prueba la tenemos si empezamos por examinar el *proceso* por el que se llegó a la destrucción del sistema democrático. Es muy posible que ni en Alemania ni en España se hubiera producido el colapso de la democracia de no haber tenido lugar la *crisis económica de los años treinta*. No cabe la menor duda de que en los dos países influyó decisivamente en el resultado de la experiencia republicana, fomentando las tensiones sociales y el maximalismo político. Sin embargo, el impacto fue diferente, al menos en el grado. En Alemania el Producto Nacional Bruto se redujo a un 60 % y el paro superó el 35 %, cuando en Estados Unidos no llegaba al 25 %; existe una estrechísima correlación entre el volumen del paro y el voto al NSDAP. El impacto de la crisis económica acabó por desarticular a una sociedad desorientada y de ello supo sacar partido un grupo político oportunista que ocultaba sus verdaderos propósitos y cuyo programa parecía poder satisfacer a todos. El impacto en España de la crisis económica fue mucho menor.

España era un país agrícola que tuvo, en estos años, dos de sus mejores cosechas en el siglo y relativamente aislado del resto del mundo. La crisis fue industrial y bancaria; un país como España debió sufrir menos las consecuencias que otro, como Alemania, más integrado en la economía mundial. Además, la Segunda República supuso una mejora del nivel de vida de las clases trabajadoras que tuvo efectos beneficiosos sobre la industria textil, por ejemplo. El paro no debió afectar a más del 12 % de la población, aunque el grado de protección por una seguridad social fuera muy inferior a otros países europeos. Las tensiones sociales de España en la etapa republicana sólo pueden ser comprendidas si tenemos en cuenta factores demográficos (la llegada al trabajo de cohortes de edad juveniles y el colapso de la emigración) y otros de índole política que hicieron disminuir drásticamente las expectativas de los empresarios. El impacto de la crisis mundial pudo suponer el fin del gobierno de Manuel Azaña en 1933 o contribuir a él como factor ambiental añadido, pero su relevancia fue menor que en Alemania. Nadie se benefició directa y exclusivamente, en sus resultados electorales, del incremento del paro.

La crisis económica y social de los años treinta constituyó, pues, un detonante fundamental de la destrucción de la democracia en los dos países, aunque sin duda resultó más relevante en el caso de Alemania. No debe pensarse, sin embargo, que directamente la crisis llevara a ella pues el colapso de un sistema político es, sobre todo, la consecuencia de cómo él reacciona ante los problemas que se le presentan. Un elemento que sirve para medir la capacidad de satisfacción de los intereses de los ciudadanos por parte del sistema político es la *eficacia* del mismo, de importancia semejante a la *legitimidad* aceptada que goza, es decir cómo resuelve los problemas con que se enfrenta. Las dos Repúblicas en los años treinta se demostraron poco capaces de resolver los que se planteaban en el terreno económico. En el caso de Alemania lo esencial fue que la política económica seguida por los gobiernos (fundamentalmente, el de Brüning) no fue la más apropiada para combatir la gran crisis de paro existente; éste, a su vez, resucitó los problemas que la República de Weimar había tenido desde su mismo origen y que en la época de prosperidad de los años veinte parecieron difuminarse. Tampoco la política económica seguida en España fue la más apropiada para enfrentarse con la crisis: el paralelo de Brüning sería Chapaprieta. Sin embargo, lo cierto es que no se puede atribuir a ninguno de los gobiernos una política verdaderamente lúcida en lo que atañe a la superación de la crisis. La etapa de centro-izquierda se caracterizó por un incremento de los salarios, pero también una contracción de la inversión producida por motivos políticos y una política deflacionista radical que contribuyó a multiplicar el efecto de la crisis. Algo parecido cabe atribuir a Chapaprieta, pero con el inconveniente adicional de que toda la derecha multiplicó el proteccionismo de la agricultura cerealista carente de cualquier posibilidad de competencia en el exterior.

De todas maneras, probablemente en lo que la mayor parte de los ciudadanos midieron la eficacia del sistema político fue no tanto en relación con esa cuestión como con la acumulación de problemas de la que partió la Segunda República desde su mismo momento fundacional. Si bien se mira tanto en lo que respecta a la reforma agraria como a la cuestión religiosa, la República creó expectativas que luego no cumplió, y se enajenó a una parte de la población sin satifacer por completo a nadie. Tan sólo en la forma de enfrentarse con el problema autonómico se puede juzgar que el régimen republicano satisfizo a una parte de la población sin enajenarse a otra. En Alemania el impacto de la crisis fue mucho más grave y este hecho debe sumarse al factor de política exterior y a la carencia de legitimidad del sistema político, nacido como consecuencia de una derrota y a la difusión de una ideología nacionalista extrema antitética del liberalismo.

Ambos regímenes no fueron, pues, eficaces, pero además, el proceso de su destrucción como sistema de convivencia democrática se vio afectado por otros problemas complementarios. Aparte de que se produjeran todos estos problemas de carácter no político hubo otros que cabe remitir estrictamente a este terreno y que tuvieron también una importancia decisiva. El primero fue el de la *inestabilidad* gubernamental. Tanto en Alemania como en España gobernaron siempre las instituciones democráticas gabinetes de coalición, en España fueron de centro-derecha o de centro-izquierda mientras que en Alemania llegó a haber, de forma sucesiva, hasta cuatro formas de concentración política. Sin embargo, ni siquiera la coalición mantuvo la estabilidad de los gabinetes, principalmente porque las diferencias entre las fuerzas políticas eran demasiado grandes y porque, además, la crisis mundial tendía a multiplicarlas en vez de hacerlas desaparecer. En Alemania durante 1919-1933 hubo una veintena de gabinetes de los que tan sólo la mitad tuvieron un apoyo parlamentario suficiente. Una situación semejante, aun agravada, se dio en la Segunda República española en la etapa 1933-1935 en que, si ya era difícil la colaboración entre el partido católico (CEDA) y los radicales, hasta muy recientemente anticlericales, todavía se hizo más al producirse la sublevación de octubre del año 1934. En este segundo bienio republicano hubo todavía mayor inestabilidad gubernamental que en Alemania e incluso un presidente como Portela Valladares que ni siquiera disponía de un solo voto en el Congreso para mantenerse en el poder.

Pero si la inestabilidad es un factor importante en el proceso de destrucción de una democracia, no lo es menos el empleo de la *violencia*. Un régimen democrático no necesariamente colapsa por el empleo de la fuerza por parte de fuerzas políticamente subversivas; aparte del caso de Alemania, el de Italia es, en este sentido, muy significativo: el sistema democrático no quebró por la violencia empleada de forma directa contra él sino por la tolerancia gubernamental respecto de ella. Sin embargo el papel de la violencia política difusa es muy importante, en primer lugar, porque deslegitima al Estado que es, en teoría, el único que debe tener en sus manos el uso de la fuerza, y además porque crea un ambiente de tensión especialmente grave en cuanto que fomenta la sensación de que es preciso adelantarse a cualquier movimiento subversivo. Además, la violencia política persistente, aunque no derribe directamente a un régimen, multiplica la impresión de ineficacia. En este sentido quizá la mejor advertencia fue la del dirigente socialista español Indalecio Prieto en el verano de 1936. En Alemania la violencia política tuvo una relevancia extraordinaria en el período 1918-1922 y de ella fue protagonista, como en España en 1936, tanto la izquierda como la derecha, aunque la primera fuera más sancionada que la segunda.

Con todo, lo más grave fue la "militarización" de la política que se produjo y que, si bien permaneció más oculta durante la década de los veinte, reapareció a continuación, con la crisis económica, en los años treinta. En

España la violencia política del año 1936 pudo llegar a causar alrededor de 350 muertes, una cifra muy superior a la que precedió la caída de Salvador Allende en Chile en el año 1973 o el advenimiento de Benito Mussolini en 1922. Tanto en España, como en Alemania, a la violencia política inmediata, precursora de la quiebra de la democracia, había que sumar el recuerdo de una especie de preámbulo de la guerra civil acontecida con anterioridad que tuvo la suficiente importancia como para influir como recuerdo en toda la vida política posterior. El espartaquismo y la revuelta de octubre de 1934 no sólo sirvieron de argumento a las derechas para recurrir al empleo de la violencia con posterioridad sino que alteraron de una manera sustancial el comportamiento de las fuerzas políticas. En Alemania la revolución espartaquista impidió la existencia de una "Weltanschauung" común de todos los grupos políticos, en España radicalizó a la derecha e impidió sus posibles programas moderados al mismo tiempo que mantenía un abismo entre derecha e izquierda incluso en un momento en que ya resultaba previsible el colapso del régimen.

El momento crucial en el proceso de destrucción de una democracia es aquel en que la *tendencia centrípeta* sobre la que se ha basado originariamente y con la que se ha construido la base del sistema es sustituida por el predominio de las de carácter *centrífugo*. En un sistema de partidos plural y polarizado como el de Alemania y España en la década de los años treinta eso fue sencillamente el comienzo del fin. En Alemania esa situación se pudo percibir muy claramente en los resultados electorales: Las fuerzas políticas desleales al sistema democrático por la derecha y por la izquierda sumaban tan sólo el 27 % del censo del año 1928, pero la crisis económica y social les hizo ascender al 38 % en 1930, al 57 % en 1932 y al 64 % en 1933; en esta fecha la República de Weimar había perdido ya sus masas. Ningún sistema democrático hubiera podido soportar durante mucho tiempo una situación como esa. Mientras tanto, además, se disolvía de hecho la coalición orginaria de la República de Weimar al quedar reducido el DDP a un porcentaje ínfimo mientras que las relaciones entre los socialdemócratas y los centristas católicos se hacían cada vez más difíciles. En el seno del partido católico hubo, además, una tendencia centrífuga complementaria, al votar el partido popular bávaro (BVP) por el candidato Hindenburg en vez de hacerlo por el oficial del partido del centro, Marx. Esas tendencias dispersivas no se dieron ni entre los comunistas, ni en la extrema derecha.

En España el funcionamiento centrífugo del sistema político fue también evidente, aunque no pueda percibirse en los resultados electorales porque no hubo tantas consultas y, además, el sistema mayoritario hubiera ocultado esa tendencia en el caso de haberse producido. Lo característico del caso español

no fue, en todo caso, que las fuerzas manifiestamente desleales al sistema
crecieran espectacularmente sino que las dos fuerzas políticas más importantes, la CEDA católica y el partido socialista, tenían en su seno elementos
claramente semileales al sistema democrático, lo que era casi peor que en
Alemania. En España, en efecto, el anarquismo era desleal a la República,
pero el comunismo había emprendido un giro hacia una posición más
moderada, precisamente como consecuencia de lo sucedido en Alemania en
el año 1933; en la derecha los monárquicos tenían una fuerza parlamentaria
escasa y el fascismo apenas sí recogió 60.000 votos para un electorado
superior a los 13 millones en 1936. Lo grave era, sin embargo, la semilealtad
de la CEDA y del PSOE: las tendencias centrífugas se dieron en el seno de
los dos partidos y no directamente en el electorado como en Alemania.

En ambos países, en última instancia, sólo una colaboración entre católicos y socialistas en la fase final del régimen hubiera podido salvar las instituciones. En España, sin embargo, la CEDA nunca había aceptado formalmente y en forma colectiva el régimen republicano, mientras que la tendencia de Francisco Largo Caballero en el PSOE hacía una constante propaganda revolucionaria, aunque tampoco pareciera estar dispuesta a traducirla
en la realidad inmediata. La gravedad de la situación española se veía multi-
plicada por el hecho de que también en este caso se había producido la
disolución de la coalición originaria del régimen. Entre los republicanos de
derecha y los de izquierda había tal abismo que unos y otros se comportaron
de manera desleal con quienes deberían haber sido sus aliados originarios de
tal manera que ni siquiera les comunicaron claramente que existía una
conspiración violenta contra ellos. En este sentido se puede decir que existe
un absoluto paralelismo, en este sentido, entre lo acontecido en 1932 y 1934:
Lerroux y Azaña conocieron de la existencia de una conspiración contra el
Gobierno legítimamente establecido y estuvieron en contra de ella pero no la
denunciaron, como hubiera sido lógico, ante las autoridades o de una manera
por completo nítida ante la opinión pública.

En un momento en que ya las tendencias centrífugas del sistema
democrático predominan sobre las centrípetas tan sólo cabe esperar que una
actuación decidida y firme de la clase política dé la vuelta a la situación pues
de lo contrario, la democracia está condenada a la desaparición más pronta o
más tardía. Me parece que el caso de Alemania y el de España demuestran
que hasta el final se puede evitar el colapso de la democracia y que, cuando
éste se produce, hay por lo menos una cierta identidad de situaciones: hay
una serie de ocasiones que han sido desaprovechadas y que por ello han
conducido al país a una situación crítica. Una tentación en un momento de
crisis del sistema democrático puede ser (e históricamente ha sido en estos

dos casos) *abdicar transitoriamente de la autenticidad del propio sistema democrático.*

La fórmula fue, tanto en Alemania como en España, recurrir a gobiernos de escasísimo apoyo parlamentario pero presididos por personas de las que se suponía un prestigio personal grande, aunque su presencia en la política hubiera sido reciente. Este fue el caso de los gabinetes Von Papen y Schleicher, formados en su mayoría por nobles y que no hubieran tenido ni siquiera una cuarta parte de los votos parlamentarios en el caso de que hubieran tratado de mantenerse con apoyo del legislativo; además en este caso se daba una creciente semilealtad al sistema con un deseo, poco oculto, de darle un matiz cada vez menos democrático. En España, Portela Valladares y Chapaprieta eran liberales, pero tampoco representaban una fuerza política importante y, por lo tanto, la fórmula que representaban, aunque no representaba de manera tan manifiesta como en el caso de Alemania, el pasado resultó un conflicto accesorio (por ejemplo, con la CEDA) que estuvo combinado con la impotencia real. Incluso la fórmula propuesta por Miguel Maura en 1936 (una temporal dictadura republicana) habría tenido probablemente el mismo resultado, con independencia de las dificultades de su gestación.

Cuando se llega a la abdicación de la autenticidad del sistema democrático ha pasado ya, probablemente, aquel momento en que el *reequilibramiento* de la situación es posible. Determinarlo resulta difícil para un historiador principalmente porque supone el recurso a los futuribles. Es, sin embargo, posible que el punto de reequilibramiento político de la República se sitúe en 1934 o 1935, momento en que se podría haber llegado al establecimiento de una base común de convivencia; incluso la derrota de la revolución de octubre hubiera podido servir para establecer en una base más sólida un régimen que ya había pasado por una situación muy difícil. En Alemania fue probablemente la elección de Hindenburg para la Presidencia de la República en 1932 el momento en que el reequilibramiento empezó a dejar de ser posible porque situaba la más alta magistratura de la nación en manos de una personalidad ambigua en un momento en que ya la crisis del sistema era bien patente. De todos modos hay que tener en cuenta que el reequilibramiento final siempre es posible. Se suele tener más en cuenta el caso de aquellos países que presenciaron la destrucción de su democracia que el de quienes la mantuvieron: el caso de los países nórdicos, de los del actual Benelux, de los bálticos o de Suiza testimonia, sin embargo, que era posible el reequilibramiento incluso con fórmulas complicadas o que habían parecido inviables originariamente como la coalición rojo-verde (agrarios y socialdemócratas) en los países nórdicos. Incluso hay que añadir que el factor decisivo que contribuye a ese reequilibrio no es el acierto en las políticas concretas, incluso las relativas a la crisis económica, sino el establecimiento de una confluencia política entre sectores contrapuestos.

Una tentación en la fase final de un sistema democrático puede ser la de acelerar la frecuencia de las *consultas electorales* sin darse cuenta de que éstas pueden empeorar la situación, en lugar de darle solución. En Alemania el ritmo de las elecciones en los años treinta sólo sirvió para aumentar un 50 % los parlamentarios comunistas y multiplicar por nueve los nazis. En España la elección para cubrir la Presidencia en el mes de abril de 1936 resultó más bien una demostración de la situación crítica, al abstenerse la derecha; en el fondo los propios gobernantes sabían que las convocatorias electorales no solucionaban por sí mismas absolutamente nada: la prueba es que se tomó como un dato positivo la decisión de no convocar unas elecciones municipales que solo hubieran servido para multiplicar las ya graves tensiones cuando no existían condiciones de normalidad para el desarrollo de una consulta. Parece, por tanto, que mucho más importante que la proliferación de consultas es el acuerdo de fondo entre las distintas fuerzas políticas.

Una tercera tentación posible en la fase final de una democracia es *eludir la Constitución* o alterar su sentido en la confianza de que eso puede servir para conceder un respiro al gabinete en el poder. La experiencia demuestra, sin embargo, que éstas no sólo no son soluciones aceptables sino que tienen como consecuencia inevitable todavía un mayor deterioro de la legitimidad que es el factor esencial en el mantenimiento de la vida de un régimen. De poco sirvió a los gobernantes alemanes de la etapa final de la República de Weimar adulterar el sentido de su Constitución por el procedimiento de abusar primero del gobierno por decretos y luego de las prerrogativas presidenciales. También poca utilidad tuvo para los republicanos españoles la destitución de Niceto Alcalá Zamora como Presidente de la República. La propia "dictadura republicana", propuesta por personas muy distintas en el verano de 1936, era una adulteración del régimen y su resultado positivo resulta francamente improbable. Además en el fondo se avanzó muy poco en la auténtica puesta en marcha de una fórmula como ésa, porque en España, como en Alemania en el período 1930-1933, un factor esencial de la vida política fue la parálisis decisoria en la que cayeron la mayor parte de los que habían sido hasta el momento principales protagonistas de la vida política.

En realidad nada puede sustituir a la *capacidad de análisis y diagnóstica* de la situación de los dirigentes políticos y a su posterior capacidad de acción para explicar la quiebra de un sistema democrático. Para evitar el colapso de una situación democrática es preciso que quienes ejercen el poder en ella sean capaces de interpretar el momento en que les toca vivir. Deben conocer el peligro de fuerzas políticas aparentemente irrelevantes por carecer de programa y ser una "comunidad carismática", como el NSDAP; Adolfo Hitler, como antes Benito Mussolini, se benefició de que nadie le tomó demasiado en serio hasta que ya era demasiado tarde. Asimismo deben conocer el estado de la opinión pública: tampoco Casares Quiroga dio verdadera importancia a la actitud subversiva de la derecha, muy extendida en el verano del año 1936. En tercer lugar, es decisivo también saber elegir los aliados y por tanto, los enemigos. Para los gobernantes españoles de 1936 eran aliados posibles en el mantenimiento del régimen mucho más Manuel Giménez Fernández, Niceto Alcalá Zamora o Miguel Maura que algunos de los diputados socialistas, así como en Alemania lo eran más los socialdemócratas para los católicos que el Partido Popular Bávaro (BVP).

Pero no basta con el análisis sino que es precisa también la acción: en el colapso de la democracia hay también siempre un fracaso de una clase dirigente. En la fase final de la República de Weimar como en el declive da la Segunda República española hubo una sensación de parálisis de la voluntad o de resignación fatal ante lo inevitable que alimentó el propio mecanismo destructivo de las instituciones. En Alemania los dirigentes más valiosos habían desaparecido (Stresemann, Bauer...) o no estaban en condiciones de ejercer un liderazgo fuerte por su edad (como en el caso de Hindenburg) o por su introversión (Brüning). En España temieron dividir su partido (como sucedió a Indalecio Prieto), fueron incapaces de hacer una alianza con el sector más moderado del partido católico o mostraron una irresolución apática en la confianza de que los problemas se resolverían por sí mismos. El resultado fue en ambos casos catastrófico. Pero es muy fácil atribuir todas estas indecisiones en el planteamiento e irresoluciones en la acción a los gobernantes de la última hora como Casares Quiroga o Schleicher. En realidad otros gobernantes de mayor peso específico y superior responsabilidad habían cometido errores más graves que habían tenido como resultado configurar una situación en que los primeros agonizaron y con ellos el propio sistema democrático.

La Historia puede proporcionar paralelismos, pero no recetas y por eso no hay ninguna que pueda servir para evitar la quiebra de una democracia. Sin embargo, de alguna manera al menos, en la mente de una parte de los españoles que se opusieron a la sublevación militar de julio de 1936 estaba presente lo ocurrido en Alemania tres años antes. Si el colapso de la democracia concluyó en España con una guerra civil fue precisamente porque en Alemania ya se había experimentado el resultado de no haber resistido en el momento en que se debió. Era ya un movimiento tardío y que en buena parte tenía como motor no tanto un restablecimiento de la legalidad republicana como hacer nacer una nueva legitimidad revolucionaria. Pero la resistencia a la sublevación testimonia que el ejemplo de Alemania estaba en la mente de quienes tomaron las armas en ese verano.

Bibliografía sumarísima

Dadas las características muy generales del presente texto no tiene sentido dotarlo de un aparato bibliográfico. Sin embargo se mencionan a continuación algunos libros por ser recientes, por haber influido mucho en el redactor del texto o ampliar sus puntos de vista, aquí expuestos en forma abreviada.

Balcells, A.: *Crisis económica y agitación social en Cataluña (1930-1936)*, Barcelona 1971

Europa en Crisis, 1919-1939, Madrid 1991

Gerpe Landin, M.: *L'Estatut de Catalunya i l'Estat integral*, Barcelona 1977

Hernández Andreu, J.: *Depresión económica en España, 1925-1934*, Madrid 1980

Huntington, S.P. (ed.): *Changing Patterns of Military Politics*, New York 1962

Huntington, S.P. (ed.): *Authoritarian Politics in Modern Society. The Dynamics of Established One Party Systems*, New York 1970

Huntington, S.P.: *Political Order in Changing Societies*, New Haven/London 1969

Linz, J.J./Stepan A. (eds.): *The Breakdown of Democratic Regimes*, Baltimore Md./London 1978

Macarro, J. M.: *La utopía revolucionaria. Sevilla en la segunda república*, Sevilla 1985

Moore, B.: *Soziale Ursprünge von Diktatur und Demokratie. Die Rolle der Grundbesitzer und Bauern bei der Entstehung der modernen Welt*, Frankfurt 1969

O'Donnell, G./Schmitter Ph./Whitehead L. (eds.): *Transitions from Authoritarian Rule*, Baltimore Md./London 1986

Palafox, J.: *Atraso económico y democracia. La Segunda República y la economía española, 1892-1936*, Barcelona 1992

Tusell, J./Calvo, J.: *Giménez Fernández, precursor de la democracia española*, Sevilla 1990

Tusell, J. (ed.): "El sufragio universal". En: *Ayer*, 3, 1991

Varela, S.: *Partidos y parlamento en la Segunda República*, Barcelona 1978

Para el caso alemán (títulos añadidos por el compilador del tomo):

Abraham, D.: *The Collapse of the Weimar Republic. Political Economy and Crisis*, Princeton 1981

Borchardt, K.: *Wachstum, Krisen, Handlungsspielräume der Wirtschaftspolitik*, Göttingen 1982

Bracher, K.D.: *Die Auflösung der Weimarer Republik. Eine Studie zum Problem des Machtverfalls in der Demokratie*, Königstein 1978

Bracher, K.D./Funke, M./Jacobsen, H.-A. (eds.): *Weimarer Republik 1918-1933: Politik, Wirtschaft, Gesellschaft*, Düsseldorf 1987

Conze, W./Raupach, H. (eds.): *Die Staats- und Wirtschaftskrise des Deutschen Reiches 1929/1933*, Stuttgart 1967

Erdmann, K.-D./Schulze, H. (eds.): *Weimar. Selbstpreisgabe einer Demokratie*, Düsseldorf 1980

Gessner, D.: *Das Ende der Weimarer Republik*, Darmstadt 1978

Hentschel, V.: *Weimars letzte Monate. Hitler und der Untergang der Republik*, Düsseldorf 1978

Jasper, G.: *Die gescheiterte Zähmung. Wege zur Machtergreifung Hitlers, 1930-1934*, Frankfurt/M. 1986

Schulz, G.: *Zwischen Demokratie und Diktatur. Verfassungspolitik und Reichsreform in der Weimarer Republik*. Vol. 2: *Deutschland am Vorabend der grossen Krise*, Berlin 1987

Schulze, H.: *Weimar. Deutschland 1917-1933*, Berlin 1982

Stürmer, M. (ed.): *Die Weimarer Republik*, Königstein 1985

Walther L. Bernecker

Alemania y la Guerra Civil Española

Aún décadas después del comienzo de la guerra civil española, se sigue discutiendo sobre la participacion extranjera en su surgimiento, desarrollo y final, así como sobre la extensión, los objetivos y las circunstancias temporales de dicha participación. El único punto en que se ha llegado a un amplio consenso entre los investigadores es en reconocer que la guerra de 1936 - 1939 fue en su origen un conflicto puramente interno, cuya duración, evolución y desenlace fueron, no obstante, determinados en forma decisiva por la internacionalización de la guerra. También ha quedado ya fuera de dudas que fue la Alemania nacionalsocialista la que desempeñó el papel más destacado entre las potencias interventoras extranjeras. El reconocimiento de este hecho ha pasado a ser, hoy por hoy, opinión común entre el público interesado por la historia política. En efecto, según una encuesta realizada en España en el otoño de 1983, nada menos que un 69 % de los encuestados asociaban el nombre de Hitler con el bando franquista, y un 54 % - cifra también respetable - el de la Legión Condor. En total, un 75 % opinaba que Alemania había apoyado a Franco en la guerra civil. Además, la clara mayoría de los interrogados (un 57 %) consideraba la guerra civil como el acontecimiento más significativo para la comprensión de la España actual. Es por ello que cualquier estudio sobre el papel de Alemania en la guerra civil española no sólo representa una contribución a la investigación histórica, sino que posee también interés político actual como clave para la interpretación del presente histórico español.[1]

Hace ya casi dos decenios se afirmaba en un estudio sobre la guerra civil española[2], que se había producido un acercamiento de los investigadores de ambos bloques - oriental y occidental - en lo referente a uno de los puntos centrales de la controversia: los occidentales, en efecto, habían acabado por reconocer el carácter decisivo de la intervención alemana e italiana, punto en el que habían insistido desde un primer momento los historiadores comu-

---

1 Los resultados de la encuesta figuran en *Cambio 16*, nº 616-619, 19 de septiembre - 10 de octubre 1983.

2 W. Schieder: "Spanischer Bürgerkrieg." En: *Sowjetsystem und Demokratische Gesellschaft. Eine vergleichende Enzyklopädie*, vol. VI, Freiburg 1972, pp. 74-94.

nistas. El propio Hitler había dicho durante la guerra mundial, en una de sus "conversaciones de sobremesa", que Franco debería levantar un monumento a los "Junkers 52", puente aéreo entre la España peninsular y Marruecos a través del estrecho de Gibraltar, ya que a ese tipo de aviones debía su triunfo la "revolución española".[3] En conversación con el Ministro de Asuntos Exteriores italiano Galeazzo Ciano en septiembre de 1940, dijo: "Italia y Alemania hicieron mucho por España en el año 1936 [...] Sin la ayuda de ambos países no existiría hoy Franco."[4] Actualmente apenas se discute sobre la verdad que encierra en lo fundamental esa apreciación.[5]

Por muy importante que sea el acuerdo sobre ese punto, queda aún pendiente la discutida cuestión de la complicidad alemana en la preparación y estallido de la guerra civil, y sobre todo la de las causas y objetivos de la participación alemana.[6] La teoría de que la República española cayó víctima

3   H.R. Trevor-Roper (ed.): *Hitler's Secret Conversations 1941-1944.* With an introductory essay on the mind of Adolf Hitler, New York 1953, p. 558.

4   "Aufzeichnungen über eine Unterredung zwischen Hitler und Ciano am 28. September 1940, Berlin, 29. September 1940." En: *Akten zur Deutschen Auswärtigen Politik 1918-1945. Aus dem Archiv des Deutschen Auswärtigen Amtes. Serie D: 1937-1945, tomo XI, 1: Die Kriegsjahre,* Bonn 1964, p. 182.

5   No obstante, aún en 1973 Joachim Fest, en su biografía sobre Hitler, llegó a la conclusión de que Franco había recibido, en efecto, apoyo alemán, "pero la ayuda alemana no influyó esencialmente en el desarrollo de la guerra, quedando en todo caso muy por debajo de las fuerzas puestas a disposición por Mussolini". J. Fest: *Hitler. Eine Biographie,* Frankfurt 1973, p. 685. Fest resulta desorientador también en otros puntos, remitiéndose a anticuadas versiones profranquistas. Así, por ejemplo, cuando afirma (p. 684): "Como respuesta al llamamiento de los españoles al gobierno francés del Frente Popular y a la Unión Soviética, el caudillo de los rebeldes, general Franco, hizo un llamamiento análogo a Alemania e Italia". Hoy está ya fuera de toda duda que el llamamiento de Franco (nada menos que del 23 de julio de 1936) no fue en modo alguno una "respuesta" al llamamiento del gobierno republicano a la Unión Soviética.

6   Sobre el conjunto de la investigación y su estado actual existe una variada bibliografía. V. Palacio Atard resume los resultados de la investigación más antigua en *Ensayos de historia contemporánea,* Madrid 1970; R. Wohlfeil: "Zum Stand der Forschung über Hauptprobleme des Spanischen Bürgerkrieges." En: *Militärgeschichtliche Mitteilungen* 6, 1969, pp. 189-198. Cfr. también del mismo autor: "Der Spanische Bürgerkrieg 1936-1939. Zur Deutung und Nachwirkung." En: *Vierteljahrshefte für Zeitgeschichte* 16, 1968, pp. 101-119. Cfr. también, entre los de más reciente aparición: A. Viñas: "Dimensiones económicas internacionales de la guerra civil: una presentación de la literatura reciente." En: M. Tuñón de Lara y otros: *Historiografía española contemporánea: X Coloquio del Centro de Investigaciones Hispánicas de la Universidad de Pau. Balance y resumen,* Madrid 1980; W.L. Bernecker: "Spanien im Krieg (1936-1939). Forschungslage und Desiderate." En: *Militärgeschichtliche Mitteilungen* I, 1983, pp. 117-162; idem: *Krieg in*

de una conjuración fascista, cuyos agentes en el interior del país habrían sido Franco y Mola[7], fue negada siempre por los investigadores occidentales, habiéndose incluso replicado a ella con la tesis contraria - puesta en circulación por Franco y aceptada durante mucho tiempo por los historiadores sin someterla a análisis - de una conjuración comunista a la que apenas habrían logrado anticiparse los oficiales rebeldes. Tanto una como la otra teoría sobre el estallido de la guerra - conjuración comunista o fascista - aparecen en su conjunto en la actual historiografía como leyendas históricas pertenecientes al pasado. Esto no quiere decir, por supuesto, que no haya habido numerosos contactos entre las autoridades españolas y alemanas con anterioridad a los días 17 y 18 de julio de 1936.[8] Debe especificarse que el peligro - de hecho existente durante la guerra - de una toma del poder por parte de comunistas o fascistas no fue la causa desencadenante del conflicto, sino más bien una consecuencia de las intervenciones extranjeras.

Visión y motivación nacionalsocialista

La ayuda alemana a los generales españoles rebeldes se mantuvo en secreto, a nivel oficial, hasta el año 1939: así se evitaba que los países europeos tuvieran un pretexto para solidarizarse en contra de los nacionalsocialistas. Sólo a partir del momento en que se suprimió esta medida, después del regreso de la Legión Cóndor, pudo empezar a tejerse una leyenda que al mismo tiempo abonó el terreno para el ya largamente proyectado enfrentamiento de la guerra mundial.[9]

Spanien 1936-1939, Darmstadt 1991.

7   Al lado de otros muchos, también Willy Brandt calificó a Franco (a mediados de 1937) como "agente del imperialismo fascista" de Alemania e Italia. Sobre la interpretación que de la guerra civil española hace Brandt (considerándola como ejemplo de las dificultades que en la época de entreguerras tenían los "grupos intermedios" de izquierdas para encontrar un "nicho" ideológico entre comunismo y socialdemocracia), cfr. W.L. Bernecker: "Willy Brandt y la Guerra Civil Española." En: *Revista de Estudios Políticos* 29, 1982, pp. 7-25 (versión ampliada en: *Iberoamericana* 2/3, 1983, pp. 5-21).

8   Estos contactos son objeto de detenido estudio en la obra de A. Viñas: *La Alemania nazi y el 18 de julio*, Madrid, 2.a edición, 1977.

9   El discurso de Hitler en el acto oficial celebrado el 6 de junio de 1939 con motivo del regreso de la Legión Cóndor, donde subraya lo "doloroso" de "haber tenido que guardar silencio sobre vuestra lucha durante tantos años", aparece reproducido en la obra de M. Domarus: *Hitler. Reden und Proklamationen 1932-1945*. Kommentiert von einem deut-

Los objetivos por los que aquéllos habían combatido en suelo español en años anteriores, les había venido inculcando a los alemanes en forma incesante la prensa propagandística nazi ya desde el comienzo de la guerra civil. El 21 de julio de 1936 podía leerse el siguiente titular a toda plana en el *Völkischer Beobachter*, el periódico nazi: "Guerra civil en España. Violentos enfrentamientos entre fascistas y marxistas en todo el país". Y al día siguiente: "Abierta intromisión de Moscú en la guerra civil española". El día 12 de agosto aparecía en primera plana: "Régimen comunista de terror en España", y una semana más tarde, el 20 de agosto de 1936: "Moscú ordena: '¡Matad a todos los curas!'". Esta imagen deformada por la propaganda se mantuvo a lo largo de toda la guerra. En febrero de 1939, cuando millares de fugitivos republicanos huían a Francia ante la inminente llegada de las tropas de Franco, un titular del *Völkischer Beobachter* del 26 de febrero de 1939 los calificaba de "agentes soviéticos para Francia" y de "bonzos de la España roja".[10] Cuando la Alemania nazi y la Italia fascista otorgaron a Franco el reconocimiento diplomático el 18 de noviembre de 1936, ya el Ministerio de Instrucción Pública y Propaganda del Reich se había anticipado a la situación, dictando normas uniformes para la denominación de ambos bandos: "El Führer y Canciller del Reich ha ordenado designar a las partes contrincantes en la guerra civil española de la forma siguiente: a) el Gobierno nacional español; b) los bolcheviques españoles".[11]

De este modo quedaba fijada la imagen nacionalsocialista de España. La contraposición unilateral e históricamente falsa entre "gobierno nacional" o "fascismo", por una parte, y "bolchevismo" o "España roja" por otra, condujo en la opinión pública alemana - y durante largo tiempo también en la historiografía occidental - a una acentuación casi exclusiva del aspecto ideológico de la intervención alemana. No obstante, los resultados de las últimas investigaciones han dejado claro que, si bien la argumentación anticomunista como móvil de la política del nacionalsocialismo con respecto a España es en todos los casos demostrable, dicho componente anticomunista - entendido como base ideológica de la política de Hitler - no constituyó el

---

schen Zeitgenossen. 2 vols., Würzburg 1963, pp. 1209-1211.

10 Los ejemplos están tomados de W. Alff: "Die Flüchtlinge der spanischen Republik als politische Verfolgte der deutschen Besatzungsmacht in Frankreich (1940-1944)." En la obra del mismo autor: *Der Begriff Faschismus und andere Aufsätze zur Zeitgeschichte*, Frankfurt 1971, p. 148 y s.

11 Nota del director del departamento de Prensa Aschmann, Berlín, 23 de noviembre de 1936. En: *Akten zur Deutschen Auswärtigen Politik 1918-1945. Aus dem Archiv des Auswärtigen Amtes. Serie D (1937-1945), vol. III: Deutschland und der Spanische Bürgerkrieg 1936-1939*, Baden-Baden 1951, p. 119.

único ni el más importante motivo para la intervención alemana en España. No puede, por ejemplo, aclararse en forma satisfactoria recurriendo al argumento anticomunista y al acuerdo ideológico entre Franco e Hitler, la amplitud y duración de la ayuda militar alemana a los rebeldes, sobre todo teniendo en cuenta que las autoridades nacionalsocialistas advirtieron muy pronto que Franco no era en modo alguno el revolucionario fascista al que correspondía apoyar por motivos de afinidad ideológica. La considerable ayuda que Franco recibió de la Iglesia Católica oficial y la presentación del Alzamiento como fenómeno pseudo-religioso - al calificarlo de "Cruzada" - pusieron de manifiesto ya desde un comienzo las graves diferencias existentes con respecto a la doctrina nacionalsocialista.

La ayuda militar que durante casi tres años recibió Franco de la Alemania de Hitler fue acompañada de crecientes tensiones entre ambos y de divergencias de opinión en cuestiones de estrategia militar y, sobre todo, económicas.[12] Las diferencias entre ambas partes se acrecentaron una vez concluida la guerra civil, hasta convertirse en un claro enfrentamiento - que aunque no se hizo público, no dejó por ello ser menos intenso - sobre el tema de la entrada de España en la guerra mundial.[13] Y muchos indicios llevan a pensar que durante la Segunda Guerra Mundial los nacionalsocialistas lamentaron profundamente haber apoyado antes a Franco y a la "clique reaccionaria" que lo rodeaba (Iglesia y nobleza). En aquel entonces hacía ya tiempo que la clase dirigente nacionalsocialista consideraba al dictador español como un oportunista cobarde, carente de fidelidad a los principios y de firmeza ideológica.[14] Hay un revelador testimonio de fines de 1942 que prueba que Hitler se sentía muy decepcionado por su protegido. Se trata de las siguientes palabras que, según Albert Speer, pronunció el Führer en conversación mantenida con Keitel:[15]

---

12 Cfr. numerosos testimonios de esto en: *Akten*, vol. 3 (cfr. cita 11).

13 Cfr. al respecto V. Morales Lezcano: *Historia de la no-beligerancia española durante la segunda guerra mundial*, Las Palmas 1980. Más profundamente trata el tema K.J. Ruhl en: *Hitler, Franco und die Falange*, Hamburg 1975. Sobre la "División Azul", cfr. el resumen de G.R. Kleinfeld/L.A. Tambs: *Hitler's Spanish Legion*, Carbondale Ill. 1979.

14 Cuando en 1945 algunos falangistas murieron asesinados a manos de "comunistas" en España, la prensa inició "una campaña marcadamente antibolchevique". Joseph Goebbels anota en su diario: "Pero detrás de ello no hay por supuesto ninguna seriedad política. Franco es un verdadero gallina. Cuando se le presenta una ocasión propicia, se pavonea todo, pero una vez pasada esa ocasión, se amilana y acobarda". J. Goebbels: *Tagebücher 1945. Die letzten Aufzeichnungen*. Introducción de R. Hochhuth, Hamburg 1977, p. 76 y s.

15 A. Speer: *Spandauer Tagebücher*, Frankfurt 1975, p. 252 y ss. Cfr. también a este

"Usted conoce mi oponión sobre Franco. Entonces, cuando nos encontramos hace dos años, pensaba todavía que se trataba de un auténtico caudillo, pero en lugar de ello me vi frente a un sargento bajito y regordete, que no era siquiera capaz de concebir mis ambiciosos planes. Deberíamos ganarnos la simpatía de los españoles "rojos" (en los campos de concentración franceses), que son, por cierto, varios miles. Para la democracia están ya perdidos, así como para esa canalla reaccionaria que rodea a Franco; para nosotros, en cambio, representan auténticas oportunidades [...] Durante la guerra civil el idealismo no estuvo del lado de Franco, sino del de los rojos [...] Algún día podremos servirnos de ellos. Cuando hayamos roto con Franco. Entonces los haremos regresar. ¡Y ya verá! ¡Todo volverá a comenzar de nuevo! Con la diferencia de que nosotros estaremos del lado contrario. Me es totalmente indiferente. ¡Aún me tiene que conocer!"

En contraposición a testimonios de este tipo, destinados a un círculo reducido, la maquinaria propagandística de Goebbels construyó, durante la guerra civil y los años siguientes, una imagen de los acontecimientos cara al exterior, basada en la dicotomía existente en la ideología de los dos bandos contrincantes. De este modo quedó fijada la imagen nacionalsocialista de España y también, hasta cierto punto, la que prevaleció durante largo tiempo en la Alemania Occidental.

Según la interpretación oficial alemana, el alzamiento de los militares españoles se dirigía contra todas aquellas fuerzas que también en la ideología nacionalsocialista aparecían cargadas de significado negativo: comu-

---

respecto: G. Watson: "Was Hitler a Marxist? Reflections about certain Affinities." En: *Encounter*, vol. 63, nº 5, diciembre 1984, pp. 19-25. En forma parecida se expresó Hitler en una de las "conversaciones de sobremesa" mantenidas en su refugio de guerra (el "Reducto del Lobo") el 7 de julio de 1942. El texto figura en la obra de Dr. H. Picker: *Hitlers Tischgespräche im Führerhauptquartier*. Vollständig überarbeitete und erweiterte Neuausgabe mit bisher unbekannten Selbstzeugnissen Adolf Hitlers, Abbildungen, Augenzeugenberichten und Erläuterungen des Autors: Hitler, wie er wirklich war, Stuttgart, 3.a edición, 1976, p. 428. Cuando a mediados de 1942 llegaron a Hitler informes según los cuales Franco había nombrado generales a algunas santas, porque al parecer habían obrado milagros actuando como patronas protectoras durante la guerra civil, aquél manifestó el siguiente punto de vista: "El jefe (Hitler) opinó que abrigaba serios temores de que pudiera conducir a buen resultado dejar que se propagaran tales cosas. Añadió que de todas formas él seguía con gran escepticismo la evolución de la situación española y que no viajaría a España aun cuando con el tiempo fuera visitando el resto de los países europeos" (citado según Picker, p. 357).

nistas y anarquistas, liberalismo y masonería, socialismo y democracia. Los únicos que constituyeron una excepción fueron los judíos. La visión nacionalsocialista de España creó y consolidó estereotipos, esbozó una imagen indiferenciada (e históricamente falsa) de aliados y enemigos y contribuyó, mediante la utilización de clichés - positivos o negativos - de tipo irracional, a destacar y transmitir una imagen de "dos Españas" que habría de perdurar largo tiempo. España fue para la Alemania nazi el mejor ejemplo de actuación de los "agitadores bolcheviques" en la Europa occidental.[16] Las noticias sobre la guerra civil española se presentaban en forma paralela a las de las actividades "bolcheviques" en el resto de Europa, y era contra éstos que el Reich debía movilizar todas sus fuerzas. De este modo, la guerra española quedaba integrada sin fisuras en el sistema de la argumentación propagandística nazi para justificar el rearme alemán.

Los titulares aparecidos en el *Völkischer Beobachter* durante los primeros días de la guerra ponen de manifiesto que las autoridades nazis consideraban los acontecimientos de España como parte de un enfrentamiento entre comunismo y fascismo a escala mundial. Muy pronto surgió la duda de si el fantasma del comunismo había sido una obsesión inherente a la ideología nazi o si Hitler la empleó fundamentalmente por motivos tácticos para erigir así la imagen de un doble enemigo, interno y externo. Sir Robert Vansittart, Subsecretario permanente de Estado en el *Foreign Office* británico, que visitó Berlín en el verano de 1936, informó a Londres a principios de agosto que las autoridades alemanas seguían con el mayor interés los acontecimientos de la Península Ibérica y veían en ellos una expresión de la amenaza bolchevique:[17]

> "Herr Hitler preferred to consider the past with reference to Communism, and the future in the light of its manifestations in Spain and their repercussions on France. - I should here interpolate that this is the constant theme of every man and woman in Berlin; indeed, they can think and talk of little else. The

---

16 Cfr. para lo que sigue: Alff (cfr. nota 10), p. 146 y s.

17 W.N. Medlicott, D. Dakin, G. Bennett (eds.): *Documents on British Foreign Policy, 1929-1939.* 2.a serie, tomo XVII, London 1979, p. 760. Vansittart añadió además: "Every German of the present persuasion - and in a little while all the youth of the country will be of that persuasion - has an anti-Communist obsession." Para lo que sigue, así como en general sobre la importancia de la argumentación anti-comunista en relación con la intervención alemana en España, cfr. D. Smyth: "Reflex reaction: Germany and the onset of the Spanish Civil War." En: P. Preston (ed.): *Revolution and War in Spain 1931-1939,* London 1984, pp. 243-265.

obsession is in any case endemic, but Spanish events have reinforced their thesis."

Pero las autoridades nazis debían saber que en el verano de 1936 no partía de España ninguna amenaza comunista seria. El componente anticomunista, que salió siempre a relucir en las argumentaciones de Hitler, no debió referirse al peligro inminente de una toma comunista del poder en caso de que venciera la República, sino que debió ser más bien expresión de cálculos estratégicos dentro del marco más amplio de la política exterior hitleriana. En la *Denkschrift über die Aufgaben eines Vierjahresplans* (Memoria sobre los objetivos de un Plan Cuatrienal), que redactó Hitler en el verano de 1936, señalaba la "necesidad de defensa ante el peligro bolchevique" como el punto más importante de la política alemana.[18] No cabe duda de que la lucha contra el comunismo y la "solución del problema de espacio de Alemania" por medio de una guerra contra la Unión Soviética, fueron dos de las constantes del pensamiento hitleriano en cuanto a política exterior. Todas sus decisiones - por muy improvisadas y espontáneas que parecieran - se subordinaban a esas dos ideas fundamentales. Una observación de Hitler al primer Encargado de Negocios alemán junto a Franco, el general retirado Faupel - que acababa entonces de ser nombrado - en noviembre de 1936, antes de que Faupel partiese para Salamanca, puede servir para reconstruir el papel de España en la concepción general del *Führer*. Faupel, según las indicaciones de Hitler, no debía inmiscuirse durante su estancia en España en los asuntos internos del país; el sistema político que surgiera de la guerra (ya fuera una dictadura militar, un estado autoritario o una monarquía) le dejaba sin cuidado (a Hitler). "Su misión - continuaba Hitler - consiste única y exclusivamente en evitar que, una vez concluida la guerra, la política exterior española resulte influida por París, Londres o Moscú, de modo que, en el enfrentamiento definitivo para una nueva estructuración de Europa - que ha de llegar, no cabe duda -, España no se encuentre del lado de los enemigos de Alemania, sino, a ser posible, de sus aliados".[19]

---

18 Sobre el Plan Cuatrienal, cfr. W. Schieder: "Spanischer Bürgerkrieg und Vierjahresplan. Zur Struktur nationalsozialistischer Außenpolitik." En: W. Schieder/Chr. Dipper (eds.): *Der Spanische Bürgerkrieg in der internationalen Politik (1936-1939)*, München 1976, pp. 162-190; G.L. Weinberg: *The Foreign Policy of Hitler's Germany*. Vol. 1: *Diplomatic Revolution in Europe, 1933-1936*, Chicago 1970.

19 Este pasaje aparece citado tanto por H.-H. Abendroth (*Hitler in der spanischen Arena. Die deutsch-spanischen Beziehungen im Spannungsfeld der europäischen Interessenpolitik vom Ausbruch des Bürgerkrieges bis zum Ausbruch des Weltkrieges 1936-1939*, Paderborn 1973, p. 36), como por Viñas (*Alemania nazi*, cfr. nota 8, p. 363).

La amenaza comunista enarbolada por el bando franquista casaba muy bien con las ideas de Hitler. Hay que añadir, además, que el aspecto táctico de la doctrina política de Hitler apenas puede separarse de la constante anticomunista: oportunismo e ideología iban en él de la mano. Según un informe de François-Poncet de fecha temprana[20], los continuos ataques de la prensa nazi contra la Unión Soviética y el comunismo internacional (presentados como responsables del estallido de la guerra civil española) proporcionaban al menos tres ventajas a los nacionalsocialistas: justificar el nacionalsocialismo ante los propios compatriotas; impresionar a "les pays d'ordre", haciéndoles sentir simpatía por la causa alemana; y expresar la enemistad hacia la Unión Soviética, resaltando al mismo tiempo la idea misionaria de Hitler, que pretendía liberar a Europa del peligro ruso.

Aun cuando en el verano de 1936 no existía en España ningún peligro inminente de toma del poder por parte de los comunistas, sólo la idea de que pudiera establecerse un régimen orientado en forma alguna hacia la izquierda constituía para Hitler un motivo estratégico-geográfico de peso - reforzado además por convicciones ideológicas - para intervenir en la guerra civil española. En ello desempeñaba asimismo un papel decisivo la posible repercusión de la guerra en la vecina Francia. Bajo la amenaza común del nacionalsocialismo, se había producido entre Francia y la Unión Soviética un acercamiento político que se tradujo en la firma de un pacto de asistencia mutua en mayo de 1935. Por otra parte, no hay que olvidar que desde la primavera de 1936 ocupaba el poder en Francia un gobierno de Frente Popular con León Blum a la cabeza. El 20 de julio de 1936 Blum estaba dispuesto a acceder a una petición de ayuda militar por parte de los republicanos españoles. Pero muy pronto se apartó de esa decisión primitiva, al darse cuenta de la reacción negativa de Inglaterra y de la fuerte oposición existente en el interior del propio país. En contra de sus convicciones, Blum firmó el acuerdo de no-intervención. Esta debilidad de la política exterior francesa - la incapacidad de adoptar una iniciativa propia cara al exterior -, unido al progreso comunista en el interior del país gracias a la táctica de frentes populares, debieron confirmar los temores alemanes de que la chispa española prendiera también en territorio francés. Y en el caso de que se produjera tal contagio, volvería a surgir en el horizonte político nazi la posibilidad de que Alemania se viera cercada por países enemigos. Al día siguiente

---

20 François-Poncet a Delbos, 22 de julio de 1936. En: *Documents Diplomatiques Français 1932-1939.* 2.ª serie (1936-1939), vol. 3, Paris 1966, p. 24. Cuando François-Poncet redactó su informe el 22 de julio de 1936, Hitler no había aún aprobado ningún tipo de ayuda a Franco. Sobre los argumentos expuestos en este apartado, cfr. también Smyth (cfr. nota 17), p. 248.

de decidir apoyar a Franco, Hitler manifestó al embajador alemán en Londres - posteriormente Ministro de Exteriores del Reich - Joachim von Ribbentrop, que

> "Alemania no debe bajo ninguna circunstancia aceptar una España comunista. Como nacionalsocialistas tenemos el deber de hacer todo lo posible por evitarlo [...] Si realmente logran crear una España comunista, entonces, tal como está la situación en Francia, será sólo cuestión de poco tiempo el triunfo del bolchevismo en este país, y en ese caso ya puede Alemania despedirse. Enclavados entre un poderoso bloque soviético al Este y un fuerte bloque comunista hispano-francés al Oeste, apenas podríamos defendernos si a Moscú se le ocurriese marchar contra Alemania."[21]

También en otras conversaciones del *Führer* se pone de manifiesto que en los días que siguieron al estallido de la guerra civil española su principal preocupación era que el comunismo pudiera pasar de España a Francia: "Lo único que nos interesa es que no surja en España un estado bolchevique que sirva de puente de unión entre Francia y el Norte de Africa".[22]

En diciembre de 1936, el Ministro de Asuntos Exteriores Konstantin von Neurath expuso al embajador alemán en Roma, Ulrich von Hassell, el objetivo primordial de los nazis en España: "En relación con el conflicto español, Alemania tiene un objetivo primordial, de tipo negativo: impedir que la Península Ibérica caiga bajo el dominio bolchevique, con las consecuencias que esto traería de peligro de contagio para el resto de la Europa Occidental."[23] Desde la perspectiva nacionalsocialista una España anticomunista

---

21 Cit. según Abendroth: *Hitler* (cfr. nota 19), p. 32.

22 Cit. según Domarus I (cfr. nota 9), p. 688. El discurso de Hitler aparece también citado en la obra de Viñas: *Alemania nazi* (cfr. nota 8), p. 364, y en la de Smyth: *Reflex reaction* (cfr. nota 17), p. 254 y s. Al recibir al embajador de Franco, Antonio Márquez de Magaz, el 6 de agosto de 1937 en Obersalzberg, Hitler subrayó varias veces "el objetivo común de hacer frente a las fuerzas destructoras del comunismo internacional". Al mismo tiempo se mostró convencido de que "la ampliación de las relaciones económicas redunda en el interés bien entendido de Alemania y España", motivo por el cual tenía "el más vivo interés" en "promover el intercambio de mercancías". Cit. según Domarus I (cfr. nota 9), p. 713.

23 Neurath a Hassell, Berlín, 5 de diciembre de 1936. En: *Akten*, vol. 3 (cfr. nota 13), p. 132. Neurath se mostraba en ese telegrama desagradablemente afectado ("vivamente sorprendido") por el "contrato político y económico de considerable alcance" que Italia había firmado con Franco pocos días antes (texto: ibidem, pp. 126-129), sin haber informado antes a Alemania, pero reconocía por otra parte "que los intereses italianos en España van

representaba un pilar decisivo en el orden estratégico-geográfico y con vistas a una política de alianzas, de tal modo que el apoyo de Hitler a Franco se basó tanto en las convicciones anticomunistas comunes a ambos, como en consideraciones de estrategia nacionalsocialista.

Aspectos militares

En la noche del 25 al 26 de julio de 1936 se tomó en Bayreuth la decisión de ayudar al General Franco, después de haber tenido lugar una conversación de Hitler con Langenheim y Bernhardt, quienes le habían transmitido una petición de Franco relativa al envío de aviones de transporte. En las deliberaciones que condujeron a tal decisión participaron también Göring, Ministro del Aire, y Blomberg, Ministro del Ejército. Una vez concluida la Segunda Guerra Mundial, Göring declaró ante el Tribunal Internacional de Nürnberg que él había presionado a Hitler con insistencia para que se apoyara a Franco:

> "en primer lugar, para impedir la propagación del comunismo en aquel país; pero también, en segundo lugar, para poner a prueba en tal ocasión el funcionamiento de uno que otro detalle técnico de mi recién formado Ejército del Aire. Con el permiso del Führer envié allí gran parte de mi flota de transporte y una serie de comandos de prueba de mis aviones de caza, bombarderos y cañones antiaéreos, teniendo así oportunidad de comprobar sobre el terreno si el material había sido elaborado debidamente."[24]

Tomando como base esta declaración de Göring, puede encontrarse con frecuencia en la bibliografía sobre el tema la afirmación de que el factor militar tuvo un papel decisivo en el momento de decidirse la intervención.[25]

---

más allá que los nuestros, empezando por motivos meramente geográficos [...] El hecho de un mayor interés por parte de Italia se pone de manifiesto claramente en el tratado italiano con Franco y tendrá por tanto que reflejarse a su vez en el empeño que deba poner Italia en el asunto" (ibid., p. 132).

24 *Der Prozeß gegen die Hauptkriegsverbrecher vor dem Internationalen Militärgerichtshof Nürnberg, 14. November 1945 bis 1. Oktober 1946*, vol. 9, Nürnberg 1948, p. 317.

25 Citemos como un ejemplo entre muchos la obra de P. Broué y E. Témime: *Revolution und Krieg in Spanien*, Frankfurt 1961.

Hitler mismo ha afirmado que una de las tareas de los soldados alemanes en España era "aprender"; con ello se anticipó a la interpretación de la guerra civil española como "campo de experimentación militar" (Göring) de las tropas alemanas y especie de "prueba general" con vistas a la Segunda Guerra Mundial, interpretación que luego se encontrará a menudo en la historiografía. A pesar de ello, se trata de una argumentación "post hoc ergo propter hoc". Hay que tener en cuenta, en primer lugar, que la petición de ayuda con la que Franco dio pie a la decisión de intervención, se refería única y exclusivamente a aviones de transporte. Y el transporte del ejército desde Africa a la Península con aviones de tipo anticuado no era precisamente la ocasión ideal para poner a prueba "la recién creada aviación alemana". En segundo lugar, no debe olvidarse que los aviones de caza que tenían a su cargo la tarea de escoltar los de transporte, habían recibido la orden de evitar a toda costa enfrentamientos bélicos, a no ser que mediara un "ataque enemigo a los aviones de transporte".[26] Por último, baste para dar por descontado el argumento de una prueba técnica de la aviación a gran escala el hecho de que, si bien en Alemania se conocía la gravedad de la situación de Franco, se esperaba que con la ayuda alemana se concluiría con éxito el alzamiento en muy breve tiempo.[27]

Aunque dichas consideraciones técnicas no desempeñaron un papel decisivo como motivo principal de la intervención (hecho señalado ya en repetidas ocasiones por la más reciente investigación), hay que reconocer que más tarde, siendo ya inminente la entrada en acción de las tropas alemanas, la oportunidad de probar "sobre el terreno" las nuevas armas sí constituyó, sin duda alguna, un importante motivo secundario. La "experimentación técnica" de los nuevos aparatos de guerra debía ser llevada a cabo principalmente por la aviación de Göring. Su actuación más tristemente célebre fue el bombardeo de Guernica, centro cultural y religioso del País Vasco, en la tarde del 26 de abril de 1937. Este episodio - que inspiró el más famoso cuadro (de denuncia) de Picasso - constituye hasta hoy uno de los temas historiográficamente más discutidos de la guerra civil española.[28]

---

26 W. Beumelburg: *Kampf um Spanien. Die Geschichte der Legion Condor*, Berlin 1939, p. 26; Abendroth: *Hitler* (cfr. nota 19), p. 37 y 41.

27 R.L. Proctor (*Hitler's Luftwaffe in the Spanish Civil War*, Westport 1983, p. 3) afirma que la joven Luftwaffe se vio complicada "sin quererlo" en la guerra civil.

28 Sobre Guernica cfr. K.A. Maier: *Guernica, 26.4.1937. Die deutsche Intervention in Spanien und der "Fall Guernica"*, Freiburg i.Br. 1975; G. Thomas y M. Morgan-Witts: *Der Tag, an dem Guernica starb. Eine Tragödie der europäischen Geschichte*, Zug (Suiza) 1978 (existen también versiones inglesa y española de esta obra: *The Day Guernica Died* (Londres 1975) y *El día en que murió Guernica* (Barcelona 1976)). Como revi-

Factores económicos

La presencia de Göring en Bayreuth el 25 de julio de 1936 no sólo fue significativa en lo que respecta al "factor militar" como motivo de la intervención alemana. Göring era al mismo tiempo el encargado del Plan Cuatrienal, con lo cual pasan a ocupar el centro del interés otro tipo de motivaciones, las de orden económico.[29] Es en este punto donde reina mayor desacuerdo entre los historiadores. En lo que coinciden los historiadores "occidentales" y (ex-)"orientales" es en señalar la ampliación de la base de materias primas como factor esencial para que la intervención alemana en España se prolongara durante más de tres años.

Las relaciones económicas hispano-germanas durante la guerra civil dependieron en su mayor parte del sistema compensatorio constituido por las dos sociedades HISMA (*Sociedad Hispano-Marroquí de Transportes Ltda.*) y ROWAK (*Sociedad de Compra de Mercancías y Materias Primas Ltda.*). En un principio, el objetivo de HISMA, fundada ya en julio de 1936, consistía en disimular el transporte de tropas con aviones alemanes desde Africa a España, operación que debía revestir un carácter económico privado. Pero muy pronto, gracias a las buenas relaciones que tuvo al comienzo el director de HISMA, Johannes Bernhardt, con Franco, esta sociedad asumió un campo de operaciones mucho más amplio, correspondiéndole la organización, en la parte española, del negocio de armas entre Alemania y España. En octubre de 1936 se fundó por orden de Göring la sociedad ROWAK, "pendant" alemán de la HISMA; a ROWAK, en su calidad de "organización receptora", le correspondía la tarea de organizar comercialmente los envíos procedentes de España. En colaboración con HISMA, tenía entre otras la

---

sión crítica del tema, cfr.: C. de Uriarte Aguirreamalloa: *Bombas y mentiras sobre Guernica*, Bilbao 1976; H.R. Southworth: *Guernica! Guernica! A Study of Journalism, Diplomacy, Propaganda and History*, Berkeley, Cal. 1977 (versión francesa: *La destruction de Guernica. Journalisme, diplomatie, propagande et histoire*, Paris 1975). Cfr. también un resumen centrado sobre todo en la guerra periodística acerca de la cuestión de la responsabilidad, en el estudio del mismo autor: "Guernica", en: J.W. Cortada (ed.): *Historical Dictionary of the Spanish Civil War, 1936-1939*, Westport 1982, pp. 251-254; cfr. también A. Viñas: "Guernica: las responsabilidades". En: *Historia 16*, n° 25, 1978, pp. 127-143 y W.L. Bernecker: "El bombardeo de Gernika. La polémica historiográfica." En: M. Engelbert/J. García de María (eds.): *La Guerra Civil Española - medio siglo después*, Frankfurt 1990, pp. 165-186.

29 Cfr., entre otros: M. Einhorn: *Die ökonomischen Hintergründe der faschistischen deutschen Intervention in Spanien 1936-1939*, Berlin, 2.a edición, 1976; y H. Kühne: "Ziele und Ausmaß der militärischen Intervention des deutschen Faschismus in Spanien (1936-1939)." En: Schieder/Dipper: *Spanischer Bürgerkrieg* (cfr. nota 18), pp. 129-146.

función de "asegurar a Alemania la mayor cantidad posible de materias primas y productos alimenticios procedentes de la España nacional."[30] Muy pronto, Göring logró obstaculizar los negocios privados de compensación, de modo que HISMA y ROWAK llegaron a ejercer una especie de monopolio comercial: todos los negocios de importación y exportación entre Alemania y la zona franquista debían pasar por las cuentas de compensación de aquel sistema de monopolio. Lo curioso de este sistema consistía en que HISMA y ROWAK representaban los intereses del Reich alemán y lograron configurar el comercio hispano-alemán al servicio de esos intereses, dejando de lado a las autoridades españolas. Las represalias por parte española (por ejemplo, denegar los permisos de exportación necesarios) nunca pudieron llegar muy lejos, porque HISMA controlaba también los envíos de material de guerra alemán, de los que Franco dependía.

En el transcurso del año 1937, HISMA adquirió en España derechos sobre minas de hierro, cobre, plomo, tungsteno, estaño, cinc, cobalto, níquel, etc. En octubre de 1937 poseía ya derechos sobre 73 minas, y en 1938 la cifra ascendió a 135. En los años 1937-1938 surgieron discrepancias considerables entre las autoridades alemanas y españolas sobre la cuestión de a cuánto debería ascender la participación de capital alemán en los derechos sobre minas. Sólo a partir de la conferencia de Munich, cuando Hitler comenzó a asumir un papel cada vez más relevante en la política europea, Franco accedió a plegarse a las exigencias alemanas y aprobó participaciones mayoritarias de capital alemán en compañías mineras "españolas". La adquisición de derechos sobre minas españolas representó el aspecto más significativo de los objetivos económicos alemanes en España.[31]

Las consideraciones de tipo económico-militar ocuparon ya desde los primeros meses de la guerra el centro de las preocupaciones nacionalsocialistas. Ello puede deducirse de las instrucciones que Hitler dio a Faupel con motivo de su partida a España. Si bien, según el Ministro de Asuntos Exteriores von Neurath, la misión de Faupel - nombrado en noviembre de 1936 Encargado de Negocios del Reich "ante el gobierno del general Franco" - consistía esencialmente en "aconsejar al general Franco si éste así lo requiere, representar ante él nuestros intereses y mantenernos informados de los acontecimientos"[32], el propio Faupel declaró que "había recibido del

---

30 Cit. según Abendroth: *Hitler* (cfr. nota 19), p. 124 y 125.

31 Cfr. Abendroth: *Hitler* (cfr. nota 19), pp. 237-257, y G.T. Harper: *German Economic Policy in Spain during the Spanish Civil War, 1936-1939*, The Hague 1967.

32 Nota del Ministro de Asuntos Exteriores del Reich del 18 de noviembre de 1936. En: *Akten*, vol. 3 (cfr. nota 11), p. 117.

Führer la misión de ocuparse especialmente del desarrollo de las relaciones político-económicas de Alemania con España y aprovechar este momento favorable para que luego Inglaterra, que dispone de fuertes capitales, no nos arrebate el mercado."[33]

La rivalidad de Gran Bretaña en la adquisición de materias primas españolas preocupó en forma creciente a las autoridades alemanas. Tras la ocupación del País Vasco en el verano de 1937, la sociedad HISMA quiso impedir por todos los medios que se despachasen a Gran Bretaña considerables suministros de minerales. El objetivo nacionalsocialista fue alcanzado desde el momento en que la mayor parte de los productos de minerales de hierro no fueron rumbo a Gran Bretaña, sino que continuaron dirigiéndose a Alemania. La ampliación del comercio entre España e Inglaterra que se produjo durante la guerra civil puede interpretarse como el intento por parte franquista de desviar todo lo posible del monopolio comercial de la empresa de compensación HISMA/ROWAK y destinarlo al comercio con Inglaterra, portador de divisas.[34]

La parte española exigió en repetidas ocasiones que se pusiera fin al monopolio de ROWAK/HISMA, así como la firma de un acuerdo de pagos, pero acababa siempre cediendo a los deseos alemanes (especialmente a las ideas de Göring, que subordinaba todo tipo de consideraciones a los objetivos del Plan Cuatrienal). El monopolio ROWAK/HISMA - cuyas numerosas sociedades de compra y producción se agruparon a partir de 1938 en el holding SOFINDUS (*Sociedad Financiera Industrial Limitada*) - logró que se dirigieran principalmente a Alemania las materias primas existentes en la zona nacional española. En octubre de 1937 el Ministerio de Asuntos Exteriores podía referirse con satisfacción a "la primacía que hemos adquirido en España en el terreno económico".[35] El pago de España por la ayuda militar alemana se efectuó esencialmente bajo la forma de suministros de materias primas y alimentos. El monopolio HISMA/ROWAK aseguraba el suministro de minerales de hierro, de existencias de pirita de hierro y minerales de

---

33 Observación del consejero de legación Sabath, en uso de la palabra, el 27 de noviembre de 1936. En: *Akten*, vol. 3 (cfr. cita 11), p. 123. El 24 de noviembre de 1936, Völckers había telegrafiado con alarma desde Sevilla al Ministerio de Asuntos Exteriors: "No puede apartarse peligro de que países capitalistas nos aventajen después de la guerra mediante concesión de créditos". Ibid. p. 120.

34 A. Viñas: "Rivalidad anglo-germana por las materias primas españolas, 1936-1939." En la obra del mismo autor: *Guerra, Dinero, Dictadura. Ayuda fascista y autarquía en la España de Franco*, Barcelona 1984, pp. 153-167.

35 Ministerio de Asuntos Exteriores a Embajada en Salamanca, 16 de octubre de 1936. En: *Akten*, vol. 3 (cfr. nota 11), p. 391.

cobre; de plomo y aceites, pieles y cuero, lana y productos agrícolas. Sólo en los primeros seis meses de su existencia pudo este monopolio enviar a Alemania materias primas por valor de casi 60 millones de marcos o asegurárselos mediante la firma de contratos.

Las transacciones comerciales entre Alemania y España se realizaron a través de tres cuentas:[36] una, para los envíos directos de Estado a Estado; una segunda, para los suministros de la industria alemana a las fuerzas armadas españolas; y otra tercera, para los movimientos puramente comerciales realizados a través de las sociedades HISMA/ROWAK. Mientras que la primera cuenta no tuvo mayor importancia, la segunda presentaba siempre un saldo a favor de Alemania y la tercera a favor de España. El sistema funcionaba gracias a la concesión de créditos por parte alemana, que para España significaban dependencia económica. Las deudas de guerra españolas de la segunda cuenta se amortizaron en parte durante la guerra gracias al mecanismo comercial del monopolio HISMA/ROWAK. Según fuentes del Ministerio de Hacienda alemán, el importe total de la ayuda alemana a los franquistas alcanzó (hasta el 30 de junio de 1939) la cifra de 560 millones de marcos (del Reich), de los cuales 329 millones correspondieron a los gastos de la Legión Cóndor.[37] En octubre de 1940 quedaban aún pendientes de

---

36 Para lo que sigue, cfr. A. Viñas: "La financiación exterior de la guerra civil." En la obra del mismo autor: *Guerra* (cfr. nota 33), pp. 168-204.

37 A comienzos de los años 70 J. Salas Larrazabal, en su estudio *Intervención Extranjera en la Guerra de España* (Madrid 1974), se propuso la tarea de desenmarañar la madeja de las relaciones financieras con el hipotético de los costos de la ayuda bélica recibida (tanto en sentido físico como material). La documentación en que se apoya son las actas diplomáticas francesas y alemanas hasta entonces publicadas, algún material procedente del "Servicio Histórico Militar", así como - en primer término - en fuentes de la "Junta Nacional de Adquisiciones" (luego dependiente de la Presidencia del Gobierno), que al final se llamó "Dirección General de Adquisiciones". El verdadero valor de esta obra - que a pesar de sus puntos débiles es sin duda alguna digna de consideración - reside en el intento de abarcar en forma empírica todos los envíos de material de guerra a ambos bandos, por parte de alemanes, italianos, rusos y franceses (también figuran en la lista envíos de otra procedencia). En el caso concreto del III Reich, Salas llega a conclusiones casi insostenibles: sus cálculos apuntan a una cifra máxima de 136,7 millones de dólares (= 410 millones de marcos, incluidos gastos de transporte e intereses), mientras que los cálculos alemanes llegan a un total de 560 millones de marcos. Esta reducción en el valor de la contribución nazi al bando franquista concuerda perfectamente con los cálculos del autor respecto a los suministros soviéticos de armas. Estos fueron, según él, inferiores al valor del oro enviado por el gobierno republicano a Moscú durante la guerra. La conclusión que Salas saca de sus comparaciones apenas nos sorprende: "Frente a lo que se ha venido diciendo hasta ahora, la ayuda al gobierno de Madrid superó a aquélla que los alemanes e italianos concedieron al gobierno de Burgos" (p. 510). Es evidente que esta

pago 371 millones de la cifra total.

El reintegro de la deuda española a Alemania se efectuó en los años cuarenta mediante el excedente del comercio español. En otras palabras: Los años que pasaron a la historia española como "los años del hambre", años en los que amplios sectores de la población llegaron a padecer hambre[38], fueron al mismo tiempo un período de refuerzo en las exportaciones de productos alimenticios a Alemania. De este modo, las privaciones de la población española vienen a ser el reverso del pago de la deuda contraída por los franquistas durante la guerra.

La imagen internacional de Franco estuvo largo tiempo presidida por la idea de que el dictador había librado a España de participar en la guerra mundial gracias a su hábil política exterior de aquellos años; que mediante inteligentes jugadas pudo superar el ostracismo internacional después de 1945 y gracias al Acuerdo militar firmado en 1953 con los Estados Unidos no sólo logró el reconocimiento internacional, sino que condujo al país a la recuperación económica. Por lo que se refiere a este último aspecto, la leyenda de una brillante política exterior ha sido ya destruida: se ha demostrado que el apoyo estadounidense se logró sólo a costa de renunciar a derechos de soberanía nacional.[39] En cuanto a la reacción de Franco ante las exigencias extranjeras durante la guerra civil y posteriormente, habría que hacer también algunas puntualizaciones. Justamente la cuestión aquí estudiada - relación entre los intereses económicos de Alemania y España, deuda de guerra contraída por Franco y reintegro de la misma a partir de 1939 - pone de manifiesto la necesidad de una revisión de la imagen de Franco y de su política exterior.[40]

---

conclusión debió agradar sobremanera al régimen franquista.

38 Cfr. a este respecto W.L. Bernecker: "Die Arbeiterbewegung unter dem Franquismus." En: P. Waldmann y otros: *Die geheime Dynamik autoritärer Diktaturen. Vier Studien über sozialen Wandel in der Franco-Ära*, München 1982, pp. 61-198; del mismo autor: "Die spanische Arbeiterbewegung zwischen Republik und Monarchie: Kontinuitäten und Diskontinuitäten." En: P. Waldmann, W.L. Bernecker, F. López-Casero (eds.): *Sozialer Wandel und Herrschaft im Spanien Francos*, Paderborn 1984, pp. 95-125; y del mismo autor (ed.): *Gewerkschaftsbewegung und Staatssyndikalismus. Quellen und Materialien zu den Arbeitsbeziehungen in Spanien 1936-1980*, Frankfurt 1985 (cfr. especialmente el capítulo 2).

39 A. Viñas: *Los pactos secretos de Franco con Estados Unidos*, Barcelona 1981. Como marco más amplio, puede consultarse la obra de W.L. Bernecker: *Spaniens Geschichte seit dem Bürgerkrieg*, München 1988.

40 R. Hidalgo Salazar, por ejemplo, presenta a Franco exclusivamente como "defensor" de los intereses nacionales españoles frente a exigencias exageradas por parte de los alema-

Alemania y el apoyo a la República española

Queda un aspecto más por mencionar, un fenómeno de paralelismo político-histórico. Alemanes intervinieron en ambos lados de la contienda. En cierta manera, pues, la guerra civil española también fue, aunque en escala limitada, una guerra civil alemana. Ya en la batalla de Madrid, en noviembre de 1936, estaban enfrentadas dos Alemanias: la "oficial" nazista, y la de la oposición antifascista, encuadrada en las Brigadas Internacionales.

Para enfocar debidamente a los alemanes que lucharon en el lado republicano, primero hay que mencionar que antes de empezar la guerra, ya había en España dos "tipos" de alemanes (hablando en términos políticos): Un grupo de unos cuantos miles eran la "colonia alemana" - personas, que por múltiples causas vivían en España desde hace años, en la mayoría de los casos como empresarios, industriales, pequeños comerciantes etc. Por lo general, eran conservadores, y después de 1933 muchos de ellos mostraron claras simpatías por el régimen nazi, afiliándose en la "Organización en el Extranjero del Partido Nacional Socialista" (*Auslandsorganisation der NSDAP*). Bastantes de estos alemanes conseguían mejorar sus ingresos trabajando para la Gestapo y otros servicios secretos. Cuando en julio y agosto de 1936 revolucionarios y milicianos asaltaron clubs, colegios y domicilios alemanes[41], capturaron muchos documentos que evidenciaban múltiples actividades secretas.

El otro grupo se localizaba, políticamente, en el extremo opuesto del espectro político: eran los emigrados que habían dejado Alemania después de la toma del poder por Hitler: intelectuales, publicistas, literatos, socialistas, comunistas, anarquistas, demócratas de diferentes tendencias. Económicamente, llevaban una existencia más bien precaria; muchos de ellos provenían de capas sociales bajas, y en España por lo general tenían pocas posibilidades de mejorar sensiblemente su situación material.[42]

---

nes (*La ayuda alemana a España 1936-1939*, Madrid 1975).

41 Existen varios relatos describiendo el "terror rojo" contra alemanes en Madrid durante los primeros meses de la guerra civil. Cfr., como botón de muestra, H. Heusser: *Der Kampf um Madrid*, Bern 1937; F. Schlayer: *Diplomat im roten Madrid*, Berlin 1938. Una documentación bio-bibliográfica de autores alemanes cercanos al franquismo o nazismo que contaron sus experiencias, está contenida en el ensayo de G. Schmigalle: "Deutsche schreiben für Hitler und Franco. 40 bio-bibliographische Portraits." En: Idem (ed.): *Der Spanische Bürgerkrieg. Literatur und Geschichte*, Frankfurt 1986, pp. 197-243.

42 El exilio alemán en España está ampliamente documentado en el tomo colectivo de K. Hermstorf/H. Vetting/S. Schlenstedt: *Exil in den Niederlanden und in Spanien*, Frankfurt

Estos emigrados alemanes observaron muy cautelosamente el golpe militar contra el gobierno de la República; suponían que el golpe se debía a la iniciativa de Hitler y Mussolini. A las pocas semanas de comenzada la guerra, la intromisión de Alemania e Italia era evidente. Para alemanes e italianos antifascistas, participar en la lucha contra los sublevados españoles, era por lo tanto tomar parte en una "guerra delegada" contra los dictadores fascistas. La ansiada derrota de Franco era equiparada a una pérdida o por lo menos a una mengua de poder por parte de Hitler y Mussolini. En agosto de 1936, el Partido Comunista Alemán (KPD) llamó a los alemanes a alistarse voluntariamente para luchar por la República; envió a funcionarios (entre otros, a Hans Beimler) para que ayudaran en la creación de las milicias.

Aparte del grupo ya mencionado de alemanes, habían llegado varios centenares más en verano de 1936 a Barcelona para tomar parte en la "Olimpiada Laboral" concebida como un evento deportivo-cultural opuesto a los Juegos Olímpicos de Berlín. Un día antes de comenzar esta contra-olimpíada, los militares se alzaron contra el gobierno de la República. Los antifascistas reunidos en Barcelona inmediatamente se alistaron en las milicias que empezaron a formarse el 18 de julio. En estas milicias también había unidades alemanas:

En la columna Durruti, los alemanes eran (después de los franceses e italianos) el tercer grupo extranjero más numeroso; formaban una propia unidad de unas 100 a 120 personas, la centuria "Erich Mühsam". En la "División Lenin", formada por el POUM, el batallón "Josep Rovira" (de 450 milicianos), capitaneado por Hans Reiter, se componía - según George Orwell - en su gran mayoría (dos terceras partes) de alemanes. En agosto de 1936 se fundó la "Centuria Thälmann", formalmente no adscrita a ningún partido, pero de hecho bajo control comunista; la mayor parte de los 180 voluntarios de esta centuria eran alemanes.

Una segunda ola de alemanes - así como de voluntarios de muchas otras nacionalidades - empezó a llegar a España a partir de octubre de 1936, cuando se crearon las Brigadas Internacionales. Ellas acogieron a la gran mayoría de los alemanes que lucharon en el lado republicano - a unos 5000, mientras que los alemanes que estaban en el sector republicano en otras funciones (periodistas, propagandistas, traductores, funcionarios, observadores etc.) no pasaban de unos cuantos centenares.

La mayor parte de los alemanes estaban integrados (junto a austríacos, suizos, holandeses y escandinavos) en la Brigada XI (bajo las órdenes del general Kléber), que se subdividía en cuatro batallones: "Thälmann", "Edgar André", "Hans Beimler" (ante todo escandinavos), "12 de Febrero" (ante todo austríacos). Dos de cada tres alemanes que lucharon en las Brigadas eran emigrantes, mientras que el último tercio vino directa y expresamente desde Alemania para luchar en España. También en el caso alemán, la mayoría de los voluntarios eran comunistas.

En otoño de 1936, cuando Madrid resistió contra las tropas franquistas, las esperanzas de muchos trabajadores alemanes iban dirigidas hacia los acontecimientos bélicos en la Península Ibérica. Según los informes secretos del Partido Socialdemócrata (_Deutschland-Berichte der Sopade_), los obreros alemanes esperaban de una victoria republicana repercusiones sobre la dictadura nazi en su propio país. Ante todo en relación con la defensa de Madrid aumentaron las esperanzas de que finalmente, por fuerzas exteriores, el régimen nazi desembocaría en una crisis. Ya a principios de diciembre de 1936, los socialdemócratas resumían el ambiente en Renania de la siguiente forma: "Todo el mundo habla de España. Uno apenas puede hacerse idea de cómo todos los ojos miran hacia España [...] Se espera que por fin el fascismo internacional y con ello Hitler sufra una derrota. Se reconoce muy bien que del resultado de la guerra civil española depende muchísimo también para Alemania."[43]

De los informes se puede desprender una opinión generalizada entre los trabajadores alemanes: Estaban convencidos de que en España se estaba librando una batalla decisiva también para los alemanes. Pues si se conseguía vencer a los sublevados en España, eso significaba una derrota del fascismo internacional, ante todo alemán, y un apoyo decidido a las fuerzas de la libertad. Muchas esperanzas alemanas se concentraban en España.

La importancia emocional y psicológica de la guerra de España para el antifascismo no puede ser exagerada. Casi todos los poetas y escritores alemanes enrolados en las Brigadas Internacionales se han ocupado del tema. Las poesías de los escritores alemanes que luchaban en España documentan el carácter _ejemplar_ que tenía la guerra civil española para los adversarios de Hitler, tanto dentro como fuera de Alemania. En la tragedia de la guerra civil española, Alemania había asumido un doble papel: Por un lado, la intervención nazi apoyando a Franco, por otro la ayuda alemana a la República. Las poesías alemanas continuamente mencionan y reflejan esta doble participación alemana. Si bien en las fuentes archivales, hemerográficas o literarias no se encuentran casos de enfrentamiento directo entre alemanes, en una

---

43 _Deutschland-Berichte der Sozialdemokratischen Partei Deutschlands (Sopade) 1934-1940_. Año 1936. Reproducción facsímil. Frankfurt 1982, p. 1105.

misma batalla, luchando físicamente el uno contra el otro, la conciencia de los combatientes tenía muy claro que en España alemanes representantes del régimen nazi luchaban contra alemanes opositores contra el nazismo.

La confrontación entre alemanes antifascistas y alemanes de la Legión Cóndor, tan claramente perceptible en la guerra civil española, tendría su secuela política tanto en los años de la guerra mundial como después, en los dos Estados alemanes: Los aviadores de la Legión Cóndor seguirían combatiendo en la *Luftwaffe*, obteniendo, gracias a sus experiencias españolas, muchas victorias aéreas, y después de la guerra algunos de ellos formaron parte de la nueva *Bundeswehr* de la República Federal de Alemania.

Los interbrigadistas, al contrario, corrieron una suerte deplorable: Como no podían regresar a Alemania, tras la disolución de las Brigadas Internacionales en otoño de 1938, se quedaron primero en España, contribuyeron a la defensa de Cataluña contra el ataque franquista y pasaron finalmente, en enero de 1939, la frontera a Francia, donde fueron internados en los campos de concentración (Argèles sur Mer; St. Cyprien; Le Vernet; Gurs), para más tarde ser entregados por el régimen de Vichy a la *Gestapo*. Probablemente, sólo unos mil antifascistas alemanes sobrevivieron la Segunda Guerra Mundial. En la República Democrática Alemana, los ex-interbrigadistas pudieron conseguir - si eran comunistas ortodoxos - puestos de gran importancia en el partido, el Estado, la policía (Wilhelm Zaisser, Franz Dahlem, Heinrich Rau, Gustav Szinda, Heinz Hoffmann, Erich Mielke y muchos otros), mientras que en la República Federal de Alemania durante varias décadas seguían siendo contemplados como "rojos" y discriminados tanto jurídica como política y socialmente. La guerra civil española era pues, todo un símbolo, de esa divisón ideológica, que - bajo signos distintos - perviviría durante décadas después de la guerra civil.44

---

44 Cfr. la discusión más detallada de estos aspectos en W.L. Bernecker: "L'intervention allemande: l'aigle à deux têtes." En: *Madrid, 1936-1939. Un Peuple en résistance ou l'épopée ambiguë* (= Editions Autrement, Série Mémoires, n° 4, dirigé par C. Serrano), Paris 1991, pp. 143-156.

Juan P. Fusi Aizpurua

Franco e Hitler

Aproximación biográfica al estudio comparativo de dos regímenes

El 12 de diciembre de 1946, la Asamblea de las Naciones Unidas votaba por 34 votos contra tres, y trece abstenciones, una moción que condenaba al régimen de Franco, y recomendaba que los distintos países miembros procedieran a romper las relaciones diplomáticas con España. La resolución de la ONU declaraba que "por su origen, naturaleza, estructura y comportamiento general", el régimen de Franco era "un régimen fascista, organizado e implantado en gran parte merced a la ayuda de la Alemania nazi y de la Italia fascista de Mussolini".

En efecto, esa ayuda había sido en muchos sentidos decisiva, y la influencia alemana, e italiana, en el nuevo régimen español habían sido cuando menos importantes. Franco había pedido en numerosas ocasiones la derrota de los Aliados, y hasta bien entrado 1944, pensó que Alemania ganaría la guerra. Creyó siempre, casi hasta el final de sus días, que Hitler y Mussolini habían elevado sus países con energía, autoridad y patriotismo, y mantuvo, mientras le fue posible, una "íntima relación" con aquellos regímenes, como le recordó Churchill en enero de 1945.

Alemania proporcionó a Franco a fines de julio de 1936 los aviones de transporte que le permitieron cruzar el Estrecho de Gibraltar y transportar el Ejército de Africa a la Península, primer hecho decisivo en la guerra civil española; luego, le suministró abundante material de guerra (aviones, carros de combate, tanquetas). En noviembre del 36, envió la Legión Cóndor, un centenar de aviones con mandos y pilotos alemanes, y pondría a disposición de Franco, a lo largo de la guerra, unos 5.000 asesores. Alemania reconoció a Franco en fecha muy temprana, el 18 de noviembre de ese año - el mismo día en que lo hizo Italia -, cuando todavía era muy dudoso que pudiera ganar la guerra. A pesar de que surgieran diferencias - debido a las presiones alemanas de cara a la concesión de explotaciones mineras, y en concreto en torno a la explotación del wolframio de la provincia de León -, las relaciones entre ambos regímenes fueron en todo momento óptimas y la ayuda de Hitler hasta el final de la guerra española fue cuantiosa. Terminada la contienda, Franco se adhirió al Pacto anti-Komintern, el 27 de marzo de 1939, y cuatro días después, firmó un tratado de amistad con Alemania, que renovó con posterioridad: Himmler visitó España, con gran aparato protocolario, en octubre de 1940.

Por supuesto que, como se sabe, España no entró en la II Guerra Mundial, algo que la propaganda de Franco presentaría posteriormente como la mejor prueba de la independencia y autoridad de su Caudillo, capaz de sostener, en la conocida conferencia de Hendaya de octubre de 1940, los intereses de España frente a las presiones de quien por entonces era el líder más poderoso del mundo. La verdad era otra. El régimen español contempló inicialmente la posibilidad de entrar en la guerra y aún tomó la iniciativa de explorar las contrapartidas que Alemania estaría dispuesta a concederle en caso de que aquella posibilidad llegara a materializarse.

Efectivamente, es un hecho que la decisión final se aplazó y que, a partir de un determinado momento, los dirigentes españoles no consideraron conveniente que su país entrara en la guerra. En definitiva, se hizo lo que más convino a ambas partes y, en cualquier caso, la España de Franco estuvo inequívocamente con el Eje desde el 4 de septiembre de 1939. En junio del 40, cambió su posición inicial de *neutralidad* ante el conflicto mundial por la de *no-beligerancia* (entendida como pre-beligerancia), y no retornó a la neutralidad hasta octubre de 1943. El 28 de junio de 1941, sólo seis días después de que Alemania atacara a la URSS, España creó la División Azul, un cuerpo de voluntarios de unos 18.000 hombres que lucharía en el frente ruso al lado de las tropas alemanas hasta 1944. Incluso después de que España volviera a la *neutralidad*, y a pesar de que desde el verano de 1942 la diplomacia española viniera propiciando una cautelosa aproximación a los Aliados occidentales, España siguió al lado de Alemania e Italia, y de hecho siguió junto a ellas - o por lo menos junto a Alemania, pues España no reconoció la República de Saló mussoliniana - prácticamente hasta el final, o al menos, hasta el otoño de 1944. No en vano Franco le había escrito a Hitler, el 6 de febrero de 1941, que los tres - Franco, Hitler y Mussolini - estaban "unidos por la más implacable fuerza de la historia".

La comparación entre el nacional-socialismo alemán y el franquismo español plantearía, sin embargo, idénticos problemas a los que plantea la comparación entre el primero y el fascismo italiano: pondría de relieve más las diferencias radicales que existieron entre aquellos regímenes que las coincidencias que, indudablemente, hubo también entre ellos. El caso español abonaría las tesis que ven los distintos fascismos como fenómenos singulares y particulares, explicables en razón de las diferentes historias nacionales, pero que admiten al tiempo que pueda usarse el término "fascismo" para englobarlos genéricamente a todos ellos. El régimen español se constituyó como un régimen claramente totalitario hasta 1945. Fue, luego, un régimen esencialmente autoritario y, desde luego, fue, en todo momento, una dictadura personal, que sufrió evidentes transformaciones a lo largo de sus 40 años de existencia y, bajo la cual, existió un entramado jurídico-legal que hizo del franquismo una dictadura menos arbitraria y menos despótica - aunque no menos represiva - que otras dictaduras contemporáneas.

Muchas de esas diferencias radicales se derivarían de las diferencias que existieron entre las personalidades de Hitler y Franco. Hitler fue una figura inquietantemente extraña, un hombre "poseído", como dijo de él un embajador francés, cuya personalidad bordeaba siempre, en palabras de uno de sus mejores biógrafos, Alan Bullock, el reino de lo irracional. Fue un hombre arrebatado, un iluminado - lo que no impedía que fuera a la vez un político extraordinariamente hábil y astuto -, un formidable orador de masas, dotado de un magnetismo incomparable, un maestro en el conocimiento de la psicología de las multitudes y en la manipulación de sus reacciones emocionales. Cuando se incorporó al Partido de los Trabajadores Alemanes en septiembre de 1919, su bagaje ideológico, derivado de lecturas desordenadas, de sus experiencias en Viena y Munich antes de 1914 y en la guerra del 14 al 18, y de sus frustraciones y resentimientos, era una mezcla atropellada de nacionalismo fanático, fantasías racistas pan-germánicas, anti-semitismo patológico y odio visceral a todo lo que representaba y suponía la República de Weimar, los "criminales de Noviembre".

Era un mundo intelectual - bien reflejado en *Mein Kampf*, el libro que publicó en 1925 - que combinaba vulgarizaciones social-darwinistas sobre la vida como lucha y supervivencia de las razas más aptas, con supercherías teóricas sobre la superioridad de la raza aria - sin duda tomadas principalmente del libro de H.S. Chamberlain, *Los fundamentos del siglo XIX* - y sobre la misión providencialista y hegemónica que le correspondía a Alemania en el mundo (y al propio Hitler y al partido nazi, como líderes del pueblo alemán); que integraba simplificaciones geo-políticas sobre la relación entre los pueblos y los espacios geográficos que supuestamente les correspondía ocupar, con alucinaciones conspirativas que hacían de los judíos la encarnación de todo aquello que pudiera representar una amenaza para la unidad racial del pueblo alemán y para la realización de su misión histórica (esto es, la encarnación del internacionalismo, de la democracia, del pacifismo, del capitalismo financiero, del marxismo obrero).

Hitler añadía a todo ello una doble pasión (dejando de lado sus gustos más privados e inofensivos como los perros, los Alpes bávaros, las flores o el cine): su pasión por la arquitectura monumental y neo-clásica, que le hacía verse a sí mismo como el reconstructor grandioso de las formidables ciudades alemanas; y la pasión por la música wagneriana - decía que las horas que pasaba en el festival de Bayreuth, al que asistía todos los años, eran las más felices de su vida -, que le atraía por su sentido de lo heroico y de lo mitológico, por su dramatismo teatral y por su germanismo exaltado.

Hitler, finalmente, fue un hombre absorbido totalmente por la política, que quería el poder para la realización de su megalomanía racial y nacionalista y que llegó a ese poder en su condición de líder de un partido que, en 1932, tenía un millón de afiliados - gracias fundamentalmente a su labor - y que, en las elecciones de noviembre de ese mismo año, había logrado un total de 11.737.386 votos - el 33,1 por 100 de los votos emitidos - y 196 escaños; es decir, que Hitler fue nombrado Canciller como líder del que en 1933 era el primer partido del país (aunque se le nombrara más por intrigas y maniobras de los círculos presidenciales que en razón de los resultados electorales).

Franco fue elevado a la jefatura suprema, tanto política como militar, de la España *nacional* en la reunión que celebraron, el 28 de septiebmre de 1936, en un barracón de un aeródromo cercano a Salamanca, los generales Cabanellas, Dávila, Mola, Gil Yuste, Saliquet, Kindelán, Orgaz, Valdés Cavanilles, Queipo de Llano, además del propio Franco, y los coroneles Montaner y Moreno Calderón, esto es, la plana mayor de la sublevación militar del 18 de julio.

El proyecto inicial, redactado por el general Kindelán, preveía el nombramiento de un general de división o vicealmirante como generalísimo de todas las fuerzas militares y como jefe del Estado mientras durase la guerra; sin embargo, el decreto definitivo, fechado en Burgos, a 29 de septiembre de 1936, y firmado por Miguel Cabanellas, como presidente de la Junta de Defensa Nacional, creada el 24 de julio, nombraba a Franco *jefe del Gobierno del Estado español y generalísimo* de las fuerzas sublevadas.

El texto no especificaba limitación alguna de tiempo en el ejercicio de tales cargos. A todos los efectos, y al margen de las especulaciones surgidas en razón de la fórmula de designación empleada, Franco asumió la jefatura del Estado desde el 1 de octubre de 1936 y la ejerció hasta su muerte, el 20 de noviembre de 1975. Recibió, pues, el poder de manos de once militares y nunca, en los cuarenta años que permaneció al frente del pais, lo sometió al refrendo de los españoles.

Conviene, pues, detenerse en el hombre que el 1 de octubre de 1936 - que en adelante se conmemoraría como Dia del Caudillo - accedía a la jefatura del embrión de Estado que se estaba creando en la zona sublevada y que desde el 1 de abril de 1939, día de la victoria, asumiría todos los poderes del Estado español.

La formación africanista

Pues bien, a Samuel Hoare, embajador británico en Madrid a partir de junio de 1940, Franco le pareció una *personalidad anodina*, un hombre *con aire de médico de cabecera*; a Hitler le pareció un hombrecillo que casi daba pena. En efecto, Franco parecía la contrahechura del héroe carismático. Era bajo, medía 1,64 metros, tenía una voz aflautada, un rostro inexpresivo, un cuerpo menudo con tendencia a la obesidad. No era una personalidad fulgurante ni un hombre emocional. Poseía una extraordinaria capacidad de autodominio: era cortés, respetuoso, pero distante y frío. Como militar y como hombre ya se había caracterizado antes del 1 de ocubre de 1936 por su cautelosidad y prudencia: esas mismas características impregnan sus decisiones en la guerra civil y su gestión, luego, como gobernante.

Franco, que había nacido en El Ferrol el 4 de diciembre de 1892, en una modesta familia de clase media vinculada tradicionalmente a la Marina, fue esencialmente un militar. Más precisamente: fue un militar de la generación que, tras el desastre del 98, se formó en la guerra de Marruecos, experiencia que marcaría decisivamente la vida y la mentalidad de todos los miembros de aquélla.

Franco permaneció en Marruecos casi ininterrumpidamente entre 1912 y 1926. Su carrera militar allí fue muy brillante. Logró numerosas medallas y distinciones. Ascendió vertiginosamente. En 1923, se le concedió el mando de la Legión, la fuerza de choque creada por Millán Astray desde el primer momento. En 1926, con sólo treinta y tres años, era ya general de brigada.

Marruecos formó la personalidad de Franco. Se distinguió como un oficial valeroso, competente y duro, aunque ya se evidenció allí algo que se ratificaría en la guerra civil: que Franco era, sobre todo, un excelente táctico, pero que adolecía de limitaciones evidentes como estratega.

Su africanismo quedó de relieve en el libro que escribió en 1922, *Marruecos. Diario de una bandera*, y en los numerosos artículos que sobre la guerra marroquí publicó en diversas revistas militares. *Diario de una ban-*

dera, que narraba las acciones de la Legión desde su llegada a Marruecos en el otoño de 1920 hasta abril de 1922, no era un libro político. Pero sí un libro revelador y significativo. Su estilo escueto y directo, carente de toda retórica y de toda pretensión literaria, revelaba la cortedad de palabra y gesto del futuro Generalísimo y su capacidad de despersonalización.

Aquella saga del heroismo y del valor de la Legión era una exaltación de los valores militares y nacionales, y una defensa de la acción militar en Marruecos (precisamente cuando tal acción estaba en entredicho a raíz del desastre de Annual de 1921). Franco resaltaba la importancia que la guerra de Africa tenía para el Ejército y quería que éste se formase allí. Por eso se oponía a toda opción abandonista e incluso a la idea misma de sustituir la acción militar por un protectorado civil.

No se trataba sólo de opiniones individuales. En *Diario de una bandera* alentaba perspectivas más profundas, aunque la prudencia y la timidez de su autor sólo las insinuasen. Franco se lamentaba de la indiferencia con que el país seguía la actuación del Ejército en Marruecos y parecía inclinarse a una conclusión que, traducida a la política, podía ser grave: a que la pérdida de los ideales de heroísmo, valor y patriotismo que parecía observarse en la sociedad española era parte esencial del fracaso de España (de aquel fracaso histórico del que intelectuales y políticos regeneracionistas venían hablando obsesivamente desde el 98). Aunque Franco no lo dijera explícitamente, su tesis estaba clara: la salvación de España como nación exigía la reafirmación del espíritu y de los valores militares y patrióticos.

Esto lo escribía - o mejor, lo apuntaba - quien, cuatro años después, sería general de brigada, quien ya empezaba a tener excelente acogida en la prensa de la derecha, y alguien a quien en seguida, en 1928, se le iba a encargar la organización y dirección de la Academia General Militar - con sede en Zaragoza -, esto es, de la institución militar más prestigiosa del país, al menos en los escasos tres años en que permaneció abierta.

Estaba, pues, claro que quien se había convertido en los años veinte en uno de los oficiales más prestigiosos del Ejército era un militar cuyas concepciones castrenses parecían acomodarse mal con el espíritu liberal y *civilista* que impregnaba el régimen español en 1876. En unas notas para sus memorias, muy posteriores desde luego, calificaría a los hombres de aquella Monarquía como una *caterva de políticos ambiciosos y fracasados*.

Conservador, católico, anticomunista, el Franco de los años veinte identificaba liberalismo, parlamento y partidos políticos con división nacional y decadencia. De ahí que Franco recibiese con agrado la dictadura de Primo de Rivera, aunque no le gustasen las actividades abandonistas que respecto a

Marruecos mantuvo inicialmente el dictador. Bajo aquel régimen, Franco culminó su carrera militar, como quedó de relieve en su designación, ya mencionada, para el cargo de director de la Academia General Militar.

Franco guardó siempre una memoria muy favorable del general Primo de Rivera y de su régimen: consideraba que la dictadura militar de 1923 impuso la paz, el orden y el progreso, que había pacificado Marruecos y buscado la grandeza y el resurgimiento de España. Lo que criticaría sería, sin embargo, bien revelador: se lamentaría de que Primo de Rivera no había abolido la Constitución de 1876 y no había construido un nuevo orden político.

Con todo, esas serían consideraciones que Franco maduraría mucho más tarde, cuando reflexionase sobre la experiencia de aquella dictadura y su eventual fracaso en 1930. En vísperas de la proclamación de la Segunda República, apenas si había expresado públicamente idea política alguna. Las cuestiones políticas y sociales sin duda le interesaban - o eso diría posteriormente -, pero era un hombre sin grandes preocupaciones intelectuales. No era todavía la personalidad introvertida y distante que luego llegaría a ser: en 1926 incluso intervino en el film *La Malcasada*, de Gómez Hidalgo, una película que era, además, un alegato en defensa del divorcio.

No tenía grandes preocupaciones ideológicas y políticas. Como militar, poseía un indudable sentido del deber, de la disciplina, del patriotismo: creía vagamente en los principios de orden, unidad y autoridad. Veía en el liberalismo precisamente un sistema político que carecía de la autoridad, unidad y continuidad que él juzgaba indispensables a una acción de gobierno eficaz. Justo por ello quería borrar de la historia de España el siglo del liberalismo (1833-1931), al que culpaba del declive histórico español, de la pérdida de las colonias y de las derrotas militares de 1898 y 1921.

El paréntesis republicano

Por todo ello parece lógico que Franco recibiese con extraordinario recelo a la Segunda República, proclamada el 14 de abril de 1931. Es más, no disimuló nunca las reservas con que vio la llegada del nuevo régimen, cuya significación democrática y reformista no quiso entender jamás.

Tampoco el nuevo régimen confió en él: la izquierda, al menos, siempre le tuvo por un desafecto y le asoció, aunque sin evidencia real, con conspiraciones e intentonas militares. Sin embargo, Franco, a impulsos de su vocación profesional, sirvió bajo aquel régimen en el que no creía y llegó a ocupar los cargos de comandante militar de La Coruña (1932-33), comandante general de Barcelona (1933-34), jefe del Ejército de Marruecos (1935), jefe del Estado Mayor Central (1935-36) y comandante general de Canarias, puesto para el que se le designó en marzo de 1936 y que ocupaba cuando se sublevó, el 18 de julio.

De todo ello, lo decisivo fue que se le encomendase la liquidación de la revolución socialista asturiana de octubre de 1934. Franco no interiorizó su actuación en aquellos acontecimientos, como un servicio en defensa de la legalidad democrática de la República, amenazada por la insurrección de la izquierda. La vio, sencillamente, como la intervención del Ejército en defensa de España contra un conato de revolución comunista. Franco diría mucho más tarde que octubre del 34 abrió los ojos de la oficialidad. Tal vez, pero a corto plazo lo que ocurrió fue otra cosa. Octubre de 1934 hizo de Franco el primer general del Ejército y el militar favorito de la derecha española: ello explica la decisión que sus compañeros de armas tomaron el 28 de septiembre de 1936, entregándole todo el poder político y militar de la zona bajo su control.

Franco tardó aún, sin embargo, en decidirse por la sublevación contra la República. Probablemente era cierto lo que le dijo a su primo Franco Salgado mucho después, el 27 de abril de 1968, sobre que él siempre fue partidario del movimiento militar. Pero lo es también que temía que un golpe militar dividiese al Ejército y provocase una guerra civil, que es exactamente lo que sucedió a partir del 18 de julio de 1936; vacilaba entre la tesis de que al Ejército no le es lícito levantarse contra un gobierno legalmente constituido y la teoría, bien arraigada en el Ejército español, que legitimaba la intervención militar para *salvar a la patria*.

Franco, como otros militares antirrepublicanos, identificó salvar la patria con impedir el deslizamiento político del país hacia una situación de izquierdas; y acabó por estar dispuesto a destruir - por la fuerza, si fuera necesario - un sistema democrático, como el español de 1931-36, que hacía posible el triunfo de la izquierda.

Al presidente de la República, Alcalá Zamora, le dijo en una ocasión, ya en 1936, que donde él estuviera no triunfaría el comunismo. Ya había dado pruebas sobradas de su determinación en octubre de 1934. Luego, cuando el Frente Popular, del que el Partido Comunista sólo era un componente - y un componente menor, aunque con capacidad indudable para apropiarse de la exaltación frente-populista y de los movimientos de masas que le acompañaron -, cuando el Frente Popular ganó limpiamente las elecciones de febrero de 1936, Franco se decidió: desde la primavera de ese año se unió a la conspiración, que desde abril pasó a dirigir el general Mola. En aquélla se le asignó - y asumió - una posición privilegiada: el mando del Ejército de Africa en Canarias, esto es, el mando del mejor cuerpo de Ejército de las fuerzas armadas españolas. Eso, su prestigio, su historia, su graduación, bastaban para configurarle como el candidato idóneo y mejor cualificado para sumir, en su momento, el mando de la sublevación.

Bosquejo de una dictadura

Como ya ha quedado dicho, eso ocurrió justamente a partir del 1 de octubre de 1936. Y, sin embargo, cabe dudar - en rigor - de que Franco tuviese idea clara de lo que iba a hacer con la jefatura que se le entregaba y, más aún, de qué haría en caso de obtener la victoria. Los militares sublevados pensaban vagamente en una dictadura militar más o menos larga, inspirada en el régimen de Primo de Rivera. Pero ni Franco ni sus compañeros de rebelión tenían un proyecto definido respecto al tipo de Estado y al sistema político que establecerían de triunfar en su propósito: Franco no tenía ni siquiera claro cuál sería su papel en la estructura de poder que saldría del alzamiento (aunque muy pronto daría pruebas inequívocas de sus aspiraciones al mando personal: por ejemplo, firmó algunas de sus primeras decisiones como *general en jefe*, mientras que Sanjurjo, que era quien en el esquema de Mola sumiría, al menos inicialmente, esa posición, firmaba simplemente como *general*). En las reuniones previas al 18 de julio, Franco se limitó a proponer que el movimiento militar que se preparaba fuera simplemente un movimiento *español y católico*, lo que era una forma de eludir toda cuestión fundamental.

De hecho, hasta la alocución radiada que pronunció en Burgos el 1 de octubre de 1936, tras haber sido designado jefe de Estado, las declaraciones públicas de Franco, aunque no tuvieron verdadera enjundia política, no por ello dejaron de ser significativas. La alocución que dirigió al pueblo español desde las Palmas, a primera hora de la mañana del día 18 de julio - aunque la había escrito en Tenerife dos días antes -, no era sino un documento justificativo de su propia acción y de la rebelión del Ejército. Así, el golpe militar contra el gobierno legal era definido por Franco como un *movimiento nacional* y de defensa contra una situación que él veía caracterizada, según dijo en aquel comunicado, por la anarquía, el desorden público, las agresiones al honor del Ejército, el desgarramiento territorial, el desprestigio de la ley y de las instituciones y la infiltración comunista. Pero lo que ofrecía no era sino retórica exaltada: justicia, igualdad ante la ley, paz y amor entre los españoles, trabajo para todos y otras vaguedades usuales en ese tipo de documentos, que se coronaban en este caso con una insólita - en Franco - promesa de llevar a la práctica la trilogía *fraternidad, libertad e igualdad.*

Esa prosa altisonante y emocional, pero apenas sustantiva, ocultaba malamente la realidad: que de lo que se trataba inicialmente era, simplemente, de liquidar la República. Al menos, para Franco. Con posterioridad al comunicado de Las Palmas, hizo públicas numerosas, aunque breves, proclamas, alocuciones y declaraciones. Todas respondían al mismo modelo: eran arengas de inspiración militar y patriótica, en las que únicamente destacaba, desde el punto de vista de Franco, la insistencia de Franco en definir la sublevación militar como *movimiento nacional* y como *cruzada* - todavía no en sentido religioso - contra el comunismo y por una España grande. Sobre cuál fuera su idea del Estado, Franco seguía sin pronunciarse: adoptó desde el 15 de agosto la bandera bicolor, pero era porque él - y la mayoría de los militares sublevados - la consideraban como la enseña nacional y no como la bandera de la Monarquía.

La única idea era, por tanto, liquidar la República y establecer una *dictadura militar*, como declaró al periódico portugués O Seculo el 15 de agosto de 1936 y al italiano *Il Popolo de Italia* por las mismas fechas. Al primero dijo que esa dictadura sería corta y que, tras ella, los militares llamarían a gobernar a un gabinete de técnicos. Al periódico italiano aseguró que se daría a España *un Gobierno fuerte, una dictadura organizadora y moderna.*

Franco pensaba, pues, de momento, o en una nueva edición de la dictadura de Primo de Rivera o en algún tipo de Estado autoritario. Tenía ya en mente, por inspiración de su hermano Nicolás, por entonces su más íntimo consejero político, la creación de un organismo político unitario en el que se integraran las distintas fuerzas que habían colaborado en el 18 de julio. Pero todo ello era impreciso y embrionario. Idea precisa de Estado no habría hasta que se incorporase al círculo de Franco su cuñado, Ramón Serrano Suñer, y eso no ocurrió hasta febrero de 1937. Salvo por una cosa: *el Estado que yo quiero constituir* - dijo Franco por esa última fecha al embajador italiano Cantalupo - *es la antítesis del que quieren constituir los rojos.*

Los *republicanos* querían un Estado democrático; Franco, evidentemente, no. Eso quedó ya meridianamente claro, si es que se albergaban dudas, en su discurso de Burgos del 1 de octubre de 1936, el discurso que culminaba los actos que acompañaron su designación como jefe de Estado.

Por primera vez desde el 18 de julio, Franco habló de cómo se iba a organizar el nuevo Estado. Dijo que éste se constituiría *dentro de un amplio concepto totalitario*; anunció *la implantación de los más severos principios de autoridad*; subrayó que la organización de las regiones estaría al servicio de *la más absoluta unidad nacional*; indicó que la voluntad nacional se expresaría a través de *órganos técnicos y corporaciones* de raigambre nacional (esto es, excluyó los partidos y el Parlamento); rechazó el sindicalismo de clase - aunque, lógicamente, anticipó futuras medidas sociales para trabajadores y campesinos -, y anticipó el deseo de llegar a un concordato con la Iglesia católica.

Franco nada dijo ni de la forma del Estado, ni del Gobierno, ni de futuras instituciones, ni de las formas que revestirían los poderes legislativos y judicial, ni de si habría o no elecciones, ni de si se respetarían o no las libertades tradicionales, individuales y colectivas.

Probablemente, nada tenía pensado ni decidido sobre todo ello. Pero dijo bastante. Porque su régimen se ajustaría, en gran medida y hasta 1975, a aquellos principios y valores que Franco asumió al hacerse cargo de la jefatura del Estado en octubre de 1936: en principios totalitarios y autoritarios, en una concepción unitaria de España, en una idea católica de su historia y en una obsesiva hostilidad a los partidos políticos y a los sindicatos libres.

Y otras dos cosas quedaron claras el 1 de octubre de 1936: la determinación de Franco a asumir todo el poder del nuevo Estado - que sería una larguísima dictadura personal - y a revestirse desde el primer momento, tal como hizo en Burgos, de un estilo *caudillista* de gobierno, de evidente inspiración totalitaria. Prohibió, el mismo 2 de octubre de 1936, que se le llamase dictador, título que le habían empezado a otorgar sus propios seguidores. Asumió, en cambio, con satisfacción el de *Caudillo*, versión española del *Führer* hitleriano y del *Duce* fascista.

Con tanta satisfacción que lo llevó incluso a sus monedas, en cuya orla y en torno a su efigie grabada, se leyó durante cuarenta años la leyenda: *Francisco Franco, Caudillo de España por la gracia de Dios*. Como se ha indicado, en un principio no se precisó tanto: bastó el acuerdo de nueve generales y dos coroneles.

Hitler, como sabemos, había necesitado mucho más. Franco logró con su victoria en la guerra civil española, consumada el 1 de abril de 1939, lo que se había propuesto: destruir la República e instaurar un nuevo orden político en España, un orden básicamente autoritario, conservador y católico, con el que garantizar la unidad de España y restablecer los que él creía que eran los valores tradicionales de la sociedad española. Para Hitler, la llegada al poder

el 30 de enero de 1933 fue sólo el principio: Su idea no era sólo (ni principalmente) destruir la República de Weimar, garantizar la paz social y la
recuperación económica, y establecer un nuevo orden político totalitario. Ni
siquiera aspiraba únicamente a revisar el tratado de Versailles y devolver a
Alemania su poderío militar y su prestigio internacional. Hitler no era un
oportunista sin principios (o, si lo era, era eso y mucho más que eso): creyó
en todo lo que había escrito y en todo lo que había proclamado y dicho en
sus discursos. Churchill escribió en 1935 que Hitler estaba creando una
especie de nueva religión de los pueblos germánicos, una suerte de culto de
Alemania bajo los símbolos de los viejos dioses del paganismo nórdico. Eso
es lo que Hitler quiso imponer al mundo desde septiembre de 1939. Se
entiende que Franco le pareciese un hombrecillo y que hasta le diera pena.

Bibliografía sumarísima

Beck, R.: *Das Regierungssystem Francos*, Bochum 1979

Ben-Ami, S.: *La revolución desde arriba. España 1936-1939*, Barcelona 1980

Bernecker W.L.: *Spaniens Geschichte seit dem Bürgerkrieg*, München 1988

Beyme, K. von: *Vom Faschismus zur Entwicklungsdiktatur. Machtelite und Opposition in Spanien*, München 1971

Bracher, K.D.: *Die deutsche Diktatur. Entstehung, Struktur, Folgen des National-
sozialismus*, Köln 1969 (versión española: *La dictadura alemana*, Madrid 1973)

Broszat, M.: *Der Staat Hitlers. Grundlegung und Entwicklung seiner inneren Ver-
fassung*, München 1971

Bullock, A.: *Hitler und Stalin: Parallele Leben*, Berlin 1991

Bullock, A.: *Hitler. Eine Studie über Tyrannei*, Düsseldorf, 2.a edición, 1967

Burchardt, L.: *Hitler und die historische Größe*, Konstanz 1979

Carr, W.: *Adolf Hitler. Persönlichkeit und politisches Handeln*, Stuttgart 1978

Carrasquilla Triana, E.: *Franco - Tito: España - Yugoslavia: paralelo extraordinario*, Bogotá 1990

Cierva, R. de la: *Francisco Franco*, 6 vols., Madrid 1982

Cierva, R. de la: *Francisco Franco: Un siglo de España*, 2 vols., Madrid 1972-1973

Cierva, R. de la: *Historia del franquismo*, Barcelona 1975-1978

Crozier, B.: *Franco: A Biographical History*, London 1967

Eitner, H.-J.: *"Der Führer". Hitlers Persönlichkeit und Charakter*, München/Wien 1981

Ferrando Badía, J.: *El régimen de Franco*, Madrid 1984

Fest, J.C.: *Hitler. Eine Biographie*, Frankfurt/M. 1973

Franco Salgado-Araujo, F.: *Mis conversaciones privadas con Franco*, Barcelona 1976

Fusi, J.P.: *Franco. Spanien unter der Diktatur 1936-1975*, München 1992

Fusi, J.P.: *Franco: autoritarismo y poder personal*, Madrid 1985

Gallo, M.: *Histoire de l'Espagne franquiste*, Paris 1969

Hermet, G.: *L'Espagne de Franco*, Paris 1974

Hills, G.: Franco: *The Man and His Nation*, London 1967

Hitler, A.: *Reden, Schriften, Anordnungen: Februar 1925 bis Januar 1933*, 2 vols., München 1992

Maser, W.: *Adolf Hitler. Das Ende der Führer-Legende*, Düsseldorf 1980

Maser, W.: *Hitler*, Barcelona 1983

Maser, W.: *Hitlers Briefe und Notizen. Sein Weltbild in handschriftlichen Dokumenten*, Düsseldorf 1973

Payne, S.G.: *El régimen de Franco*, Madrid 1987

Ramírez, L.: *Francisco Franco. La obsesión de ser. La obsesión de poder*, Paris 1976

Speer, A.: *Der Sklavenstaat. Meine Auseinandersetzungen mit der SS*, Stuttgart, 8.a edición, 1981

Speer, A.: *Inside the Third Reich*, London 1970

Suárez Fernández, L.: *Francisco Franco y su tiempo*, Madrid 1984

Trevor-Roper, H.R.: *Hitlers letzte Tage*, Zürich 1948

Trythall, J.W.D.: *El Caudillo*, New York 1970

Tusell, J.: *La dictadura de Franco*, Madrid 1988

Wippermann, W.: *Der konsequente Wahn: Ideologie und Politik Adolf Hitlers.* München 1989

Zitelmann, R.: *Adolf Hitler: eine politische Biographie*, Zürich 1989

Antonio Marquina Barrio

La política exterior de España con Alemania durante la Segunda Guerra Mundial

Introducción

La Segunda Guerra Mundial supuso un importante reajuste de relaciones entre España y Alemania que por pasos sucesivos condujo a una pérdida de la neutralidad española para posteriormente, a partir de los últimos meses de 1942, comenzar otro proceso de mayor neutralidad que culminará con la firma del convenio de transporte aéreo y el acuerdo ATC (Air Transport Command) con los Estados Unidos en diciembre de 1944 y marzo de 1945 respectivamente, que significarán una nueva pérdida de la neutralidad española, si bien tardía, durante este conflicto.

Esta caracterización previa de la línea fundamental de la política exterior española conviene dejarla reseñada y subrayada desde el principio en función de los múltiples estudios que se han realizado sobre este período que o bien han sido hagiográficos y apologéticos o bien han venido predeterminados por las tesis tradicionales mantenidas desde el final de la Segunda Guerra Mundial en España y otros países. Cabría pensar que estas tesis tradicionales han perdido fuerza y presencia en el público y en el mundo académico o en general con la restauración del sistema democrático en España. Este no ha sido el caso en su totalidad. Todavía se puede asistir con cierta sensación de malestar a manifestaciones públicas en España de personalidades del mundo académico y político, donde se sigue enfatizando la resistencia de Franco frente a Hitler en la entrevista de Hendaya, la neutralidad española durante este período u otras afirmaciones que entran dentro del campo del escándalo, como las afirmaciones de Chaim Herzog, "representante del estado de Israel y del Pueblo Judío", ante los Reyes de España en la sinagoga de Madrid el 30 de marzo de 1992. Incluso más, se asiste con extrañeza a un proceso de cierta ocultación de las aportaciones realizadas por otros historiadores en este campo, incluso para acabar reafirmando las tesis renovadoras establecidas a partir de 1978.

Los primeros meses de la guerra

El proceso de reajuste de relaciones de España con Alemania tiene una larga gestación. La Guerra Civil Española había supuesto la consolidación de una presencia predominante de Italia y Alemania en la vida política española, incluyendo la política exterior. Su influencia en la Falange, medios castrenses, de forma especial entre los militares más jóvenes, los medios de comunicación social, la cultura, el campo económico, con la penetración de las ideas autárquicas, la deuda acumulada durante la guerra, las concesiones económicas de todo tipo, la implantación de empresas, la penetración en medios tan sensibles como la policía, la censura y los servicios de información habían creado una espesa tela de araña en la sociedad y el estado español.

Esta enorme influencia tendrá un contrapunto negativo, dejando de lado las divisiones entre camisas viejas y nuevas falangistas, en la prevención de los sectores más tradicionales españoles: La Iglesia, los hombres de negocios, el partido carlista, y los militares más antiguos que habían ganado la guerra y que no aceptaban ser reducidos a comparsas en la construcción del nuevo estado, tal como pretendía la Falange. En estos círculos y sectores, países como Francia y el Reino Unido trabajaron con cierta intensidad una vez finalizada la Guerra Civil Española, con el fin de contrarrestar la influencia de aquellos otros paises y reconquistar las posiciones que habían disfrutado en España antes de la Guerra Civil.

Con el estallido de la Segunda Guerra Mundial la movilización de Alemania en los diversos sectores de la actividad española se hizo más patente y así lo detectaron y queda reflejado no sólo en los documentos británicos desclasificados, sino también en los documentos italianos.

Italia y España se declararon neutrales en el conflicto que parecía centrarse en Centroeuropa. Italia, a pesar de la firma del Pacto de Acero con Alemania, no había sido consultada y no consideró oportuno intervenir en el conflicto. España así, estrechó sus relaciones con Italia en los primeros meses de la guerra. Significativo a reseñar fueron los efectos del Pacto germano-soviético en el extrañamiento de las relaciones hispano-alemanas. El pacto suponía la alianza del principal enemigo del nuevo estado español, la Unión Soviética, con su más poderoso aliado, Alemania. La prensa española empezó a mostrar mayor imparcialidad que la que había mantenido hasta entonces. Incluso el nuevo Ministro de Asuntos Exteriores, Juan Beigbeder, manifestó que en fecha no lejana, España se libraría enteramente de la influencia alemana. Medidas especiales hubieron de tomarse para proteger de las iras de los católicos requetés la embajada alemana en Madrid que todavía no había sido ocupada, y el saludo brazo en alto disminuyó muy apreciablemente.

Con toda rapidez, la sección de Prensa y Propaganda introdujo nuevas líneas de propaganda intentando mostrar al pueblo español que Alemania había prevalecido sobre la Unión Soviética y que el peligro comunista había desaparecido. No obstante, los ataques de la prensa, controlada en su totalidad por el Estado tras la aprobación de la Ley de Prensa en 1938, continuaron. Incluso se trató de atribuir el expansionismo soviético a la intransigencia franco-británica, introduciéndose la obligación de no citar tan siquiera a la Unión Soviética en las directrices de prensa. Se puede decir que el estallido de la Segunda Guerra Mundial indujo un mayor acercamiento de la opinión pública española hacia las democracias y un deseo de mantenerse fuera de la guerra por parte de los hombres de negocios, las jerarquías más antiguas del Ejército, los obispos y el pueblo en general, en función de la penuria y las dificultades económicas, y del propio pacto germano-soviético.

Posteriormente, la invasión soviética de Finlandia produjo otra profunda convulsión en España. Los equilibrios hasta entonces realizados no pudieron mantenerse por más tiempo. Buena parte de la opinión pública española empezó a considerar que Alemania había renunciado a sus ideales anticomunistas, percibiendo una similitud entre los métodos alemanes y los soviéticos.

No obstante, estos acontecimientos no significaron de inmediato un mayor acercamiento de España hacia Francia y el Reino Unido. Ambos paises habían tratado de mejorar sus relaciones con el régimen de Franco, muy deterioradas por su actitud durante la Guerra Civil, pero pocos avances de importancia se registraron hasta pasados unos meses desde el inicio de la guerra. En el campo económico, el marco para el desarrollo de las relaciones comerciales con estos países, que habían resultado entorpecidas por la guerra, se estructuraron en enero de 1940,en el caso de Francia, y en marzo de este mismo año con el Reino Unido. La influencia de Ramón Serrano Suñer, a quien Franco apoyaba en estos momentos con gran fuerza, considerándole el mayor estadista de Europa, sin exceptuar siquiera a Mussolini, fue decisiva en el retraso. Serrano aceptaba e impulsaba las doctrinas autárquicas falangistas en el campo económico.

Con todo, el fracaso de los planes políticos totalitarios de Serrano Suñer por la fuerte oposición interna que encontró, en especial por la oposición militar, el desbarajuste económico inducido por la administración falangista, las extralimitaciones de la Falange - sancionadas severamente por el general

Aranda - considerada en algunas provincias como una fuerza de ocupación, indujo en enero de 1940 una crisis gubernamental que se saldó con la dimisión de Muñoz Grandes, Ministro Secretario General del Movimiento.

Serrano Suñer encontró el apoyo del general Franco, pero no pudo conseguir las reformas que propugnaba, en especial la creación de la presidencia del Consejo de Ministros y su nombramiento para este cargo. A partir de esta crisis, el acercamiento de Serrano a la embajada alemana se hizo más patente, balanceando la hasta entonces predominante influencia italiana. El ministro consideró que su programa totalitario sólo podría llevarse a efecto con el apoyo de Alemania y una política clara pro-Eje.

El proceso de reajuste de relaciones

Esta política se pondrá a prueba a los pocos meses, una vez producida la ofensiva de Alemania sobre Holanda, Bélgica, Luxemburgo y Francia. La política exterior española se orientó expectante hacia Alemania. El Reino Unido intentó mantener la neutralidad de la Península Ibérica utilizando los buenos oficios de Oliveira Salazar. Pero en pocos días Italia entró en la guerra contra Francia y el Reino Unido, y el 13 de junio España se declaró "no beligerante".Era el primer paso que le apartaba de la neutralidad afirmada en septiembre de 1939.

El 14 de junio, con el previo visto bueno francés y británico, las tropas jalifianas entraban en Tánger. Tras este acontecimiento, dado el desmoronamiento del ejército francés y la posible desintegración de su Imperio, el Ministro de Asuntos Exteriores Juan Beigbeder, trató de conseguir un nuevo acuerdo de las autoridades francesas para ocupar las zonas rifeñas que los franceses habían ocupado previamente, por razones de seguridad, en la campaña del Rif. El gobierno español estaba convencido que los italianos querían obtener Agadir y buena parte del Marruecos francés, y temían que pudieran quedarse sin ocupar tan siquiera la frontera de 1912 en este territorio. Juan Beigbeder telegrafió dos veces al embajador español en Francia para que solicitara la aprobación del gobierno itinerante francés a esta rectificación territorial. Pero los telegramas del ministro no tuvieron ningún efecto por la intromisión de Serrano Suñer. Los alemanes hicieron saber al Ministro de Asuntos Exteriores español su desaprobación horas antes del inicio de la operación. De este modo, la ocupación no tuvo lugar. El gobierno español presentó poco después ante el gobierno italiano las reivindicaciones españolas, prometiendo pasar a una situación de beligerancia.

Simultáneamente Franco había enviado a Berlín al general Vigón, para conseguir que Hitler hiciera un sitio a las reivindicaciones españolas, que en este momento no se tomaron en consideración. Durante julio y agosto se mantuvo la división entre los partidarios de la intervención y los partidarios de mantener a España fuera de la guerra. Los generales contrarios a la entrada de España en la guerra, a mediados de julio, habían consolidado su posición.

En agosto, los alemanes ultimaron el proyecto de protocolo con España, donde se recogía la entrada de España en la guerra, las ayudas económicas y militares y las reivindicaciones españolas. En el artículo doce quedó establecida la entrada en vigor del protocolo una vez que Italia diese el visto bueno a los dos gobiernos. Franco procedió a enviar a Mussolini una carta solicitando su ayuda para la consecución de las reivindicaciones españolas.A su vez, los servicios secretos de Canaris presentaron por estas fechas a Hitler el plan de operaciones para la conquista de Gibraltar.

El 9 de septiembre el general von Richtofen, siguiendo una directiva de Hitler y Göring, marchó a España y sondeó en San Sebastián al general Franco sobre esta operación y las operaciones concomitantes de ocupación de Azores, Canarias y Cabo Verde mediante una fuerza italo-alemana. Franco manifestó que los ataques aéreos alemanes acabarían con la resistencia británica en dos o tres semanas, pero, a renglón seguido, añadió que le preocupaba entrar en una guerra que fuese larga por el posible bloqueo. España necesitaba suministros alimenticios, combustible y materias primas. Von Richthofen manifestó que Alemania trataría de hacer frente a estas necesidades, pero dejaban a Franco el decidir o no su entrada en la guerra. Cuatro días después emprendió viaje a Berlín Ramón Serrano Suñer, acompañado de un nutrido séquito. El objetivo de esta visita era sólo conocido por Franco y Ramón Serrano Suñer. Este último ya se rumoreaba como próximo Presidente del Gobierno y Ministro de Asuntos Exteriores. Durante el verano se habían producido diversas reuniones de la Junta Política de la Falange tratando de perfilar las líneas básicas de una Constitución,sobre bases totalitarias, que suscitaron la animosidad general entre los militares y los sectores políticos no falangistas.

Antes de su partida, tuvo lugar una reunión del Consejo de Ministros en San Sebastián.En ella, Franco y Serrano admitieron que la guerra no habia tenido la corta duración que habían esperado. Por ello, en vez de realizar una ocupación militar de la zona norteafricana francesa, para lo que se habían estado preparando, era mejor tratar de obtener las reivindicaciones mediante un acuerdo con Francia, tal como hicieron Rumanía y Hungría con Transilvania, notificándolo luego a las potencias del Eje para que dieran su visto bueno. La mayoría de los ministros se mostraron esceépticos ante la propuesta, pero pensaron que, si Alemania estaba conforme, España obtendría Marruecos y Orán en cuya reivindicación existía unanimidad. Los ministros estuvieron de acuerdo en que Serrano Suñer no debía discutir ningón reajuste de relaciones con Alemania. Esta era la opinión también de los generales más antiguos. Para entonces los británicos habían captado a diversos generales españoles, quienes habían formado una junta militar, entregándoles fuertes sumas de dinero y depositando una cantidad adicional de diez millones de dólares en el *Swiss Bank Corporation* de Nueva York, cantidad que sería hecha efectiva a medida que cumplieran sus compromisos de mantener a España fuera de la guerra.

No obstante, Franco y Serrano Suñer, puenteando al Ministro de Asuntos Exteriores, habían llegado a la conclusión, expuesta a von Richthofen, de que la ofensiva aérea de Alemania contra el Reino Unido acabaría con su resistencia en dos o tres semanas. Por ello debían estar preparados para poderse sentar en la mesa de los vencedores en el momento oportuno y repartirse el botín. Serrano Suñer no podía ofrecer la cooperación militar española hasta que no estuviese completamente segura la derrota del Reino Unido. Sin embargo estaba autorizado para discutir la cuestión de las reivindicaciones españolas en el norte de Africa y tantear el terreno. El ministro llevó consigo una carta de Franco a Hitler, fechada el 11 de septiembre, en la que, tras presentarle, decía que explicaría de forma más precisa lo que el general Vigón había expuesto en su visita a Berlín en el mes de junio. La carta expresaba en su último párrafo, la firme fe en la inminente y final victoria de las armas alemanas.

De las entrevistas mantenidas por Serrano Suñer en Berlín hay que destacar los siguientes puntos: Serrano presentó la posición española en términos que implicaban la necesidad de un reajuste de relaciones entre los dos paises. En la primera entrevvista con von Ribbentrop expuso que España quería participar en la guerra y estar presente de una forma activa, pero había que asegurar previamente el suministro de materias primas indispensables y preparar la opinión pública, la juventud y el Ejército. El ministro, tras explicar a su interlocutor que estaban impacientes, esperando la posibilidad de una operación sobre Gibraltar, expuso con detalle el contenido de la nota verbal entrgada por la embajada de España en Berlín en el mes de junio. Sacó a relucir el asunto de Portugal, no ocultando sus deseos anexionistas, y en cuanto a los temas económicos se mostró dispuesto a admitir un régimen de comercio excepcional con Alemania.

Von Ribbentrop se congratuló de que España admitiese la posibilidad de entrada en la guerra, pero hizo caso omiso a las propuestas de su interlocutor, solicitando una de las islas Canarias y exponiendo la necesidad de bases en Agadir y Mogador. Consideró demasiado elevadas las peticiones de ayuda económica y militar y enunció unas proposiciones económicas que convertían a España en una colonia. Para el ministro alemán la victoria era absolutamente cierta.

Hitler también hizo notar a Serrano Suñer que la conquista de Gibraltar no era tan difícil como la presentaba, y que la colaboración de España no era tan importante como para revisar las condiciones bajo las cuales podía luchar España al lado de Alemania y entrar en guerra inmediatamente. Hitler propuso entonces ponerse en contacto con Franco en la frontera hispano-francesa, y prometió escribir una carta a Franco para aclarar las confusiones que existían sobre Gibraltar.

En una nueva entrevista, von Ribbentrop volvió a insistir en las cesiones españolas, chocando de nuevo las dos concepciones sobre las operaciones militares en Gibraltar y las posibles amanazas en Marruecos y la costa atlántica española.

Franco, al recibir el informe de Serrano Suñer sobre estas entrevistas y la carta de Hitler, se dio cuenta que el ministro habia ido más lejos de lo convenido. Franco, además, empezaba a vislumbrar que la guerra sería larga. Por ello le envió nuevas instrucciones, recalcando que no había que precipitar las cosas. En la respuesta a la carta de Hitler, Franco subrayaba previamente las reivindicaciones en Marruecos, consideraba innecesarios los enclaves propuestos y agradecía la propuesta de encuentro en la frontera española. El resto de la carta se desmarcaba claramente de cualquier intento de reajuste de relaciones.

Mientras tanto, von Ribbentrop se había entrevistado en Roma con Mussolini y Ciano, exponiéndoles la intención española de entrar en guerra, la toma de Gibraltar, las ayudas pedidas y las reivindicaciones españolas. Mussolini propuso que el ataque a Gibraltar se pospusiera hasta después del invierno y solicitó Baleares. Para Mussolini, la entrada de España en guerra era una carta que debía jugarse a su debido tiempo; por ello, en vez de hacer un protocolo germano-español en el que se fijase la entrada de España en la guerra, podía llegarse a una alianza militar entre Alemania, Italia y España.

Tras estas entrevistas se firmó el Pacto Tripartito. Serrano, que no tuvo conocimiento de los motivos del viaje de von Ribbentrop a Roma, se enteró de la firma del Pacto Tripartito cuando se hizo público.

El 24 de septiembre tuvo una nueva entrevista con von Ribbentrop quien procedió a explicarle la sugerencia italiana de la alianza militar tripartita, donde se fijaría la entrada en la guerra mediante una cláusula secreta. Habría dos protocolos suplementarios, uno sobre ayuda económica y militar de Alemania, y otro sobre las entregas de materias primas entre ambos paises.

Serrano Suñer que había sido alternativamente adulado y menospreciado y que, en consecuencia, había tenido que hacerse notar más y más, presentándose con poderes que no tenía, expuso la posición española en tres puntos:

1. Decisión española de entrar en la guerra de inmediato.

2. Solicitud de seguridades de ayuda material y militar a España.

3. Reconocimiento de las demandas territoriales de España.

Volvió a entrevistarse con Hitler, entregándole la carta de Franco y le declaró que probablemente le daría una contestación escrita o quizá una respuesta oral durante una conversación con él. Serrano Suñer acogió la idea de una conversación personal con Hitler y Franco como la única solución posible a los problemas que habían surgido en las entrevistas en Berlín.

Este paso será uno de los más criticados por sus acompañantes. El ministro cortaba todas las posibles líneas de retirada.

En todas estas entrevistas, los alemanes no hicieron ninguna propuesta de actividades militares conjuntas. El alto mando de la *Wehrmacht* había prescindido temporalmente del ataque conjunto a Gibraltar entre Italia, Alemania y España, hasta entonces barajado, centrándose en la anulación de Gibraltar como base.

Serrano marchó a Roma a pedir el visto bueno italiano. Así lo reconoció el propio ministro en diversas ocasiones en 1945 , y lo recogieron los documentos estadounidenses, británicos y franceses. Los italianos, que no habían reconocido el movimiento español en Tánger, tenían puestos sus ojos en las colonias francesas. Serrano Suñer procuró llegar a un acuerdo territorial. Mussolini le indicó que la intervención española sería decidida de común acuerdo, procurando que no fuese una pesada carga para España y dejando para posterior examen los aspectos prácticos de la cuestión. A su juicio sería importante que, en la conferencia de paz, dos naciones latinas contrarrestaran la influencia alemana en Marruecos. Mussolini consideraba que la no-beligerancia española era más ventajosa que la intervención.

Esta postura volvió a reiterarla Mussolini en la entrevista con Hitler en el Brennero , el 4 de octubre. Hitler había cambiado de opinión con respecto a la oportunidad de ceder a España el Marruecos francés por miedo a desestabilizar la situación ya establecida en Francia, aunque se mostró de acuerdo en la cesión de Gibraltar, dejando caer la fórmula anteriormente barajada de un condominio. Mussolini expresó su conformidad e indicó que sería oportuno decir a Serrano Suñer que estaban de acuerdo en las reivindicaciones sobre el Reino Unido y, en principio, en una modificación territorial con Marruecos, que se precisaría en el momento de la paz. España pasaba a ser un aliado no-militar del Eje. Ciano informó de esta entrevista a Serrano Suñer.

Se puede afirmar que el resultado de las entrevistas del ministro español fue negativo. El reajuste de relaciones fue una realidad, pero sin contrapartidas.

Vuelto a Madrid, a los pocos días pudo hacerse con el Ministerio de Asuntos Exteriores. Serrano Suñer en una entrevista con el embajador británico, Samuel Hoare, le hizo saber que iba a adoptar una política más activa y precisa para salvaguardar la posición española, y que pensaba cambiar rápidamente a la mayoría de los embajadores. Creía que España podría ejercer una gran influencia en las negociaciones de paz, por lo que podría serles útil a los británicos en caso de ser derrotados. En términos generales, la impresión obtenida por Samuel Hoare fue que el nuevo ministro desconocía el funcionamiento de la realidad internacional. Ese mismo día Samuel Hoare se entrevistó con Franco, quien le declaró que no se produciría un cambio de política, pero al mismo tiempo le hizo unos comentarios que denotaban también un gran desconocimiento de la realidad internacional, en especial que el colapso de Francia significaba el fin de la guerra en el continente, y que la entrada de Alemania en Rumanía y los paises de Europa del Este significaba el fin del bloqueo, hasta tal punto que Italia y Alemania podrían ofrecer materias primas y mercancías a España.

Con este bagage y estas opiniones podemos abordar la entrevista de Hendaya, celebrada el 23 de octubre. A nuestro juicio, después de revisar los numerosos relatos y la diversa documentación disponible, podemos resumir lo acontecido de la siguiente forma:

Franco presentó a Hitler la difícil situación española y, en consecuencia, la necesidad de justificar ante la opinión pública la entrada de España en la guerra con una sustancial ganancia territorial. Hitler explicó que, aunque había derrotado a Francia, no podía construirse el nuevo orden europeo sin la colaboración francesa, y que no estaba dispuesto a discutir cuestiones territoriales hasta que no viese a Petain el día siguiente. Franco se dio entonces cuenta de su error, y un tanto aliviado se apartó del plan previamente preparado con Serrano, y declaró a Hitler que Petain era un fiel amigo de España y que no haría nada que pudiera perjudicarle como jefe del Gobierno francés.

Serrano Suñer trató por todos los medios de adquirir la posición pérdida en su conversación posterior con von Ribbentrop, pero fue inútil. Tras nuevas conversaciones, los alemanes presentaron a la firma un protocolo secreto que, tras diversas resistencias por parte española, fue firmado.

En él, España se adhería al Pacto de Acero de 22 de mayo de 1939 y se declaraba dispuesta a entrar en el Pacto Tripartito, concertado el 27 de septiembre de 1940 entre Italia, Alemania y Japón, en una fecha a determinar conjuntamente. España intervendría en la guerra contra el Reino Unido, una vez que dichos países le hubiesen concedido los apoyos militares necesarios y la ayuda económica para hacer frente a las necesidades de la guerra, en el momento que los tres países signatarios del Pacto Tripartito lo determinasen de común acuerdo. Las compensaciones territoriales quedaban reducidas a la incorporación de Gibraltar y una declaración de principio de que los países del Eje se mostraban dispuestos a conseguir que España recibiera territorios en Africa en la misma medida que se pudiera indemnizar a Francia, asignándole en Africa territorios de igual valía, permaneciendo inalterables las pretensiones de Alemania e Italia con respecto a Francia.

Era un auténtico descalabro para las pretensiones españolas. España se adhirió a un pacto político-militar, como el Pacto de Acero, sin contrapartida, perdiendo la neutralidad, empero no existía un compromiso efectivo y determinado de entrada en la guerra.

No es de extrañar que una vez que Italia atacó a Grecia, con el desastre militar consiguiente, Franco le recordase a Hilter, mediante una carta, las aspiraciones territoriales epsañolas que habían quedado indeterminadas en el protocolo. Hitler mandó llamar a Serrano Suñer, y, tras nuevas entrevistas, el ministro español no pudo arrancar un cambio de posiciones. No se podía entrar en guerra si no se clarificaban las reivindicaciones territoriales, asunto en el que ni los gobernantes alemanes, ni los italianos, ni los franceses estaban dispuestos a transigir. De este modo Franco pudo parapetarse y proceder a tácticas dilatorias con respecto al ataque a Gibraltar - la operación Félix - que no llegó a materializarse.

La alianza con los países del Eje implicó no obstante servidumbres de extraordinaria gravedad en el campo policial, en los servicios de información, en la colaboración de los Estados Mayores y en el campo económico.

Un largo período de incertidumbre

A partir del reajuste de relaciones con Alemania, la política exterior española mantuvo unas líneas básicas: Mejorar la posición en el norte de

Africa frente a Francia, tratando asimismo de adelantarse a las pretensiones italianas. Conseguir del exterior los recursos petrolíferos y de materias primas para mantener en pie la economía y alimentar a la población, para lo que eran indispensables delicadas negociaciones con el Reino Unido y los Estados Unidos. Asimismo desarrollar unas negociaciones con la Santa Sede que permitieran mantener el privilegio de presentación de obispos al general Franco y, con ello, poder controlar el campo católico, base fundamental del nuevo estado, especialmente el tema regional. Finalmente mantener unas relaciones privilegiadas con Hispanoamérica en base a la idea de Hispanidad que, bajo cobertura de la lengua y la religión, trataría de favorecer los intereses de los países totalitarios frente a los países anglosajones y las ideas democráticas.

Ciñéndonos a los temas centrales propios del título de nuestro trabajo señalaremos algunos acontecimientos y planteamientos más característicos que nos permitan entender las relaciones hispanoalemanas.

En el norte de Africa, la política llevada a cabo en Tánger fue de claras y continuas violaciones del estatuto, llegándose a incorporar jurídicamente la zona de Tánger al protectorado español. Estas medidas unilaterales tendrían una gran importancia en las negociaciones con el Reino Unido y los Estados Unidos. Los británicos consideraban la situación económica española como desesperada en el mes de octubre. Su análisis era certero: "Sin nuestros alimentos y materias primas y, en particular, el trigo de los Estados Unidos y nuestros navicerts para necesidades tales como los fosfatos habrá hambre y revolución en los primeros meses de 1941". Pero las autoridades españolas, especialmente Ramón Serrano Suñer, defensor a ultranza de las doctrinas económicas autárquicas de Ialia y Alemania, no se percataron de la imnosibilidad de obtener suministros alternativos del bloque continental creado por Alemania, hasta pasados unos meses.

No obstante el Reino Unido, en un intento de crear una situación favorable a sus intereses, fue levantado el bloqueo económico por pasos sucesivos, ligando la concesión de navicerts y la ayuda económica a la creación de un clima de confianza mutua, insistiendo en que habían de cesar las actuaciones hostiles, en especial en Tánger. De este modo, esperaban que las autoridades españolas siguieran una política que mantuviera a España fuera de la guerra. A la vez, los Estados Unidos se negaban a ayudar económicamente a España sin una declaración pública de neutralidad.

Empero, las medidas unilaterales continuaron. A esto se añadió el hecho de que Serrano Suñer no se dignaba recibir al embajador británico para resolver los puntos discordantes de los acuerdos económicos. El ministro se encontraba entre dos fuerzas contrapuestas. Por una parte, la fuerte oposición de la Junta Militar y el hambriento pueblo español que clamaba por una mejora de sus condiciones de vida, pugnaban contra la entrada en la guerra. En enero de 1941 se ordenó el racionamiento del pan. Por otro lado, las presiones alemanas y los acuerdos secretos firmados condicionaban los movimientos españoles. Además, el ministro que había saboteado desde 1939 las negociaciones económicas hispanobritánicas e hispanoestadounidenses, tenía que dar un paso muy complicado, reconocer su equivocación en temas económicos. Con todo, la realidad última condicionante de todo era la posible entrada de España en la guerra, si se obtenían las ganancias territoriales que habían quedado pendientes en el protocolo de Hendaya.

La entrevista en Bordighera el 12 de febrero de 1941 entre Franco, Mussolini y Serrano Suñer fue, en este sentido, suficientemente concluyente. La entrada de España en la guerra quedaba subordinada a la recepción de ayuda económica y militar y a la precisión de las adquisiciones territoriales que habían quedado indeterminadas en el protocolo de Hendaya. Cinco días antes de esta entrevista, Hitler se había encargado de recordar, por medio de una carta dirigida a Franco,que no iba a encontrar ayuda económica de los países anglosajones, instándole a entrar en la guerra. Mussolini, sin embargo, no presionó a los dirigentes españoles en este sentido. El 21 de febrero se llegó a un *modus vivendi* entre España y el Reino Unido sobre Tánger, y, a pesar de nuevos problemas como la apertura de un consulado alemán contraviniendo el estatuto, el gobierno británico mantuvo la política de seguir ayudando económicamente a España, para impedir así que terminara echándose en brazos de Italia y Alemania.

A finales de febrero estaba ya dispuesto para la firma un acuerdo de préstamo financiero del Reino Unido a España por un montante de dos millones y medio de libras. Pero las semanas se fueron sucediendo sin que el Ministro de Asuntos Exteriores estampase su firma, a pesar de la furia de los altos funcionarios del Ministerio de Comercio y del propio Ministerio de Asuntos Exteriores, para quienes cada día que pasaba era de importancia crítica para el funcionamiento de la economía española y la satisfacción de las necesidades vitales de la población. El reajuste en las relaciones económicas con Alemania también había contribuido a crear esta situación. La exportación de mercancías y productos alimenticios españoles a Alemania se multiplicó por siete durante los últimos meses de 1940 y el año 1941, mientras que las importaciones sólo registraron un aumento del 50 %.

Finalmente Serrano Súñer firmó el 7 de abril el acuerdo de préstamo negociado con el Reino Unido, si bien de forma fría y distante. Era un paso que se había visto obligado a realizar por presiones de otras instancias gubernamentales. El ministro Carceller había amenazado con presentar su dimisión. No obstante, Serrano Suñer seguía manteniendo su oposición a este tipo de acuerdos, como en 1939, considerando que España quedaba condicionada por los préstamos de los países anglosajones, y seguía planeando la posible entrada de España en la guerra. En marzo se había iniciado la ofensiva alemana sobre Grecia y el general Rommel avanzaba en el norte de Africa. Serrano Suñer creía que el éxito de las operaciones en el Mediterráneo oriental era incuestionable y que el Reino Unido quedaría fuera de combate, una vez que se cerrara el canal de Suez.

De nuevo la presión de la Junta Militar hizo su aparición. El general Aranda manifestó a sus interlocutores británicos que la situación de Franco y la Falange era insostenible y que el Ejército daría un golpe de Estado en unas semanas. El resentimiento contra la progresiva influencia falangista en el nuevo Estado tras el reajuste de relaciones con Alemania y los resultados de la entrevista de Hendaya eran el motor de esta toma de posición. El 20 de abril el general Aranda informó de nuevo a sus interlocutores británicos que Franco había estado de acuerdo en no firmar ningún pacto ni aceptar las pretensiones alemanas, y que posiblemente España se declararía neutral en una semana. En esta misma fecha Aranda se entrevistó con Hans Thomsen, jefe de la agrupación nacional del partido Nacional Socialista, y con Johannes E. Bernhardt, director de Hisma y Sofindus, tratando de conseguir el asentimiento alemán al establecimiento de una dictadura militar con el derrocamiento de Serrano Suñer y manteniendo una influencia moderada falangista. Pero el embajador von Stohrer indicó que no era oportuna la intervención en los asuntos internos españoles.

Más el peso de los acuerdos firmados con Alemania y la influencia de Serrano Suñer hizo que Franco no perdiera de vista los cambios que se estaban produciendo en el Mediterráneo oriental. En estas fechas el Ministerio de Marina cursó una orden secreta a todos los barcos mercantes españoles para que, en caso de que España entrase en guerra, se dirigieran a determinados puertos.

A los pocos días tuvo lugar una importante crisis política, inducida por los generales de la Junta Militar, siguiendo el plan británico de mantener la neutralidad de España. Serrano Suñer se vio obligado a ceder el Ministerio de Gobernación al coronel Valentín Galarza. La izquierda falangista, que estaba en manos de la embajada alemana, empezó a ser controlada. En su conjunto, la larga crisis siggificó una pérdida de poder importante para Serrano Suñer, si bien la Falange siguió manteniendo una influencia notable, mayor que la que inicialmente esperaron los británicos.

Tras esta remodelación, Serrano Suñer fortaleció su creencia de que España debía entrar en guerra para consolidar la revolución falangista. La situación alimenticia había mejorado y Creta fue conquistada a finales de mayo, con lo que el área mediterránea parecía el centro de interés del Eje. El 2 de junio, von Ribbentrop se entrevistó con Mussolini y Ciano. De esta entrevista, donde no fue desvelada la inminente operación *Barbarossa*, surgió la iniciativa de Ciano de enviar una carta a Serrano Suñer incitándole a firmar el Pacto Tripartito que, en esta ocasión, fue bien aceptada, no sólo por Serrano Suñer sino también por Franco.

El cambio en el teatro principal de operaciones

Afortunadamente el 22 de junio tuvo lugar un cambio en el teatro de operaciones con la ofensiva sobre Rusia. El interés por España pasaba así a segundo plano. Empero fue una buena oportunidad que aprovechó Serrano Suñer y la Falange para participar en la guerra y, de este modo, poder recibir, en un futuro, parte del botín de la victoria. Ahora bien, el ministro español no consideró oportuno hacer una pública declaración de guerra contra la Unión Soviética, tal como pretendió von Ribbentrop, por temor al bloqueo económico. Al mes siguiente, en un discurso ante el Consejo Nacional de la Falange, Franco acusó a los Estados Unidos de tratar de mediatizar a España a través de sus ofertas de colaboración económica y de obstaculizar el año anterior el envío de cien mil toneladas de trigo a España. Advirtió que sería una locura criminal su intervención en la guerra. Uno de los párrafos más sorprendentes y significativos del discurso fue el siguiente: "Se ha planteado mal la guerra y los aliados la han perdido". El discurso causó una gran sensación en España, en los países del Eje y, de forma especial, en los países anglosajones, que lo consideraron insultante. En España, los generales de la Junta Militar le dijeron a Franco que no debía hacer más declaraciones sobre política exterior sin consultarles, asimismo reforzaron su decisión de desembarazarse de Franco y Serrano Suñer. Este, a su vez consideró el discurso prematuro, pues en su concepción España había de entrar en la guerra en el momento adecuado; si bien su iniciativa de enviar algunas unidades de voluntarios a luchar en el frente ruso intentaba conseguir una mejora de relaciones con Alemania, una mejora de su posición en la política española y de sus concepciones y proyectos políticos.

En el Reino Unido, el gabinete de guerra consideró un cambio de política con España que, finalmente por decisión de Churchill no se llevó a efecto.

Por parte estadounidense, las reacciones fueron de mayores consecuencias. El 1 de agosto se aplicó a España el sistema de licencias de exportación para los productos petrolíferos, y dos días después los petroleros estadounidenses dejaron de transportar crudo a España. El impacto sobre la maltrecha economía española fue significativo.

El 13 de julio partieron de Madrid los voluntarios de la División Azul al mando del general Muñoz Grandes. En ella se habían integrado numerosos camisas viejas falangistas, que dejaron más diáfano y transitable el campo de la política interna española. No obstante, el peso de Serrano Suñer en la política española siguió deteriorándose a pesar de este alivio momentáneo. A su vez, se procedió al envío de trabajadores españoles a Alemania tras la firma del acuerdo el 22 de agosto.

Pero el cambio del centro de interés del teatro de operaciones implicó también una revisión de la importancia estratégica que la Península Ibérica y el noroeste de Africa tenían para la Marina alemana en la batalla del Atlántico, considerando la presencia estadounidense en Islandia como un primer paso en una supuesta estrategia de ocupación de las islas españolas y portuguesas del Atlántico. Estos temores se agrandaron con la entrada de los Estados Unidos en la guerra tras el ataque japonés a Pearl Harbor. Este hecho, unido al alargamiento de la guerra en el frente ruso, indujo a los militares españoles a solicitar armas modernas a Alemania para asegurar la defensa de sus diversos territorios, y, por otra parte, a la búsqueda de un estrechamiento de relaciones con Portugal.

Asimismo la entrada de los Estados Unidos en la guerra supuso un reto de importancia para la política española en Hispanoamérica. España barajó inicialmente la idea de mantener la neutralidad de estos países y de Brasil con el apoyo de Portugal, idea que fue desechada posteriormente por imposible. Luego, el gobierno chileno propuso al gobierno español formar un bloque de países neutrales que pudiera participar activamente en el arreglo mundial del conflicto.

Von Ribbentrop hizo llegar a Serrano Suñer su interés en que España y Portugal contrarrestasen la influencia estadounidense en el continente americano, en la neutralidad de los países iberoamericanos y, posteriormente, tras la Conferencia de Rio de Janeiro, en que España defendiera sus intereses en los países que rompieran relaciones diplomáticas con los países del Eje.

El interés español y alemán en la neutralidad portuguesa condujo, a instancias de Serrano Suñer, a la reunión en Sevilla entre Franco y Salazar a mediados de febrero. Ambos estadistas pasaron revista a la situación mundial, los peligros que podían acechar a las islas del Atlántico y a las relaciones bilaterales. Finalmente el Pacto Ibérico y su protocolo adicional no sufrieron modificaciones. Portugal no se mostró receptivo a la idea de que cualquier ataque a los territorios peninsulares o a las islas del Atlántico de ambos países darla lugar a una recíproca defensa. Portugal siempre temió en estos años una intervención y anexión española. No obstante, España declaró unilateralmente que un ataque a Portugal produciría la movilización y ayuda española. Tampoco las concepciones de ambos estadistas convergieron sobre la política británica en la guerra, el peligro comunista y la necesidad de mantener una sólida influencia de Alemania en Europa. De este modo no pudo plasmarse la idea del Bloque Ibérico donde quedarían integrados los países neutrales americanos, Chile y Argentina, al que se unirían posteriormente Suiza, Suecia y el Vaticano con la finalidad de actuar como mediadores en la guerra.

Tampoco la idea del Bloque Latino tuvo plasmación, en un momento de creciente euforia para las fuerzas del Eje en el teatro europeo. En junio de 1942 Serrano Suñer viajó a Roma. Allí mantuvo varias entrevistas con los dirigentes italianos, criticando ásperamente la política española y recomendando el apoyo a la restauración monárquica bajo los auspicios de Franco y de la Falange. Significativamente Serrano Suñer ya pensaba que España debía mantenerse neutral en la guerra, porque faltaban "las posibilidades más elementales, materiales y morales para participar en el conflicto". No obstante, en opinión de Serrano Suñer, si los Estados Unidos desembarcaban en el Marruecos francés, España habría de entrar en guerra.

El ministro, una vez vuelto a España, tuvo que afrontar de nuevo las luchas internas falangistas y la enemiga permanente entre militares y falangistas que condujo al atentado de Begoña. El grave incidente se saldó con la dimisión de Serrano Suñer y la del ministro del Ejército.

El progresivo deslizamiento hacia la neutralidad

Con ello, finalizaba una primera etapa de la política española en la que España había jugado un papel de clara subordinación a los intereses alemanes, si bien España no había entrado en la guerra al no clarificarse las contraprestaciones territoriales.

En el campo económico, las relaciones comerciales fueron claramente colonialistas por parte alemana. España, aunque pretendió desde agosto de 1941 un nuevo planteamiento de las relaciones, dada su precaria situación económica y el grave desequilibrio comercial, no consiguió gran cosa por el alineamiento de España con el Eje y la presión económica del entramado económico alemán que intentó la inclusión de España en el área económica de Alemania. Sólo el 30 de marzo de 1942 se presentó por parte alemana una oferta desequilibrada comercial. En agosto se intentó un nuevo arreglo renunciando también España al equilibrio comercial, pero sin ningún resultado.

En otros campos como el policial, los servicios de información y las relaciones entre los Estados Mayores las relaciones fueron estrechísimas.

El nuevo Ministro de Asuntos Exteriores, el general Jordana dió una impronta más neutral a la política española. El 22 de septiembre, después de un Consejo de Ministros que duró cuatro días, se hizo pública una nota que representaba un cambio en la posición española, aludiendo a una voluntad de acercamiento a Portugal y a Iberoamérica. El nuevo ministro pronto procedió a poner en práctica estas orientaciones, tratando de mejorar al mismo tiempo las relaciones con los países anglosajones. A ello contribuyó el desembarco aliado en el norte de Africa. España recibió seguridades del respeto de su neutralidad por parte de Estados Unidos y del Reino Unido, pero temió un movimiento alemán sobre la Península Ibérica, al no recibir garantías similares de Alemania e Italia. Por ello se decretó la movilización el 18 de noviembre.

A partir de esta nueva situación, Jordana, que había solicitado el equilibrio total de la balanza de pagos con el suministro de material de guerra, pudo conseguir una mayor flexibilidad de Alemania. El 17 de diciembre se llegó a la firma del primer acuerdo comercial hispano-alemán de la guerra. Hitler había accedido finalmente a la entrega de armamento, pensando en la futura entrada de España en la guerra.

Una vez firmado el acuerdo, el embajador Stohrer fue relevado de su cargo siendo sustituido por Hans Adolf von Moltke. Comenzaba un período de puesta en práctica de un plan secreto alemán de hacer entrar a España en la guerra sirviéndose de la Falange, en especial de los camisas viejas, vueltos de la División Azul, del general Muñoz Grandes y del propio Ministro del Ejército, general Asensio. Empero la política española siguió dando pasos en la línea de una mayor neutralidad.

El general Jordana visitó Portugal del 18 al 21 de diciembre de 1942, reforzándose el Pacto Ibérico y su protocolo adicional, al convertirse en bilateral la promesa unilateral española de febrero de 1942. El Bloque Ibérico quedó así constituido con el propósito de "mantener la paz para sí y transmitirla, en su día, a quienes hoy no la disfrutan".

Por su parte, las autoridades alemanas exigieron del gobierno español la garantía de que, en caso de un desembarco aliado en territorio español, se defenderían y pedirían ayuda a Alemania. El gobierno español dio largas a esta solicitud y ello indujo un retraso en la entrega del material militar solicitado. Finalmente el 12 de febrero se firmó un protocolo secreto ligando los dos asuntos. Luego, a pesar de los intentos del mando supremo de la Marina alemana de insertar a España en el bloque del Eje, desde el punto de vista militar, y las propuestas en este sentido del propio Mussolini, Hitler no consideró ya posible forzar la entrada de España en la guerra, quedando sólo pendiente la entrega de armamento alemán, su precio y las contraprestaciones económicas. Este asunto quedó resuelto de forma tardía el 18 de agosto mediante un acuerdo complementario al acuerdo hispano-alemán de 16 de diciembre de 1942. El material militar empezó a llegar a España a partir del 15 de septiembre.

Como aspecto más significativo de este período, hay que destacar el lanzamiento del plan de paz preparado por José María Doussinague, Director de Política del Ministerio de Asuntos Exteriores español. España, a tal fin, debía rodearse de un grupo de países neutrales, entre ellos los países iberoamericanos, que apoyaran los cinco puntos del discurso del Papa Pio XII, radiado el 24 de diciembre de 1939.

En este contexto se redefinía la no beligerancia española. Ya no se trataba de favorecer en lo posible a los países del Eje, sino de no poder ser imparcial entre el comunismo y la civilización cristiana. En esta concepción, Alemania debía permanecer fuerte en Centroeuropa para así contrarrestar la penetración comunista. Se estrecharon los lazos con los países católicos iberoamericanos en un acercamiento calculado, echando el lastre de buena parte de la política falangista hasta entonces mantenida, política a la que el propio Serrano Suñer había puesto ya sordina una vez que los Estados Unidos entraron en la guerra. Asimismo se trató de conseguir el cese de la persecución religiosa en Alemania, incluso solicitando Franco del mariscal von Leeb la sustitución de Hitler. Este intento de mediación no tuvo ningún resultado satisfactorio.

Empero el impulso de la política falangista en la política española creará líneas paralelas en la política exterior y graves cortocircuitos para la política que estaba tratando de plasmar el ministro Jordana. Como pasos más significativos podríamos señalar la admisión en enero de 1943 de una representación del gobierno de la Francia Libre, en Madrid en contra de los deseos alemanes. Y cuando fue ocupada la Francia de Vichy, una riada de refugiados franceses empezó a llegar a España, atravesando los Pirineos, gran parte de ellos en edad militar. Los alemanes presionaron y consiguieron el cierre de la frontera durante algunos días, para luego reabrirse bajo presión aliada. De este modo, hasta el final del año 1944 pasaron por España más de 25.000 refugiados franceses y aliados. También pudieron atravesar España alrededor de 900 pilotos estadounidenses y 700 británicos que habían sido derribados, siendo entregados a las autoridades diplomáticas correspondientes. En noviembre de 1943 se anunció el acuerdo entre el gobierno español y el estadounidense por el que se conced~an der~chos de aterrizaje a las líneas aéreas de este país.

No obstante, cuando se produjo el colapso del fascismo, la política fue ambigua y cautelosa. Se retuvieron los barcos italianos que entraron en puertos españoles, para no caer en manos aliadas,y, tras diversos titubeos, se acabó nombrando un agente ante el gobierno de Mussolini.

Empero, la política de pequeños pasos en búsqueda de la neutralidad final siguió avanzando. Se expulsaron los agentes italianos de Algeciras que habían causado graves daños a la base británica de Gibraltar, y el 25 de septiembre, tras varias presiones aliadas se decidió la repatriación de la División Azul. Días después, Franco, el 1 de octubre, en un discurso afirmó que España de nuevo asumía la posición de neutralidad. La prensa, a su vez empezó a perder el tono vitulento pro-Eje que había mantenido. A este resultado contribuyó de forma importante el control que los aliados ejercían ya sobre sectores clave de la economía española.

La presión de los aliados

Posteriormente como consecuencia del incidente del telegrama de felicitación de España al presidente Laurel de Filipinas enviado el 18 de octubre de 1943 y las continuas muestras de trato discriminatorio de las autoridades españolas con respecto a los aliados los Estados Unidos decidieron pasar a la acción de forma más decidida y presentaron conjuntamente con el Reino Unido una lista de asuntos sobre los que habían venido presionando, que no estaban resueltos y que denotaban un apoyo al esfuerzo de guerra alemán o un trato discriminatorio:

1. La completa prohibición de la exportación de wolframio a Alemania, al ser un mineral esencial para la producción militar.

2. La entrega de los barcos italianos refugiados en puertos españoles.

3. La supresión del consulado alemán en Tánger, y la expulsión de los agentes alemanes del Protectorado español en Marruecos y Tánger.

4. El control de las actividades de espionaje y sabotaje de los agentes alemanes en España.

5. El permiso para abrir un circuito radiotelegráfico directo entre España y los Estados Unidos, petición que fue atendida posteriormente aprobar el Consejo de Ministros el aterrizaje de aviones comerciales.

Como las exportaciones de wolframio continuaron y en enero de 1944 se entregaron 300 toneladas a Alemania, con el agravante de las facilidades financieras otorgadas por España a Alemania por un montante de 224 millones de pesetas, no resolviéndose tampoco los demás asuntos, los Estados Unidos decidieron cortar los suministros de petróleo a España, abriéndose un período de consultas y duras negociaciones.

Finalmente el 2 de mayo de 1944, a pesar de la fuerte oposición de los ministros falangistas, mediante un intercambio de notas, el gobierno español se comprometió a limitar las exportaciones de wolframio a Alemania, a la retirada de la misión militar japonesa y el cierre del consulado alemán en Tánger, con la marcha de todo el personal fuera de España; el sometimiento a arbitraje de la cuestión de los barcos de guerra italianos anclados en puertos españoles y la entrega de cinco de entre siete barcos mercantes italianos; la retirada final de cualesquiera unidades españolas que lucharan en el frente ruso; la continuación de todas las facilidades necesarias para la compra y exportación de productos españoles por parte del Reino Unido y los Estados Unidos; y la definitiva expulsión de los agentes de espionaje y sabotaje alemanes.

La inercia final

Este acuerdo dio lugar a fuertes quejas alemanas y a diversas fricciones posteriores, y no fue cumplido en su totalidad por parte española, creando numerosos problemas y amargando los últimos días del ministro Jordana. Franco y el germanófilo Estado Mayor español no creían en la derrota alemana. De modo que cuando murió el general Jordana el 2 de agosto de 1944, fue nombrado como Ministro de Asuntos Exteriores una personalidad germanófila reconocida como tal en todas las esferas diplomáticas, José Félix Lequerica, embajador de España ante la Francia de Vichy.

Empero, el nuevo ministro empezó liberalizando la censura a los corresponsales extranjeros en España y a moverse con rapidez hacia un mayor entendimiento con los aliados, de modo especial con los Estados Unidos, que ya habían ocupado la zona pirenaica de Francia. Y así , llegó a firmar con los Estados Unidos un convenio de transporte aéreo y un protocolo adicional para los aviones ATC, lo que supuso dar facilidades militares a un país en guerra, perdiendo de nuevo España el estatuto de país neutral.

No obstante, con el nuevo año 1945, la embajada británica procedió a recordar al gobierno español la situación de incumplimiento del acuerdo de mayo de 1944. Los casos apuntados nos pueden dar una idea de la profundidad de los acuerdos secretos mantenidos durante la guerra y la germanofilia, corrupción y descontrol de los servicios de información españoles:

1. La continuación de las actividades de los agentes alemanes, incluyendo una lista de ochenta y tres que todavía actuaban en España y de cuatro que permanecían en el norte de Africa.

2. La continuación de la transmisión los submarinos alemanes de los movimientos de los barcos aliados que cruzaban el estrecho de Gibraltar, desde Tánger y Ceuta, a pesar de las reiteradas denuncias.

3. La libertad de movimientos de los agentes alemanes internados en el campo de Caldas de Malavella, situado cerca de la frontera, pudiendo hacer llamadas a larga distancia, disfrutar de permisos, libertad de movimientos y recibir visitas.

4. La desaparición de los almacenes de 500 toneladas de wolframio, a pesar de las seguridades recibidas de que no se exportaría a Alemania.

5. La continuación de los servicios nocturnos de la compañía Lufthansa desde Barcelona, que permitía la entrada y salida de agentes alemanes y el envío de mercancías y materias primas importantes para la industria armamentística alemana, así como viajes de personal y técnicos especializados, y la traída de patentes y planos de alto interés militar.

6. El problema de las libras falsificadas por Alemania, introducidas en España por valija diplomática y cambiadas por agentes alemanes y españoles, que gozaban de todos los favores y permanecían en libertad.

7. La ocultación de activos alemanes por testaferros y abogados españoles, con el apoyo de la Falange y el Alto Estado Mayor.

8. Los suministros a los focos de resistencia alemanes en Francia por barcos españoles de pequeño tonelaje. Los barcos detectados, doce en total, estuvieron haciendo viajes a la costa francesa hasta abril de 1945. Los británicos culparon de esta actividad, que consideraban de alto beneficio personal, al general Martínez Campos.

En junio de 1945, el agregado militar británico informó a Londres que se encontraban en España cerca de veinte mil alemanes libres y activos que habían sido ayudados en España por la Falange y el Alto Estado Mayor. Los miembros de la Gestapo habían recibido pasaportes especiales de la policía española y la promesa de ser avisados antes de su posible detención o deportación. Por ello, la embajada británica temía que los alemanes continuasen con sus actividades en España, mientras el régimen de Franco siguiera con sus elementos germanófilos en la Falange y el Alto Estado Mayor.

España pagó en la posguerra su claro alineamiento con el Eje durante los primeros años de la guerra y su cortedad y lento cambio de política a partir de 1942.

Nota

Esta conferencia constituye una síntesis de diversos estudios realizados por el autor, de entre los que habría que destacar los siguientes:

"Franco quiso participar en la Segunda Guerra Mundial". En: Diario *El País* 19, 21, 22 de noviembre y 15 de diciembre de 1978

La diplomacia vaticana y la España de Franco (1936--1945), Madrid 1982

Espana en la política de seguridad occidental (1939-1986), Madrid 1986

"La relative neutralité espagnole", En: *Les états neutres européens et la Seconde Guerre Mondiale*, Neuchâtel 1985, pp. 109-123

El impacto de la Segunda Guerra Mundial en Europa y en España, Madrid (Asamblea de Madrid, Gabinete de la Presidencia) 1986

"La política exterior de España durante la Segunda Guerra Mundial". En: *La posguerra española y la Segunda Guerra Mundial*, Diputación Provincial de Córdoba 1990, pp. 45-59

"L'Espagne et le deuxième conflit mondial". En: *Guerres mondiales et conflits contemporains*, n° 158, abril 1990

Bibliografía adicional (añadida por el compilador del tomo):

Beaulac, W.L.: *Franco. Silent Ally in World War II*, Carbondale 1986

Bernecker, W.L.: "Neutralität wider Willen. Spaniens verhinderter Kriegseintritt". En: H. Altrichter/J. Becker (eds.): *Kriegsausbruch 1939. Beteiligte, Betroffene, Neutrale*, München 1989, pp. 153-177

Cierva, R. de la: *Hendaya. Punto final*, Barcelona 1981

Dankelmann, O.: *Franco zwischen Hitler und den Westmächten*, Berlin (Este) 1970

Morales Lezcano, V.: *Historia de la no-beligerancia española durante la Segunda Guerra Mundial*, Las Palmas 1980

Ruhl, K.-J.: *Spanien im Zweiten Weltkrieg. Franco, die Falange und das "Dritte Reich"*, Hamburg 1975

Ruiz Holst, M.: *Neutralität oder Kriegsbeteiligung? Die deutsch-spanischen Verhandlungen im Jahre 1940*, Pfaffenweiler 1986

Saña, H.: *El franquismo sin mitos. Conversaciones con Serrano Suñer*, Barcelona 1982

Schmidt, P.: *Statist auf diplomatischer Bühne 1923-45*, Frankfurt 1968

Serrano Suñer, R.: *Memorias. Entre el silencio y la propaganda, la Historia como fue*, Barcelona 1977

Smyth, D.: *Diplomacy and Strategy of Survival: British Policy and Franco's Spain 1940-41*, Cambridge 1986

Tusell, X./G. García Queipo de Llano: *Franco y Mussolini. La política española durante la segunda guerra mundial*, Barcelona 1985

VV.AA.: "Espagne et la cause de l'Axe: Complicité et exonération". En: *Guerres mondiales et conflits contemporains*, n° 162, abril 1991

VV.AA.: "España y la II Guerra Mundial". En: *Revista de Occidente* n° 41-43, octubre 1984

Rafael García Pérez

Franquismo y Tercer Reich: la vertiente económica del Nuevo Orden

Durante todos los años de influencia del Tercer Reich sobre España, desde los inicios de la intervención nazi en la guerra civil, en julio de 1936, hasta la reorientación de la posición internacional del Régimen franquista, en mayo de 1944, las relaciones hispano-alemanas estuvieron definidas por una predominante vinculación económica. Aquella que ligaba a la producción española con la maquinaria bélica nacional-socialista. A pesar de las oportunidades que se registraron para modificar esta relación básica, en un sentido militar o político, todos los intentos se saldaron con una falta de acuerdo. Y aunque en alguna ocasión lo contemplara, el Tercer Reich nunca se decidió a imponer esta modificación por la fuerza.[1]

Esta fórmula de vinculación básica quedó definida en 1936, desde que el Plan Cuatrienal alemán fijara una enorme producción industrial orientada hacia la guerra. A partir de ese momento, la estrategia nacional-socialista procuró asegurarse las fuentes de suministro de las materias primas necesarias. Por ello creó una corona de socios comerciales, aliados y neutrales, cercanos a sus fronteras para evitar el transporte marítimo y los efectos de un posible bloqueo naval. Esta función suministradora se encontraba reservada, originariamente, a los países balcánicos del área danubiana, pero el estallido de la guerra civil y la riqueza mineral española ofrecieron la oportunidad y las razones para que la Península Ibérica fuera asociada a los intereses del Reich.[2] Durante la Segunda Guerra Mundial, esta función suministradora se fue reforzando como consecuencia de las crecientes necesidades bélicas alemanas. La dependencia respecto de la producción española llegó a

---

1   El autor ha presentado recientemente una Tesis Doctoral en el Departamento de Historia Contemporánea de la Universidad Complutense con el título: *Deuda, comercio y Nuevo Orden: España y el Tercer Reich durante la Segunda Guerra Mundial (1939-1945)*, Madrid 1992.

2   La vinculación entre el programa de rearme alemán y la forma y los objetivos de la intervención nazi en la guerra civil fue puesta de manifiesto por W. Schieder: "Spanischer Bürgerkrieg und Vierjahresplan. Zur Struktur nationalsozialistischer Aussenpolitik". En:

hacerse extrema, especialmente en lo relativo a los minerales especiales (wolframio, molibdeno, espato-fluor, ...). La ponderación económica y estratégica que recibieron los suministros procedentes de la Península Ibérica (la aportación portuguesa fue también significativa) llegó a condicionar las decisiones nacional-socialistas sobre España, que siempre se orientaron a preservar el mantenimiento de ese vital flujo comercial en las condiciones económicas más favorables.

Una consecuencia objetiva de la intervención nazi en la guerra civil fue que al final de la contienda el Tercer Reich había conseguido extender, de forma extraordinaria, sus bases económicas sobre la Península.[3] Este desarrollo insólito, más abrumador cuando se compara con la situación relativa de otras grandes potencias (incluida Italia) quedó reflejado en tres hechos distintos. En primer lugar, el control efectivo sobre el comercio exterior del Nuevo Estado franquista a través del sistema de intercambios establecido a partir de las compañías Hisma y Rowak. El segundo escalón de esta penetración hegemónica fue el control de la producción estratégica española, concentrado en el sector minero. Y por último, la creación de un gran *holding* industrial y financiero, a partir de la compañía Sofindus, nacido con la voluntad de lograr un peso decisivo en el seno de la economía española en la posguerra. Este imperio económico creado por el partido nacional-socialista en España se hizo en competencia con el capital privado alemán, tanto del gran capital monopolista como de la colonia alemana establecida tradicionalmente en España cuyos intereses, en buena medida, quedaron excluidos.

Dada la debilidad financiera del Tercer Reich, la fórmula que utilizó para financiar estas inversiones fue reclamar a las autoridades nacionalistas españolas el pago de la ayuda militar prestada a crédito durante la guerra civil. Desde el momento en que el Gobierno alemán decidió un tratamiento "financiero" y no "político" para resolver la cuestión de la deuda de guerra, la existencia y liquidación de este débito se convirtió en un conflicto económico de primera magnitud. Mientras que el Gobierno alemán intentó incre-

---

W. Michalka (ed.): *Nationalsozialistische Aussenpolitik*, Darmstadt 1978, pp. 325-359.

3   La intervención alemana en la guerra civil es bien conocida en sus líneas generales, y de forma especial en sus consecuencias económicas: M. Merkes: *Die deutsche Politik im spanischen Bürgerkrieg, 1936-1939*, Bonn, 2.a edición, 1969; M. Einhorn: *Die ökonomischen Hintergründe der faschistischen deutschen Intervention in Spanien 1936-1939*, Berlin (Ost) 1962; H.-H. Abendroth: *Hitler in der spanischen Arena*, Paderborn 1973; G.T. Harper: *German Economic Policy in Spain during the Spanish Civil War 1936-1939*. Paris 1967; R.H. Whealey: *Hitler and Spain. The Nazi Role in the Spanish Civil War, 1936-1939*, Kentucky 1989.

mentar, por todos los medios, el volumen total de la factura, los nacionalistas españoles demoraron, en lo posible, los pagos, tratando de evitar un crecimiento intolerable de la penetración económica nazi. El contencioso derivó en un largo pulso sostenido entre los dos Gobiernos que se mantuvo hasta la destrucción del Tercer Reich y cuya liquidación definitiva no se produjo hasta 1948 en una negociación en que los intereses alemanes se encontraban representados por el Consejo de Control Aliado.[4] El modo en que fuera liquidada esta deuda iba a determinar, en gran medida, la forma en que el Nuevo Estado se integraría en el Nuevo Orden económico diseñado por Alemania para Europa, la *Großraumwirtschaft*. O España se convertía en un simple proveedor de materias primas cuya explotación y comercialización quedaban bajo control alemán, o el Nuevo Estado franquista adquiría la consideración de asociado, y su contribución económica quedaba encuadrada dentro de la cooperación internacional en favor de un esfuerzo de guerra común.

Estas dudas fueron permanentes entre los dirigentes franquistas. La victoria en la guerra civil había sido lograda casi a cualquier precio y como principal legado de ese sacrificio quedaba una situación de dependencia económica y militar y de satelización política hacia el Tercer Reich. Si en términos generales esta situación era considerada como beneficiosa al ofrecer al Régimen franquista la oportunidad de integrarse en el futuro Nuevo Orden en las mejores condiciones, las bases materiales sobre las que se asentaba la vinculación entre los dos Estados atentaban contra las convicciones más arraigadas del nacionalismo español. El problema era redefinir la naturaleza de las relaciones económicas dentro de unas coordenadas políticas consideradas convenientes. Hacer compatible la realización del *programa autárquico* del Nuevo Estado (crecimiento industrial sobre base militar para sostener una política exterior expansionista), dentro del sistema internacional europeo que a partir de 1940 iba a controlar el Tercer Reich de forma hegemónica.

---

4   Esta regulación fue establecida por el artículo XIII del "Convenio entre España, Estados Unidos, Francia y Gran Bretaña relativo a la eliminación del potencial económico alemán situado en España susceptible de constituir un peligro para la paz, y de liquidación de saldos y reclamaciones de pago entre los Gobiernos de España y Alemania", Madrid (10-V-1948). Este acuerdo fue asumido por el Gobierno federal alemán en 1958: "Convenio sobre ciertos efectos de la Segunda Guerra Mundial entre España y la República Federal de Alemania", Madrid (8-IV-1958). Los textos de ambos convenios pueden ser consultados en el Archivo del Ministerio de Asuntos Exteriores (AMAE), leg. R. 5477/2 y 7223/1, respectivamente.

Desde España no fue percibida la contradicción que enfrentaba a los planes de industrialización autóctona con el funcionamiento de la economía bélica del Tercer Reich. El sistema económico nacional-socialista se basaba en su hegemonía industrial sobre Europa, limitando las capacidades productivas del resto de los países a la tarea de meros proveedores de *in-put* industriales. El programa de integración económica alemán pasaba por una "primarización" de su entorno, creando un binomio de dominación: un continente productor y un centro germánico transformador.[5] Estas necesidades económicas eran cumplidas en el caso español por dos vías complementarias: la propia estructura del intercambio comercial, progresivamente desequilibrado en favor de Alemania, y la red industrial, básicamente extractiva, en manos de la Sofindus.

Por esta razón, el Tercer Reich nunca aceptó proceder a una transformación en las relaciones hispano-alemanas que modificara su naturaleza económica y que implicaba sumar a su condición de potencia hegemónica la cualidad de país cooperador, un concepto de gran potencia desconocido hasta entonces y que los Estados Unidos comenzarían a desarrollar a partir de 1947 con el plan Marshall. Pero el Reich hitleriano partía de un concepto autoritario del poder, y en el sistema internacional que estaba creando no existía otra forma de participar que la simple subordinación. Como consecuencia de la distancia que separaba a las expectativas del nacionalismo español de la realidad del poder nacional-socialista, el Tercer Reich protagonizó, al menos, tres frustraciones sucesivas ante los dirigentes franquistas. Al concluir la guerra civil, en 1939, el Gobierno alemán negó su colaboración en el necesario plan de reconstrucción exigiendo, por contra, la devolución de la deuda de guerra, en unos términos rapaces que contradecían la bondad oficial de las relaciones políticas. Cuando el hundimiento de Francia hizo verosímiles los sueños nacionalistas de construir un nuevo imperio colonial español en el Norte de Africa, ofreciendo incluso la plena beligerancia, Alemania volvió a negar su ayuda prefiriendo trabar una alianza con el colaboracionismo francés.[6] Y una vez más, cuando el Gobierno español requirió asistencia tecnológica en 1941 para poner en marcha el recién creado Instituto Nacional de Industria, la participación alemana fue escasa y, sobre todo, tardía.

---

5   Sobre esta cuestión véase el magnífico estudio de J. Freymond: *Le IIIe Reich et la réorganisation économique de l'Europe, 1940-1942*, Genève 1974.

6   Sobre estas negociaciones sigue siendo básico el estudio de D.S. Detwiler: *Hitler, Franco und Gibraltar. Die Frage des spanischen Eintritts in den Zweiten Weltkrieg*, Wiesbaden 1962.

Los intentos por transformar en un sentido militar o político la relación básica que ligaba al Estado franquista con el Tercer Reich fueron fracasando de forma sucesiva, lo que acabó por reforzar la naturaleza económica de la vinculación establecida, confirmando el papel de España en la economía de guerra alemana. Si en un primer momento, la falta de entendimiento sobre los objetivos y los medios de la beligerancia española creó un ambiente de frialdad y distanciamiento impuesto desde Berlín, la fulgurante invasión de la Unión Soviética ofreció la ocasión definitiva para que el Régimen español se integrara con plena voluntad en el Nuevo Orden. Si la integración política quedó relegada a vanas declaraciones retóricas del ministro español de Asuntos Exteriores, Ramón Serrano Suñer[7], pasos mucho más eficaces fueron dados en otros ámbitos. En el militar, con la beligerancia que supuso el envío de la División Azul.[8] Pero, sobre todo, fue en el terreno económico, en donde España cumplió con el papel que le había sido asignado en el nuevo reparto continental de trabajo, aportando trabajadores y mercancías al esfuerzo de guerra alemán.

España, como la práctica totalidad de países europeos vinculados al Tercer Reich, aportó mano de obra a las fábricas alemanas entre 1941 y 1944.[9] De proporciones modestas (en ningún caso se superó la cifra de 10.000 trabajadores), la colaboración laboral española tuvo ante todo una significación política simbólica y una eficacia económica discutible al ser utilizada, al igual que la División Azul, como un medio para contribuir al pago de la antigua deuda de guerra. Pero la aportación más eficaz del Régimen franquista al esfuerzo de guerra alemán fue su contribución comercial admitiendo un progresivo desequilibrio en el intercambio por *clearing* que acabó siendo estructural.

El desequilibrio en el intercambio comercial convencional entre España y Alemania había sido una constante desde los tiempos de la guerra civil, pero, a partir de 1941, comenzó a adquirir dimensiones alarmantes. Las razones

---

7   Justificadas por ser realizadas en un ambiente de completa exaltación propagandística como fue la renovación del Pacto Antikomintern, en una conferencia de once países reunida en Berlín en noviembre de 1941 y que constituyó, tal vez, la expresión política más acabada del Nuevo Orden europeo de Hitler.

8   El envío de la División Azul ha dado pie a un gran número de publicaciones, entre ellas destacamos dos: R. Proctor: *Agonía de un neutral. Las relaciones hispano-alemanas durante la Segunda Guerra Mundial y la División Azul*, Madrid 1972; y G.R. Kleinfeld, L.A. Tambs: *La División española de Hitler. La División Azul en Rusia*, Madrid 1979.

9   Sobre este aspecto ya profundizamos en un trabajo anterior: R. García Pérez: "El envío de trabajadores españoles a Alemania durante la Segunda Guerra Mundial". En: *Hispania*, nº 170/1988, pp. 1031-1065.

eran múltiples. El Tercer Reich, como el resto de países beligerantes, había incrementado su demanda al tiempo que perdía parte de su capacidad exportadora. Además, seguía una política de acaparamiento de materias primas para asegurar la continuidad de su producción de guerrra, que disparaba el volumen de sus compras. Las autoridades alemanas se esforzaron por conseguir que el Gobierno español admitiera un desequilibrio comercial que empezó siendo de 40 millones de *Reichsmark* en 1940 y alcanzó una cifra superior a los 240 millones de *Reichsmark* en septiembre de 1942.[10]

A partir de ese momento, finales de 1942, y hasta la conclusión de la guerra, la existencia de este desequilibrio comercial se convirtió en la cuestión central de las relaciones hispano-alemanas dominadas por los intentos españoles para reducirlo y los esfuerzos alemanes para conservar un flujo de suministros que les resultaban insustituibles. Este papel nodal que alcanzaron las cuestiones comerciales fue consecuencia de una serie de circunstancias. La principal de ellas fue el cambio de rumbo que se produjo en el curso de la guerra durante el invierno de 1942 a 1943, el desembarco aliado en el Norte de Africa y la batalla de Stalingrado. Estos hechos provocaron un cambio decisivo en el planteamiento alemán de la guerra. Lo que el profesor Milward ha denominado el agotamiento de la estrategia del *Blitzkrieg* y la adopción de una dinámica de *guerra total*.[11] Las exigencias de este nuevo tipo de guerra acabaron de confirmar la función esencialmente suministradora cumplida por España dentro del sistema europeo hitleriano.

Paralelamente, en el interior del Régimen español se había producido en esas mismas fechas (septiembre de 1942) un cambio de personas al frente de la política exterior que tuvo unas consecuencias inmediatas. Concluía el período de mayor implicación del franquismo en el Nuevo Orden hitleriano, aquel que cronológicamente se corresponde con el período ministerial de Serrano Suñer. La política de integración, de participación en el proyecto continental nazi que Serrano protagonizó, una política indudablemente *europeísta*, no fue consumada por la creciente fragmentación interna del Régimen español que llegó a amenazar su propia supervivencia. Frente a esta etapa de integración e iniciativas, la acción política de su sustituto, Gómez Jordana, se caracterizó por un retorno al conservadurismo más genuino del nacionalismo español que permitía recomponer la perdida unidad interna en el seno del Régimen.[12] Planteadas las opciones entre la

---

10 Informe de José Pan de Soraluce (Subsecretario de Asuntos Exteriores) a Francisco Gómez Jordana (Ministro de Exteriores), Madrid (19-IX-1942). AMAE leg. R 2066/1.

11 A.S. Milward: *La Segunda Guerra Mundial, 1939-1945*, Barcelona 1986, p. 72 y ss.

12 Javier Tusell ha puesto de manifiesto la interdependencia que existe entre estos dos hechos: el cambio de rumbo en el curso de la guerra mundial y la sustitución de Serrano

abstención neutralista y una participación de resultados inciertos, el franquismo se decantó por una política en defensa de sus intereses inmediatos. Política que tras el cambio de tendencia en el curso de la guerra, a finales de 1942, tuvo como único objetivo la propia supervivencia del Régimen.

Frente al Tercer Reich esta "política de supervivencia" tuvo como principal objetivo lograr el rearme del ejército español. La necesidad de armamento se convirtió en una obsesión para el Gobierno español. Las armas fueron contempladas como la única garantía que permitía asegurar la continuidad del Régimen, ya fuera en el plano interior, frente a cualquier tentativa de infiltración republicana patrocinada por los aliados, como exterior, frente a los anglosajones pero, también, como forma de neutralizar a los alemanes. En realidad, se trataba de una consideración subjetiva de los gobernantes españoles, claramente a la defensiva, porque el volumen de armamento que podían obtener no permitía modificar el status internacional de España como débil potencia.

Las demandas de armamentos presentadas por el Gobierno español, con reiterada insistencia a partir de septiembre de 1942, fueron acogidas con desconfianza por parte del Tercer Reich. Aunque las circunstancias políticas y estratégicas recomendaran reforzar al aliado español en el momento en que el teatro de operaciones bélico se trasladaba al Mediterráneo occidental, una decisión favorable no se produjo hasta el momento en que Gómez Jordana consiguió vincular el mantenimiento del desequilibrio comercial con la venta de armas. La firmeza negociadora que impuso Jordana consiguió que, en apenas doce meses, las relaciones bilaterales fueran normalizadas. Fueron firmados dos acuerdos de comercio[13] que aunque confirmaban el papel suministrador de la producción española, limitaban el desequilibrio en el *clearing* a 70 millones de *Reichsmark* (300 millones de pesetas de la época), cifra que, con ser importante, contrasta con la enorme magnitud que ese desequilibrio había alcanzado. A cambio de esta generosa contribución española, el Tercer Reich consintió en facilitar una gran cantidad de armamento (conocido por el nombre clave de "Programa *Bär*") por valor de más

---

por Jordana. J. Tusell: "Un giro fundamental en la política española durante la segunda guerra mundial: la llegada de Jordana al Ministerio de Asuntos Exteriores". En: J.L. García Delgado (ed.): *El primer franquismo. España durante la segunda guerra mundial*, Madrid 1989, pp. 281-293.

13 "Convenio comercial hispano-alemán" Madrid (16-XII-1942), y "Acuerdo adicional" al convenio anterior, San Sebastián (18-VIII-1943). Ambos documentos en AMAE leg. R 2066/1 y 2, respectivamente. Los ejemplares alemanes en el Archivo Político del *Auswärtiges Amt*, Bonn (PA/AA), Ha.Pol.III, *Spanien, Deutsch-spanische Wirtschaftsverhandlungen und Wirtschaftsabkommen, 1926-1944*.

de 216,5 millones de *Reichsmark*.[14] La venta masiva de armamento fue el mejor medio del que dispuso Alemania para nivelar su déficit comercial, asegurarse el suministro comercial español e, indirectamente, cobrar una parte significativa de la deuda de guerra pendiente: 100 millones de marcos que fueron pagados en efectivo por el Gobierno español en el otoño de 1943.[15]

Al igual que fue la absoluta dependencia comercial del Tercer Reich respecto de los suministros españoles lo que condicionó su decisión de facilitar el armamento, fue la "política de supervivencia" del Régimen la que impulsó el rearme en 1943, y la reorientación internacional del franquismo en favor de los aliados en mayo de 1944. Entre estos dos vectores, dependencia económica del nazismo y supervivencia franquista, quedaron encuadradas las relaciones hispano-alemanas durante el último período de la guerra mundial.

El nuevo curso de la guerra entregó la iniciativa a las fuerzas aliadas, que empezaron a ejercerla en todos los frentes de batalla: militares, políticos y, también, económicos. Sobre el Gobierno español las presiones comenzaron a ejercerse con cierta firmeza a partir de julio de 1943[16] obteniendo unos resultados inmediatos. En el mes de octubre España declaraba oficialmente su vuelta a la neutralidad y anunciaba la disolución de la División Azul, consumada al mes siguiente. Pero las meras declaraciones políticas del Gobierno español no podían satisfacer los objetivos bélicos aliados ya que se mantenía inalterable la privilegiada relación económica que permitía a la industria de guerra nazi seguir disponiendo de las materias primas españolas. Consecuentemente, los Gobiernos aliados desplegaron toda su influencia para destruir la colaboración económica hispano-alemana, lo que constituía la clave de la aportación española al esfuerzo de guerra alemán.

Estas presiones se concretaron en la imposición aliada de un estricto embargo de petróleo y carburantes al Gobierno español, suministros de los

---

14 Fue, en realidad, una valoración política. El Tercer Reich comenzó las negociaciones reclamando 1.000 millones de *Reichsmark*. Los precios finales fueron fijados tras una larga discusión. "Certificados de valoración del material contenido en el 'Programa *Bär*'" emitidos por los Ministerios españoles del Ejército, Marina y Aire, Madrid (III-IX-1943). AMAE leg. R 2066/7.

15 El pago fue realizado en pesetas que, al cambio oficial, supusieron 434 mill. pts. "Resolución del Consejo de Ministros del 10-XI-1943". AMAE leg. R 2066/7.

16 C. Hayes: *Misión de guerra en España*, Madrid 1946, pp. 159-161; y S. Hoare: *Embajador ante Franco en misión especial*, Barcelona 1977, pp. 221-233.

cuales la economía española dependía por completo.[17] Las exigencias aliadas eran de diversa naturaleza. Insistían en la retirada completa de la División Azul (en realidad, hasta marzo de 1944 siguió existiendo una "Legión" de voluntarios), la devolución de los barcos italianos refugiados en puertos españoles, el cierre del Consulado alemán en Tánger y la expulsión de los agentes del espionaje nazi en el Norte de Africa. Pero la reivindicación esencial era la suspensión total de la exportación de wolframio con destino a Alemania. Tras meses de tensa negociación y tras sufrir una crisis política en el seno del Gabinete, el Gobierno español aceptó finalmente todas estas condiciones en mayo de 1944.[18]

De esta forma se producía lo que en puridad puede denominarse el "giro" en la orientación internacional del Régimen franquista, aquel que engarza la originaria vinculación al Eje con la alianza sellada con los Estados Unidos en 1953.[19] Fue, sin embargo, un giro no consumado, como lo atestigua el largo período transcurrido hasta su materialización completa y, en especial, la condena del Régimen y posterior aislamiento internacional vividos al finalizar la Segunda Guerra Mundial. En realidad, este "giro" dado en 1944 tuvo un alcance limitado a pesar de su importancia indiscutible. El Estado franquista no se pasó con armas y bagajes al bando aliado, aunque sí inició un camino de cooperación que le llevaría a suscribir, en 1944, su primer acuerdo con los Estados Unidos que integraba al territorio español en el marco del sistema estratégico de seguridad norteamericano.[20] El Gobierno español no procedió a realizar un cambio de alianzas, sino que puso fin, de forma unilateral, a la vinculación económica que hasta ese momento le había ligado con el Tercer Reich, sin que el Gobierno alemán, agobiado por el curso de la guerra, pudiera ofrecer ninguna respuesta efectiva.

---

17 Sobre el embargo aliado de petróleo a España, cfr. la Tesis Doctoral de J. Cortada: *Relaciones España-USA, 1941-1945*, Barcelona 1973, pp. 75-127.

18 El acuerdo se consumó el 1 de mayo de 1944 mediante un canje de notas entre los Gobiernos español, británico y norteamericano. AMAE leg. R 2245/8.

19 Nos estamos refiriendo a los conocidos pactos firmados en Madrid entre los Gobiernos español y norteamericano el 26-IX-1953. Sobre el particular cfr. la monografía de A. Viñas: *Los pactos secretos de Franco con los Estados Unidos*, Barcelona 1981.

20 Por medio de un canje de notas efectuado el 2-XII-1944, el Gobierno español concedió a Estados Unidos ciertos derechos aéreos comerciales en España, Río de Oro y Marruecos (a excepción de Canarias), derechos que fueron ampliados por el Protocolo adicional del 19-II-1945, referido a los aviones del Mando Aéreo de Transporte de los EE.UU. A. Marquina: *España en la política de seguridad occidental, 1939-1986*, Madrid 1986, pp. 112-117.

Sin embargo, esta decisión no implicó una ruptura de relaciones entre España y Alemania, sino el camino hacia una relación sobre bases del todo diferentes. Durante el último año de la contienda mundial, el Régimen franquista pretendió realizar una política equidistante respecto de los dos bandos beligerantes; no subordinándose por completo a los aliados y tratando de mantener relaciones abiertas con Alemania. Esta posición intermedia, seguramente algo tímida para lo que exigían las circunstancias internacionales, no era fruto, sin embargo, de la indecisión sino de un cálculo político que finalmente resultó errado. El Gobierno español nunca contempló la posibilidad de que la Alemania derrotada pudiera desaparecer como Estado. Por el contrario, se pensaba que tras la derrota y algunos años de aislamiento, Alemania conservaría parte de su influencia como potencia europea y, sobre todo, una extraordinaria capacidad industrial y tecnológica. Desde este cálculo, el Gobierno español trató de convertirse en el último amigo de una Alemania abandonada sucesivamente por todos sus aliados. Una amistad que se esperaba fuera recompensada con apoyo político, en la futura reconstrucción europea, y con asistencia técnica, capaz de potenciar el desarrollo económico español. A más largo plazo, las expectativas españolas se cifraban en conseguir que la opción alemana en el Mediterráneo fuera, por vez primera, España y no Italia.

Este fallido cálculo político no hizo sino complicar extraordinariamente la posición internacional del Régimen franquista en la posguerra. A la original vinculación con el Tercer Reich se le sumó una imagen exterior de compromiso hasta el final y de identificación ideológica que, en sus términos reales, ya había desaparecido.

* * *

El Nuevo Orden europeo desapareció bajo el peso de las armas de los ejércitos aliados, y en el caso particular de España, como consecuencia directa de las presiones económicas ejercidas por británicos y norteamericanos. Sus años de plena vigencia, aquellos que transcurrieron desde la victoria franquista en 1939 hasta su extinción en 1944 fueron, sin embargo, una crónica de desencuentros sellada por una frustración común. La decisiva contribución del nazismo a la victoria nacionalista en la guerra civil nunca se vio compensada en todo su valor. Económicamente, los resultados obtenidos fueron bastante más modestos que las enormes expectativas creadas en un principio. El *holding* de la compañía Sofindus jamás se acercó al objetivo originario de conseguir una influencia determinante sobre la estructura productiva española. El flujo comercial, aunque mantenido durante los años del conflicto europeo, padeció un régimen irregular dentro de su enorme volumen. Limitado este comercio por las circunstancias de la guerra (el control o no por el ejército alemán de la frontera hispano-francesa), estuvo sujeto a las presiones realizadas desde el exterior, hasta el extremo de confinarlo a una clandestinidad tolerada en 1944. Incluso con la deuda de guerra, cuya existencia permitía augurar una fuente de financiación permanente para ese flujo comercial, el Gobierno alemán se mostró incapaz de cobrarla en su integridad.

Políticamente el resultado fue aún más negativo. En términos ideológicos, el Régimen franquista mantuvo una creciente autonomía a pesar de la común obsesión anticomunista y de que los éxitos militares del nazismo fomentaran un mimetismo más formal que real. En lo que respecta a la Falange, el fracaso fue aún más rotundo. Nunca se configuró como un auténtico partido fascista capaz de regir la construcción del Estado franquista. Al contrario de lo ocurrido en Italia o Alemania, el partido español nunca adquirió el control de la estructura estatal, revelándose como un instrumento ineficaz para ejercer la influencia subordinadora que el nacional-socialismo alemán había conseguido ejercer sobre otros países europeos.

Entre la ilusión de un programa de integración continental y la realidad de un sistema de dominación hegemónico, brutal en múltiples ocasiones, el Nuevo Orden europeo resultó ser para el franquismo una esperanza desvanecida. Los que aspiraban a convertir a España en una nueva potencia colonial con poderío industrial tuvieron que admitir, por las circunstancias de la guerra civil, un tutelaje cuya única transformación posible era su eliminación.

Petra-Maria Weber

Política española hacia Alemania, 1945-1958:

El impacto político y económico de las relaciones hispano-alemanas

El tópico de la "tradicional amistad hispano-alemana" estuvo muy en boga allá por los años cincuenta. Eran tantos los oradores que ensalzaban a Carlos I - el Carlos V del Sacro Imperio Romano Germánico - como fundador de esa amistad tradicional, que casi se corría el riesgo de olvidar lo que había surgido de las relaciones amistosas entre la Alemania nazi y la España franquista, plasmadas en la mutua ayuda militar y en un tratado de amistad (1939). Y es que la amistad hispano-alemana del período 1936-1945 fue el gran tabú de los años cincuenta. Y la expropiación de los bienes alemanes en España, resultado del arreglo de cuentas final - desde el punto de vista político y financiero - entre España y el Tercer Reich, acordado en un convenio hispano-aliado, fue la "losa psicológica"[1] que pesó sobre dichas relaciones a lo largo de los años cincuenta.

Vamos a ocuparnos brevemente de ciertas "losas" de tipo económico y político que causaron bastantes dificultades en las relaciones hispano-alemanas de la posguerra. El presente ensayo esboza la política española hacia Alemania[2] desde el año 1945 hasta 1958, en función de sus circunstancias políticas (exteriores), sus objetivos y sus resultados.[3] En consideración de lo

---

1   Así se lee en el periódico alemán *Die Welt*, 13-III-1958.

2   Por el término "política española hacia Alemania" se entiende aquí tanto la política dirigida a la Comisión de Control Aliada (CCA) en su función de representación de los intereses alemanes como la política dirigida a la República Federal de Alemania (R.F.A.). Quedan excluidas la Unión Soviética y la zona de ocupación oriental, la posterior República Democrática Alemana (R.D.A.). Por razones estilísticas, renunciamos a diferenciar la palabra "alemán", porque el contexto permite deducir si se refiere exclusivamente al "Deutsches Reich", a las zonas de ocupación o a la R.F.A.

3   Este ensayo es parte de un proyecto de investigación más amplio que está publicado bajo el título *Spanische Deutschlandpolitik 1945-1958. Entsorgung der Vergangenheit?*, Saarbrücken 1992. Ese estudio se basa en la consulta de archivos de prensa en la R.F.A. y de

prolongado del período, parece indicado anticipar un resumen cronológico de la evolución política y comercial de las relaciones bilaterales.

Este artículo se centra en los dos problemas más esenciales de las relaciones hispano-alemanas: la actitud práctica ante el pasado comprometido y la cuestión de los bienes alemanes bloqueados y expropiados. Pero, ante todo, merecen atención dos características que marcan, a despecho de la multitud de diferencias, la posición internacional de España y de la R.F.A.: su "aislamiento" en la esfera internacional y el papel mediatizador desempeñado por EE.UU. en la política exterior de ambos países.

Es bien conocida la intrincada situación de la política exterior española después de la capitulación alemana. El régimen se encontró ante el problema de sobrevivir políticamente como residuo de la época fascista. No había alternativa a la política de acercamiento a los aliados occidentales que el gobierno franquista venía practicando, aunque de modo contradictorio, desde 1943.[4] Con un cambio de imagen hacia un Estado católico, representativo y social, acompañado por la hinchada retórica del nacional-catolicismo, el régimen se despegó del derrotado modelo fascista a fin de conseguir un arreglo con los gobiernos democráticos sin modificación notable ni en lo referente al ejercicio del poder ni a la estructura sociopolítica. El recién constituido foro internacional, la ONU, condenó el franquismo; y aunque el rechazo a la dictadura nunca alcanzara la intensidad de un aislamiento absoluto, pesaba considerablemente sobre el régimen.

Fue EE.UU., la potencia hegemónica de la nueva Europa occidental, quien rompió el "aislamiento". El convenio sobre las bases norteamericanas señalizó definitivamente esa ruptura y el papel de intermediario en la política exterior española que desde entonces asumió EE.UU. Al ser la más fuerte entre las potencias de ocupación, EE.UU. desempeñó el mismo papel en la política exterior de la R.F.A.

La España franquista y la R.F.A. eran - por decirlo así - dos casos de reinserción en Occidente, y sus relaciones políticas mutuas estuvieron durante algunos años influidas, e incluso determinadas en un alto grado, por la aten-

varios archivos políticos en España: el Archivo del Ministerio de Asuntos Exteriores (MAE), el Archivo General de Alcalá de Henares (AGA) y el Archivo de la Presidencia del Gobierno/Jefatura del Estado (AJE). Muchos aspectos que aquí solamente pueden ser tocados brevemente son tratados con detenimiento en ese libro, que incluye un índice de fuentes más detallado.

4   Por lo que respecta al juicio de Franco sobre el estado de la Guerra Mundial, cfr. el artículo de A. Marquina en esta publicación.

ción a sus respectivas relaciones con EE.UU., Gran Bretaña y Francia. Por eso, el establecimiento y el calendario de las relaciones hispano-alemanas testimonian la integración de ambos Estados en el surgiente bloque occidental. Alrededor del año 1955 terminó el plazo de prueba para la dictadura franquista y la R.F.A.: España ingresó en la ONU y la R.F.A. logró un estatus (casi) soberano. Este aumento de aceptación en la política internacional fue uno de los requisitos esenciales para la intensificación de las relaciones hispano-alemanas en la segunda mitad de los años cincuenta. Aparte del específico aislamiento y de la mediatización norteamericana de la política exterior, los dos gobiernos tenían en común el hecho de que para ambos las relaciones políticas mutuas eran un asunto de segundo o tercer orden. Sin embargo, dichas relaciones no carecían de explosividad, por el hecho de que el pasado fascista que permanecía vivo en España también se manifestaba en diversos ámbitos sociales de la R.F.A.

La política española hacia Alemania del período 1945-1958 puede subdividirse en tres fases secundarias (1945-1948, 1948-1952 y 1952-1958), cada una con características y movimientos propios.

Entre 1945 y 1948, todo giró en torno a la liquidación de las relaciones con la Alemania nazi. Tres días antes de la capitulación alemana, el gobierno español se comprometió, entre otras cosas, a cooperar con los aliados en su búsqueda de agentes del espionaje alemán y criminales de guerra, a bloquear los bienes pertenecientes a los Estados del Eje y sus súbditos y a informar a los aliados al respecto.[5] La superación de estas herencias entrañaba un gran riesgo, pero al mismo tiempo una buena oportunidad: por un lado, una cooperación ambigua, es decir, prometida oficialmente pero omitida en la práctica, podía poner en peligro el acercamiento a los aliados; por otro lado, se podía enfocar el asunto como "prueba de confianza", lo que abría la perspectiva de mejorar las relaciones con los aliados. Al cabo de tres años, quedó demostrado que el gobierno español había sabido sortear el peligro, aunque sin obtener verdadero provecho de la situación. Por lo que se refiere al bloqueo y posterior liquidación de los bienes alemanes, los aliados encontraron más complacencia en la élite franquista, ya que, en los casos dudosos, el posible provecho económico pesaba más que las antiguas lealtades políticas. En octubre de 1946, España reconoció a la Alta Comisión de Control Aliada como representante legítima de los intereses alemanes.[6]

---

5   España se adhirió el 5 de mayo de 1945 al Convenio de Londres y a la Resolución VI de Bretton Woods.

6   Cfr. la documentación en AMAE legajo R. 10003, exp. 9.

Hasta entonces, los contactos extraoficiales y el estraperlo[7] habían preparado el terreno para las negociaciones oficiales sobre la liquidación de los bienes alemanes, que se entablaron a principios del año 1947 y concluyeron en mayo de 1948 con la firma de un convenio. Con la rúbrica de este acuerdo, se desbloquearon las cuentas españolas en EE.UU., se autorizó la reanudación de las comunicaciones y de las relaciones comerciales con las zonas ocupadas occidentales y se abrió paso a la apertura de consulados en estas zonas.

A partir de estas bases renovadas, podemos hablar de una nueva fase que cubre el período comprendido entre 1948 y 1952. Durante esos cuatro años se sondearon las posibilidades de establecimiento de relaciones diplomáticas plenas.

J. M. Aguirre Gonzalo, diplomático de carrera y economista, entregó sus cartas credenciales en mayo de 1951; el gobierno alemán mandó a España en octubre de 1952 a Adalbert von Bayern, hijo de la Infanta María de España y poco versado en materias políticas y económicas. La considerable demora por parte alemana se explicó extraoficialmente hasta la primavera de 1952 por la oposición de Francia[8], y después, ya oficialmente, por la falta de personal indicado. En realidad la demora se debió a un complejo conjunto de consideraciones de política interior y exterior.

En esos años, las actividades de la diplomacia española en relación con Alemania se orientaron, en primer término, a la mejora de las relaciones hispano-aliadas. Aún no podía hablarse de una concepción política que definiera claramente los intereses españoles que debían ser respaldados por las gestiones diplomáticas. El representante español cerca de la CCA declaró como objetivo principal de la diplomacia española "organizar y mantener nuestros servicios de modo eficiente e impecable, en un tipo decoroso y justo. Así afirmaremos y mantendremos la consideración hacia nosotros en un escenario internaciones [sic] de la mayor importancia, más todavía en relación con los países aliados y aún respecto de Rusia y sus satélites que con Alemania misma. En cuanto a política, fuera de sus relaciones con los aliados, nada está permitido a la República Federal Germánica, y tampoco

---

7   Cfr. la carta del ex-gerente de SOFINDUS y copartícipe de HISMA, Johannes Bernhardt, a Emilio Navasqüés, 8-XI-1946: AMAE legajo R. 4027, exp. 6.

8   Para lo que atañe a la actitud del gobierno francés, cfr.: Gasset, Emb. esp. en Bonn, a MAE, 16-IV-1951: AMAE legajo P. 464/33741; Aguirre Gonzalo, Emb. esp. en Bonn, a MAE, 15-V-1951 y 5-VII-1952, y la nota anónima de una conversación con Haidlen, de la embajada norteamericana en Madrid, 21-V-1951: AMAE legajo R. 3358, exp. 8.

para España parece verse de ese lado oportunidad 'activa' en el sentido corriente de esta idea."[9]

Pasados dos años y medio, el embajador español en Bonn constató: "Alemania entra, pues, decididamente en 1952 en la esfera de acción de las Potencias de primer rango internacionales ... [y] se halla, pues, en la vanguardia del movimiento político pro Unión-europea...".[10] Efectivamente, ante la perspectiva de las concesiones políticas al gobierno alemán y la creciente prosperidad económica, la R.F.A. ganaba cada vez más peso en la política exterior de España. El comercio hispano-alemán tomó un giro desfavorable a España en el año 1952. En lo referente a la eficacia y la potencialidad económica, se puso de manifiesto que España y la R.F.A. avanzaban en direcciones opuestas. La dinámica de este panorama influyó mucho más en las relaciones bilaterales de los años 1952-1958 que el antagonismo de los sistemas políticos.

Tradicionalmente, Alemania pertenecía a los países de mayor importancia para la exportación española. Hasta el año 1952, el comercio hispano-alemán aumentó hasta alcanzar el nivel de antes de la guerra. El crecimiento económico alemán prometía un futuro dorado para las ventas de productos agrarios y materias primas, y, por el otro lado, la atrasada industrialización española despertaba esperanzas en la R.F.A. Los informes generales de las embajadas, así como los periódicos de economía, solían describir unas perspectivas comerciales halagüeñas, pero los negocios cotidianos producían una impresión menos optimista. El desnivel de la capacidad de producción industrial, junto con el deterioramiento de los términos del intercambio (terms of trade) para los exportadores de productos agrarios y materias primas, condujo a una situación digna de ser llamada clásica: el endeudamiento de la economía relativamente menos desarrollada de un par.

Hasta fines de los años cincuenta, la dictadura franquista ejerció una política de industrialización de corte autárquico. Con la consiguiente política aduanera restrictiva, el gobierno franquista entró inevitablemente en conflicto con la política económica exterior de la R.F.A., que pretendía - conforme a las necesidades de una economía altamente industrializada y orientada a la exportación - ampliar sus cuotas de mercado en España. Este conflicto era objeto de discusión cada año, cuando se negociaban nuevos acuerdos comerciales que fijaban los cupos de mercancías y las condiciones de pago. En las negociaciones, la delegación española trataba siempre de ampliar el contingente de maquinaria, herramientas y materiales que

---

9 García Comín a Martín Artajo, 10-VI-1950: AMAE legajo R. 3113, exp. 28.

10 Aguirre Gonzalo a MAE, 14-I-1953: AMAE legajo R. 2993, exp. 1.

(todavía) no podían ser fabricados en España en la cantidad y calidad requeridas. A cambio de esos *essential goods*, los economistas franquistas se mostraban dispuestos a gastar las divisas, pese a su notoria escasez. Por su parte, la delegación alemana reclamaba siempre un aumento de los cupos para ciertas mercancías de consumo y de lujo, los llamados *non-essential goods*, que la delegación española - sea por la escasez de divisas, sea por deseo de proteger la industria nacional - no quería o no podía conceder. Los intereses alemanes se centraban en la importación de minerales. España vinculaba el abastecimiento de minerales de hierro, pirita, etc., requeridos por los alemanes, al abastecimiento de una cierta cantidad de productos agrarios. El principal interés español era conseguir mejores condiciones para la venta de cítricos y vino. Resumiendo: ambas partes se ofrecían ciertos productos de gran interés respectivo, pero pretendían venderlos solamente en combinación con géneros que, por razones de política económica u otros intereses más específicos, resultaban difíciles de exportar.[11]

La balanza de pagos, que fue positiva para España hasta el año 1951, cambió de tendencia en el año 1952. A pesar de la (pseudo)liberalización alemana[12], la posición española en el comercio bilateral se deterioraba. El débito español aumentaba sin cesar, y al fin del año 1954 ascendía a unos 65 millones de marcos. Se inició una ronda de difíciles negociaciones, en las que ambas partes recurrieron a casi todos los medios de coacción y anzuelos disponibles.[13] En la primavera de 1955, el gobierno español aceptó un crédito para resolver las dificultades de pago causadas por la insolvencia española. Al año siguiente, la balanza de pagos se cerró de nuevo con saldo deudor para España, y a fines del año 1957, el pasivo español había aumen

---

11 En el año 1952, por ejemplo, las exportaciones españoles a la R.F.A. se elevaron a unos
    230 millones de marcos: productos agrarios por un valor de 125 millones de marcos (la
    partida cítricos/sin fruta se eleva a 96 millones de marcos), y materias primas por un valor
    de unos 91 millones de marcos. Por su parte, España importó en 1952 mercancías alemanas por un total de 281 millones de marcos: maquinaria por 125 millones de marcos, productos químicos y farmacéuticos por 100 millones y vehículos de transporte por un valor
    de 60 millones de marcos. Cfr. Statistisches Bundesamt (ed.): *Statistisches Jahrbuch für
    die Bundesrepublik Deutschland*, Wiesbaden, p. 316.

12 La R.F.A. fue sustituyendo paso a paso el sistema de contingentes por las barreras arancelarias. A la importación de algunos productos agrarios de procedencia española se le
    imponían derechos arancelarios muy altos, que empeoraban considerablemente la competitividad, y, consiguientemente, la venta de los productos españoles en el mercado alemán.

13 Ver la interesante discusión de las negociaciones en: *Der Außenhandel*, especialmente los
    números 47 y 49 del año 1954 y los números 4, 7 y 9 del año 1955.

tado a unos 250-300 millones de marcos.[14] El gobierno franquista, que desde 1945 siempre había estado a la defensiva frente a los aliados, estaba adoptando ahora cada vez más esa misma actitud frente a la económicamente fuerte R.F.A. A partir de 1952, el porcentaje de productos alemanes en la importación española ascendió a entre un 9 y un 11 % , mientras que la exportación a la R.F.A. oscilaba entre un 10 y un 15 % del total de las exportaciones españolas.[15] Sin embargo, el intercambio económico hispano-alemán no tenía demasiada importancia para la economía alemana. En el total de las importaciones alemanas, los productos de procedencia española constituían alrededor de un 1,5 % del total. Desde 1952 - con excepción del año 1955, en el cual las dificultades de pago menoscabaron el intercambio bilateral -, la R.F.A. se convirtió en el primer país proveedor europeo en el marco del comercio exterior de España. Al mismo tiempo - con excepción de 1954 -, la R.F.A. era el primer país comprador de España, por delante de Gran Bretaña y EE.UU.

Los problemas del comercio hispano-alemán no eran singulares, sino que tenían sus paralelismos en el intercambio de España con los demás países europeos, ya que obedecían al perfil económico de España. Como se sabe, la política económica basada en concepciones autárquicas, con su objetivo de estimular la industrialización nacional, tenía sus límites, y a partir de mediados de los cincuenta fue perdiendo de mes en mes el apoyo de las (nuevas) élites socio-económicas del régimen. Resulta notable que se publicara en 1956 una traducción española del libro de Ludwig Erhard, ministro de Economía alemán, llamado el "padre" del concepto de la "economía de mercado libre y social". El prólogo lo escribió Gual Villalbí, el posterior presidente del Consejo de Economía Nacional y protagonista de la reforma económica en el gabinete de 1957.

El incesante retroceso de la economía española - aunque fuera solamente un estancamiento relativo al crecimiento en Europa - y el imparable crecimiento de la economía alemana formaban un contraste profundo: la crisis económica empezaba a amenazar al régimen franquista, mientras que el llamado "milagro económico" estabilizaba el régimen democrático en la R.F.A.

Ante este escenario, en los años 1954-55 comenzó una "diplomacia viajera" que demuestra a su vez el creciente interés por el intercambio bilate-

---

14 *Industriekurier*, 29-X-1957.

15 Lo siguiente se basa en las estadísticas publicadas anualmente en el *Statistisches Jahrbuch für die Bundesrepublik Deutschland*, editado por el Statistisches Bundesamt, Wiesbaden.

ral. Muchos políticos, así como los hombres fuertes de la economía, viajaban con asuntos hispano-alemanes en sus carteras. En su mayoría, los viajeros alemanes preferían rendir visitas de carácter estrictamente extraoficial, en tanto que los políticos españoles procuraban sacar rendimiento periodístico a los viajes, para subrayar así la afiliación al Occidente político.[16] La ambición diplomática española de presentar a la dictadura franquista como digna de integrarse en Occidente, implicaba esforzarse por lograr el apoyo político de la R.F.A. Con el tiempo, esos esfuerzos darían buen resultado. Ya en 1952, el gobierno alemán aplaudió la admisión de la España franquista en la organización cultural de la ONU - a los delegados del gobierno republicano en el exilio, que hasta entonces representaba a España en la UNESCO, los habían puesto en la calle[17] -, y en 1954 se firmó un convenio cultural entre España y la R.F.A.

La diplomacia franquista intentaba asegurarse el apoyo alemán también en el terreno más propiamente político-militar. Así, el ministro de Exteriores Martín Artajo insinuó en marzo de 1953 al embajador alemán en España que al gobierno español le complacería que el "Canciller Adenauer en su visita a los Estados Unidos se refiriese a la importancia que reviste España para la defensa del Occidente y a la conveniencia de llegar a un acuerdo con nuestro gobierno". Dos meses más tarde, el consejero de la embajada alemana Schlitter informó a Navasqüés que "el asunto se tocó pero sólo superficialmente y de pasada en Washington".[18] Hay que advertir que Adenauer, canciller del gobierno de un país no soberano, probablemente prefirió abstenerse de aconsejar a la potencia de ocupación con mayor importancia política que concluyese un acuerdo militar con un gobierno que (casi) se había adherido al eje fascista. Una vez lograda la "soberanía" de la R.F.A., el gobierno alemán intervino - al principio muy cautamente, y desde 1958 con más énfasis - en favor de una entrada de España en la OTAN.[19] El gobierno fran-

---

16 Cfr. los preparativos para los viajes de Artajo y Adenauer, finalmente no realizados, en AMAE legajo R. 5662, exp. 11.

17 Cfr. H. Küppers: "Weltpolitik und Kultur. Die UNESCO und die Aufnahme Spaniens". En: *Geist und Tat*, año VIII, 1952, pp. 37-41.

18 Citado - como lo anterior - de la nota informativa del subsecretario del Ministerio de AA. EE., Emilio Navasqüés, 23-V-1953: AMAE legajo R. 5038, exp. 37.

19 Estas actividades alemanas pueden interpretarse como manifestaciones de simpatía, ya que por entonces España aún no había solicitado la entrada en la OTAN. En abril de 1957, es decir, después de la reorganización del gabinete español y antes de los comicios federales alemanes, la oficina de prensa del gobierno alemán publicó un articulo asegurando que el Gobierno alemán recomendaría la adhesión de España a la Alianza Atlántica (cfr. *Bulletin des Bundespresseamtes*, 10-IV-1957). Al día siguiente, el jefe de la oficina de prensa lo desmintió (cfr., por ejemplo, *Freie Presse*, Bielefeld, 12-IV-1957; *Deutsche*

quista, a su vez, adoptó una postura favorable a Alemania: reconoció a la R.F.A. como legítimo sucesor del "Deutsches Reich", y apoyó - incluso materialmente - el rearme alemán. Además, Martín Artajo, en un discurso ante la asamblea de la ONU, hizo hincapié en la admisión de la R.F.A.[20]

Al conseguir el apoyo del gobierno alemán para la integración política y militar, la diplomacia española cosechó un éxito. En cambio, todos los esfuerzos encaminados a obtener el apoyo alemán a la política económica franquista fueron vanos. No sólo el gobierno alemán estimulaba, junto a los otros gobiernos europeos y el de EE.UU., la liberalización de la política económica española, sino que apremiaba también al gobierno español a revisar el convenio hispano-aliado de 1948, en el que se había acordado la liquidación de los bienes alemanes. El gabinete de "tecnócratas" constituido en 1957 mató dos pájaros de un tiro: el llamado "plan de estabilización" dio pie, en 1958, a la revisión del convenio, y en 1959, a la liberalización de la economía.

A finales de los años cincuenta, la cuestión del futuro económico de las relaciones hispano-alemanas había relegado a segundo plano el asunto del pasado fascista y del carácter antidemocrático del régimen franquista. En los primeros años de la posguerra, el gobierno franquista tuvo que responder en la práctica a los aliados que le preguntaban cómo pensaba manejar la herencia de la adhesión a la Alemania nazi, es decir, la cuestión de los alemanes refugiados en España o residentes en territorio español, menos temerosos del régimen nacionalsocialista que de su fracaso. En lo siguiente abordamos este aspecto de la política española hacia "Alemania", describiendo a continuación la "vida media" de los reproches de índole político-moral que enturbiaron las relaciones hispano-alemanas de posguerra.

En mayo de 1945, la representación norteamericana envió al Palacio de Santa Cruz una relación de personas, en su mayoría súbditos alemanes acusados de haber sido agentes del espionaje alemán. Al enterarse de que algunas de estas personas enumeradas se habían alistado al Tercio, y de que otros tantos habían adquirido la nacionalidad española, la representación nor-

---

Zeitung und Wirtschaftszeitung, 17-IV-1957). En 1958, cuando el ministro de exteriores Brentano declaró que el gobierno alemán no ponía "ningún reparo" a la entrada de España, no hubo nadie que lo desmintiera (cfr. la *Saarbrücker Zeitung*, 3-IV-1958; *Frankfurter Neue Presse*, 8-V-1958; *Industriekurier*, 9-IV-1958). Al año siguiente, el canciller Adenauer abogó por un ingreso de España (cfr. el *Keesings-Archiv*, 16-XI-1959, 8057 B).

20 Por lo que respecta a la visita de agradecimiento del embajador alemán, cfr. la carta de Gutiérrez Cano, Emb. esp. en Bonn, a Núñez Iglesias, MAE/Dir. Gral. Pol. Econ., 12-XII-

teamericana pidió la inmediata anulación de las naturalizaciones, el cumplimiento de la obligación de informar a los aliados, y la "repatriación", es decir, la extradición de las personas reclamadas.[21] El problema de las naturalizaciones se mostraba muy delicado. En la prensa extranjera se hablaba de entre diez y treinta mil personas que habían adquirido la nacionalidad española desde comienzos de los años cuarenta. El embajador español en París aconsejó bajo estas circunstancias la publicación de las "viejas cifras", que reducían extraordinariamente el número de nacionalizaciones.[22] El 12 de julio de 1945, el Ministerio de Asuntos Exteriores facilitó a la prensa extranjera esas "viejas cifras", según las cuales, desde 1939 hasta mayo de 1945 solamente habían sido naturalizados cinco alemanes.[23] El mismo mes, el gobierno español suspendió oficialmente todas las disposiciones en materia de naturalizaciones, pero en el Ministerio de Asuntos Exteriores no se sabía cuántos alemanes se habían naturalizado ya en realidad. Al parecer no había demasiada prisa en recabar información de los ministerios de Justicia y de la Gobernación, bajo cuya responsabilidad fueron expedidas, respectivamente, las cartas de vecindad o de naturaleza. Por supuesto, nadie ni nada podía garantizar la veracidad de las informaciones finalmente facilitadas por los mencionados ministerios. En el Ministerio de Asuntos Exteriores, donde se habló de "irregularidades" y de "resquicios"[24], los datos sobre las naturalizaciones parecen haber sido (otra vez) examinados y retocados.

Sea como fuere, lo cierto es que se demoraba el envío de las listas a los aliados, los cuales, por su parte se enteraron de que ya hacía tiempo que el Ministerio de Asuntos Exteriores había recibido más datos sobre las naturalizaciones. Por eso se dirigieron en demanda de información a varias oficinas del ministerio. En octubre de 1945 recibieron dos listas distintas, una de la Dirección de la Política Económica y otra de la Dirección de Política Exte-

---

1956: AMAE legajo R. 4618, exp. 6.

21 Para lo que respecta a este asunto, cfr. la documentación en AMAE legajo R. 3028, exp. 13 y ahí especialmente la nota de la embajada norteamericana del 8 de noviembre de 1945, que constituye un buen resumen de la correspondencia sobre el asunto. Repatriación significaba la integración de las personas requeridas en los grupos de soldados alemanes que habían pasado de Francia a España y estaban esperando su regreso a "Alemania". Probablemente, los representantes norteamericanos y británicos preferían la repatriación con el fin de evitar el largo trámite - y además el dudoso resultado - de una extradición.

22 Mateu, Emb. esp. en París, a MAE, 9-VII-1945: AMAE legajo R. 3028, exp. 13.

23 Cfr. la nota verbal de la embajada norteamericana, 22-VIII-1945: AMAE legajo R. 3028, exp. 13.

24 Cfr. la nota informativa de E. Navasqüés, 8-XI-1945: AMAE legajo R. 3028, exp. 13.

rior, que únicamente tenían en común el hecho de enumerar más de cinco alemanes nacionalizados desde 1939. Es comprensible que los aliados - según E. Navasqüés - pusieran "en tela de juicio la seriedad y buena fe de nuestras Autoridades"[25]. La falta de coordinación y los enmarañados conflictos de competencias dentro del Ministerio de Asuntos Exteriores causaron ese "lío diplomático". Una investigación interna llegó a la conclusión de que el Ministerio de Asuntos Exteriores no era capaz de obtener datos exactos sobre las nacionalizaciones, y mucho menos de impedirlas.[26] La representación norteamericana expresó su "creencia que tal acción [la nacionalización de otros alemanes aparte de los cinco ya conocidos desde antes] había sido hecha sin consultar con el Ministerio de Asuntos Exteriores, quien estará deseoso de mantener la situación general de acuerdo con sus anteriores manifestaciones y dictar medidas que de una manera efectiva hagan imposibles nuevos intentos de alemanes para evadirse del control aliado".[27] Mientras los representantes norteamericanos se dejaban convencer de la buena voluntad de los diplomáticos españoles - no entraremos aquí en la cuestión de si quedaron de verdad convencidos -, el Director General de Política Exterior, Dussinagues, dio orden de examinar las nacionalizaciones que habían sido retenidas.[28]

Esa política de desinformación no justifica por sí sola la afirmación de que el Ministerio de Asuntos Exteriores - que, por lo que respecta a su personal, era un bastión de la élite tradicional y católica - protegiera a los nazis. Pero el caso de León Degrelle lo demuestra.[29] El gobierno belga pidió varias veces, con el apoyo de Gran Bretaña y los EE.UU., la extradición o repatriación de ese teniente coronel de la *Waffen-SS*. Después de negar la presencia de Degrelle en España, el Ministerio de Asuntos Exteriores fingió una expulsión en agosto de 1946, y en años siguientes volvía a desmentir la presencia de Degrelle en territorio español, mientras el mismo Degrelle concedía una entrevista en un bar madrileño con ocasión de la publicación de su autobiografía en versión española.[30] El prominente fascista fue amparado por Su Excelencia el Ministro de Asuntos Exteriores Martín

25 Cfr. la nota informativa de E. Navasqüés, 8-XI-1945: AMAE legajo R. 3028, exp. 13.

26 Nota informativa de Navasqüés a T. Súñer y Ferrer, 14-I-1946: AMAE legajo R. 3028, exp. 13.

27 Nota de la embajada norteamericana, 25-II-1946: AMAE legajo R. 3028, exp. 13.

28 Nota de Doussinagues a la Dir. Gral. Pol. Ex./Europa, 8-XII-1945: AMAE legajo R. 3028, exp. 13.

29 Ver AMAE legajo R. 5037, exp. 2 y 3.

30 Ver el artículo en *El Español*, 19-XII-1954.

Artajo, que evidentemente no tardó en poner incluso la valija diplomática a disposición de Degrelle.[31] Los documentos del Archivo del Ministerio de Asuntos Exteriores producen la impresión de que el caso de Degrelle fue mucho menos excepcional que el de Pierre Laval. J. A. Armero aduce la extradición de Laval para sostener su afirmación de que Franco no movió "un dedo para salvar a los hombres que más hicieron por él en los años críticos de 1936 a 1939".[32] Si Franco no movió un dedo por los fugitivos de la justicia aliada, lo que está claro es que su entorno político sí lo hizo. Algunos nacionalsocialistas encontraron protección en la *high-society* franquista y pudieron rehuir la responsabilidad de sus actuaciones con la ayuda de autoridades españolas.[33] En apariencia no se realizó una persecución efectiva de las aproximadamente 750 personas en cuestión.[34]

También hubo "irregularidades" en torno a la repatriación de los españoles que se encontraban en el territorio del antiguo Reich después de la ruptura de las comunicaciones oficiales, en mayo de 1945.[35] Las repatriaciones se demoraron hasta 1948, y todos los grupos que salieron hacia España entre

---

31 Martín Artajo y Degrelle no se conocieron personalmente por lo menos hasta 1954. Fue el marqués de Valdeiglesias - protagonista del C.E.D.I. junto a Martín Artajo - quien mantuvo el contacto con Degrelle desde su entrada en España. Valdeiglesias puso a Martín Artajo al corriente sobre Degrelle (cfr. la carta de Valdeiglesias a Martín Artajo, 23-V-1954: AMAE legajo R. 4212, exp. 6). Actualmente, Degrelle apoya las manifestaciones electorales del francés Le Pen con alabanzas a la *Waffen-SS*. Cfr. el periódico *Frankfurter Rundschau*, 18-X-1991.

32 Cfr. J.M. Armero: *La política exterior de Franco*, Barcelona 1978, p. 35.

33 En las actas referidas a nacionalizaciones de personas requeridas por los aliados se encuentran apuntes y varias cartas de altos militares y políticos que intercedieron en favor de personas cuya "repatriación" se solicitaba. Desde luego, los fondos de los archivos consultados (cfr. nota 3) no permiten ni por aproximación comprobar datos cuantitativos. Hay indicios que fomentan la sospecha de que el "Patronato de Refugiados Extranjeros Indigentes", que estaba estrechamente relacionado con Acción Católica, y diversos círculos alemanes habían contribuido bastante a la fuga de nacionalsocialistas.

34 El ministro británico Baker habló de 734 personas, de las cuales 192 habrían sido entregadas a las autoridades aliadas hasta junio de 1946 (*Agencia Reuter*, 24-VI-1946). En el Archivo de MAE no se encuentra una enumeración completa de las personas requeridas por los aliados, pero la suma de las diferentes relaciones se acerca a la cifra comunicada por Baker.

35 El total de los españoles afectados es difícil de estimar. Unas 900 personas salieron ya en 1945, y según las vagas estimaciones del Ministerio de AA. EE., en 1946 unas 500 personas aún esperaban su repatriación. Cfr. la documentación en AMAE legajo R. 3113, exp. 27; legajo R. 2604, exp. 18; legajo R. 2698, exp. 34 a 36 y especialmente la nota informativa del 25 de abril de 1947: AMAE legajo R. 2698, exp. 35.

1946 y 1948 incluían más alemanes que españoles. Por eso las repatriaciones eran materia de conflicto. Martín Artajo, que eligió personalmente a los diplomáticos encargados de esta delicada tarea, ordenó en el verano de 1946 que se examinara cuidadosamente la identidad de quienes pretendían tener la nacionalidad española, a fin de evitar más conflictos con los aliados.[36] Sin embargo, el subsecretario de Estado T. Súñer y Ferrer indicó a los diplomáticos que no perdieran tiempo con farragosas identificaciones.[37] Al año siguiente se dio orden de enviar a España a todos los que quisieran ir. Para evitar conflictos con las autoridades aliadas, se aconsejó hacer dos listas: una para los aliados y otra para la policía española.[38]

Por supuesto, en las circunstancias poco claras que reinaban en las zonas de ocupación, no había modo de impedir que algunos fugitivos alemanes se hicieran pasar por españoles. Pero una cierta generosidad contribuía notablemente a las "irregularidades" en las repatriaciones. A veces, una ignorancia sorprendente aportó lo suyo para fomentar el floreciente comercio con documentación falsa. Así, en verano de 1947, el cónsul español en Génova preguntó, en serio, si los consulados españoles en Düsseldorf, Dresde y Leipzig (!) estaban en funcionamiento, y, en caso afirmativo, qué funcionarios estaban al frente de los mismos. La pregunta del cónsul se debía a que eran "numerosos los ...individuos residentes en Alemania que se dicen españoles, a cuyo efecto acompañan sus escritos con fotocopias de certificados de nacionalidad o pasaportes expedidos principalmente en los años 1945 y 1946 ...los cuales documentos llevan firmas completamente ilegibles".[39]

Concluyendo, se puede afirmar que el gobierno español no se esforzó demasiado en la realización práctica del distanciamiento retórico. El hecho de que los aliados no tardaran en cansarse de perseguir a los nacionalsocialistas fugitivos hizo más fácil al régimen franquista soportar este aspecto de las acusaciones de los países democráticos. En cierto sentido, la ímproba

---

36 Ver notas de Martín Artajo a Mateu, Emb. esp. en París, 9-VI-1946 y 13-VI-46; Martín Artajo a M. Lojendio, Emb. esp. en París, 18-VI-1946: AMAE legajo R. 3113, exp. 27. La identificación resultaba difícil por las diversas restricciones aliadas, que limitaban las averiguaciones de los diplomáticos en las zonas de ocupación, y sobre todo por el gran número de hombres de la colonia alemana en España que se habían afiliado a la *Wehrmacht*.

37 Súñer y Ferrer a M. Lojendio, Emb. esp. en París, 21-VI-1947: AMAE legajo R. 3113, exp. 27.

38 Satorres y Uriés a F. Díez, Emb. esp. en Berna, 10-X-1947 y 17-X-1947: AMAE legajo R. 2698, exp. 35.

39 J. Palencia, Cons. esp. en Génova, a MAE, 20-VIII-1947: AMAE legajo R. 3113, exp. 27.

tarea que representaba la ocupación y la reorganización política convirtió a los vencedores absolutos de la guerra en débiles negociadores. En tales circunstancias, la táctica de dilación, en la que la diplomacia española era muy ducha, obró sus efectos. Los aliados ofrecieron compensar las concesiones españolas en el terreno de las extradiciones o repatriaciones de alemanes con concesiones aliadas en la cuestión de la liquidación de los bienes alemanes en España. Emilio Navasqüés, el funcionario más importante en las negociaciones con los aliados (sobre los bienes alemanes), se opuso en principio a un compromiso de esa clase, pero no vio otra solución concreta. En una nota informativa, poco antes de concluir las negociaciones sobre los bienes alemanes, habla de un arreglo de las cuentas políticas y económicas:

> "Me inclino a creer ... que [los aliados] desean contrapesar las ventajas que desde cierto punto de vista nos proporciona la firma del Convenio sobre bloqueo, consiguiendo algunas suplementarias en lo relativo a repatriaciones. ...De ser absolutamente preciso hacer algunas concesiones en la materia, entiendo preferible negociar por conducto de la Dirección de Política Exterior la expulsión de los elementos señalados en la lista facilitada al efecto por las Embajadas Aliadas. Esta lista ha sido examinada por el que suscribe ...los individuos que en dicha lista se relacionan pertenecen a diversas categorías, unos son agentes profesionales del servicio de espionaje alemán, especialmente del Departamento Militar (Abwehr); otros son elementos desconocidos de los informadores de esta Subsecretaría; otros, por último, son personas cuyas actividades y cuya historia interesan a la Economía nacional o merecen por parte de las autoridades españolas una especial consideración. En su vista, podría aceptarse la expulsión de los incluidos en la primera categoría y en último extremo la de algunos de los incluidos en la segunda, negándose, como es lógico, a adoptar cualquier medida contra los pertenecientes a la tercera."[40]

La biografía de algunas personas mencionadas, como Juan Hoffmann (primera categoría) o Johannes Bernhardt (segunda categoría) permite inferir que las extradiciones no prosperaron. Si bien la cooperación de la élite franquista con los aliados en la persecución de los presuntos nazis fue muy inferior a su cooperación con los nazis, en lo referente al reclutamiento del personal diplomático para las representaciones en las zonas de ocupación y en la posterior R.F.A., el Ministerio de Asuntos Exteriores obró con precaución.

---

40 Nota informativa de Navasqüés, 4-III-1948: AMAE legajo R. 5477, exp.11.

Se procuraba que fueran elegidas solamente personas que no hubieran estado comprometidas por actividades políticas durante la época fascista, o que lo aparentaran.[41] Se rehusó la contratación de un miembro altamente condecorado de la "Legión Cóndor"[42] y se examinaron las asociaciones hispanoalemanas fundadas (casi exclusivamente) en la R.F.A.[43] La escala oficial se mantuvo, por tanto, "limpia", algo que al parecer no puede decirse de los canales de comunicación extraoficiales de los políticos españoles y alemanes. El recurso a elementos de probada confianza durante la época fascista señala que la selección del personal se hacía a partir de consideraciones políticas en torno al efecto sobre la opinión pública, y no a diferencias ideológicas irreconciliables, sobre todo por parte del gobierno alemán, por supuesto.[44]

Aproximadamente hasta mediados de los años cincuenta, las acusaciones referidas al pasado fascista hicieron indispensable una actuación prudente. Así lo expuso en 1950 el representante español cerca de la CCA, después de haber constado la impotencia política alemana: "Tenemos, sí, intereses políticos y otros afines muy importantes, pero con modalidades que requieren manera muy cauta y discreta para que nuestra actividad no sea contraproducente."[45]

---

41 El recurso a Jiménez Berroa, el antiguo jefe de la Falange en Hamburgo, que había mantenido las mejores relaciones con la NSDAP y la Gestapo, fue una excepción. Cfr. la carta de Díaz Tuesta, cónsul español en Hamburgo hasta 1945, a MAE, 7-I-1948; F. Díez a MAE, 14-1-1948, y la nota del *Foreign Office* de Londres a la embajada española en Londres, 26-V-1948: AMAE legajo R. 3113, exp. 27.

42 El representante español cerca de la CCA comunicó el 1 de junio de 1950 a Martín Artajo que se veía precisado a expresar su "parecer contrario, al menos por el momento, a éste y otros nombramientos de alemanes y aún de españoles que hayan tenido una actuación conocida en este país durante el régimen nacista". Cfr. la documentación en AGA 11692/A.E.

43 Cañal y Gómez, de la Dirección General de Relaciones Culturales del Ministerio de AA. EE., ordenó el 14 de febrero de 1949 "... que todas estas iniciativas sean cuidadosamente examinadas y apreciadas, según el relieve e historia de las personas que las patrocinan, con el fin de evitar todo recelo o suspicacia por parte de esas autoridades [aliadas] y el peligro de que la tarea de aproximación cultural hispanoalemana se utilice para encubrir conductas o personas comprometidas ... [que] sirvan en realidad otros intereses ..." Cfr. la documentación en AMAE legajo R. 10967, exp. 5.

44 Para los contactos y las actividades de Gardemann, Hoffmann, Skorzeny y Bernhardt et. al. cfr. Weber (nota 3).

45 Ver la carta de García Comín a Martín Artajo, 10-VI-1950: AMAE legajo R. 3113, exp. 28.

Sin embargo, al final de la década, una "nueva despreocupación" hizo su entrada en las relaciones hispano-alemanas, y sobre todo en la política alemana respecto a la dictadura franquista. La condena del régimen franquista ya había dado paso al cotidiano entendimiento político cuando la debilitación del sector falangista en el gobierno reorganizado de 1957 y el predominio de gobiernos conservadores en la Europa occidental hizo menguar las reservas políticas del gobierno alemán y permitió salir a la dictadura de Franco como vencedora por puntos. El hecho de que el gobierno alemán abogase por la admisión de España en la OTAN, y la consideración de las armas como una clase de mercancía cualquiera[46] indican un lento retroceso de los recelos debidos al pasado fascista de las relaciones bilaterales.[47] No cabe duda de que el conflicto Este-Oeste y, a su sombra, la discusión en torno al concepto de Europa como una nueva entidad política, económica y militar, ejerció un efecto catalizador. El modelo contrastivo del autoritarismo-totalitarismo, reducido con frecuencia en la política cotidiana a la distinción entre dictaduras comunistas y dictaduras de orientación occidental capitalista, ganaba un valor polémico que superó a veces al valor analítico del modelo. Había pasado una década de guerra fría cuando iban en aumento las voces que interpretaban la expedición militar hispano-alemana en la Segunda Guerra Mundial como una manifestación prematura de anticomunismo, en una interpretación utilizada por los políticos franquistas ya desde sus primeros pasos en el acercamiento a los aliados antifascistas. El espíritu de compañerismo entre la asociación de ex-combatientes de la "Legión Cóndor" y la "División Azul" estaba en alza. Pero estos contactos entre los ex-combatientes alemanes y españoles, establecidos por iniciativa

---

46 En su visita a Madrid, el presidente del *Bundesverband der Deutschen Industrie*, Fritz Berg, "conversó sobre las posibilidades de suministro de cierto material militar a la República Federal de Alemania" (*Deutsche Zeitung und Wirtschaftszeitung*, nº 880, 1956, p. 10). De 1955 en adelante, la R.F.A. compró cuantías no negligibles de armas españolas, sobre todo, la empresa *Heckler & Koch* adquirió la patente de un fusil, elaborado en España por técnicos alemanes, que hoy es conocido en todo el mundo como G3, o según la empresa española, como CETME. Ya en 1950/51, el gobierno alemán había solicitado muy discretamente armas para el *Bundesgrenzschutz*, organización policial-paramilitar.

47 Por supuesto, las imágenes del pasado podían ser renovadas, como queda claramente demostrado en 1960, cuando la protesta masiva echó por tierra los planes de construir bases militares alemanas en España. Pero es muy plausible la hipótesis de que las negociaciones nunca habrían sido entabladas si el clima político no hubiera sido favorable. Parece que los políticos actuaban con la convicción de que una cooperación militar secundaria tenía muchas posibilidades de éxito y de que sus gestiones no serían en vano. Cfr. el artículo de C. Collado Seidel en esta publicación.

alemana, se limitaban más o menos al intercambio sentimental y a la vez patético de recuerdos.

Un caso distinto es el del "Centro Europeo de Documentación e Información". El CEDI, como era llamado en todos los idiomas europeos, se fundó en 1952 principalmente por iniciativa de personalidades destacadas de la élite católico-monárquica española: el marqués de Valdeiglesias, el director del Instituto de Culturas Hispánicas A. Sánchez Bella, y A. Martín Artajo, entre otros. Se pensaba en un "grupo de personas particulares ...respaldadas detrás de la pantalla por el apoyo financiero del Estado".[48] La finalidad explícita consistía en "revalorizar la ideología política cristiana" para hacer frente "a la decadencia y al caos de la época moderna".[49] En opinión de los participantes en el congreso fundacional, no existía "una organización eficaz entre las fuerzas sanas de Europa", y por eso había que "crear una organización capaz de coordinar todos los movimientos europeos de signo católico que estableciera relaciones con otras fuerzas anticomunistas afines".[50]

El CEDI fue el resultado de los esfuerzos del sector católico del régimen franquista por establecer y fomentar sus relaciones con los sectores reaccionarios del conservadurismo en los países europeos. Al cabo de pocos años, el CEDI se convirtió realmente en un foro de estos círculos. Los más activos centros nacionales del CEDI eran los de España y de la R.F.A., que estaban estrechamente vinculados, y eran en el fondo los únicos que realmente funcionaban. Sería interesante estudiar la afinidad y el paralelismo ideológicos entre los colaboradores alemanes y españoles, que, en mi opinión, se basaban en un cierto paralelismo histórico: sus experiencias con el fascismo, es decir, con el pacto político entre fascismo y conservadurismo.

Algunos de los protagonistas alemanes del CEDI pertenecían a la amplia coalición conservadora de Adenauer o se encontraban políticamente muy cerca de ella. Fueron ellos quienes allanaron a los políticos franquistas el camino hacia la élite política de la R.F.A. y contribuyeron considerablemente a la desensibilización de la política alemana respecto a la dictadura franquista. De cara a las relaciones hispano-alemanas, el CEDI tenía la ventaja de que proporcionaba una plataforma para sondeos e intercambios de pareceres, sin dar la impresión de que se trataba de un asunto exclusiva-

---

48 Cfr. la carta de Valdeiglesias a Martín Artajo, 10-VIII-1953: AMAE legajo R. 4776, exp. 6.

49 Cfr. el folleto publicado por el C.E.D.I.: *El C.E.D.I. - Lo que es, lo que hace, ?como funciona?*, Madrid 1956, p. 7.

50 C.E.D.I. (cfr. nota 49), p. 21.

mente hispano-alemán. Los participantes alemanes aprovecharon las oportunidades que ofrecían los congresos del CEDI en Madrid y pusieron sobre el tapete un asunto hispano-alemán que evidentemente no resultaba tan llevadero como el común pasado fascista y las graves violaciones de los derechos humanos: la liquidación de los bienes alemanes en España.

El embajador español recién designado comunicó al ministerio en Madrid, poco después de su llegada a Bonn, que "la cosa se presenta dura y complicada".[51] E. Navasqüés, el hombre clave en las negociaciones hispano-aliadas sobre el asunto, le había aconsejado una postura firme porque "en realidad hemos sido clasificados por los aliados como pro-alemanes y se nos ha hecho en consecuencia objeto del más injustificado, anti-jurídico y duro trato; este último extremo, creo lo podrás documentar más que suficientemente; está sin duda alguna en la conciencia de todos y a mi entender, y según aconsejen la discreción y las circunstancias, puede y debe usarse como leit-motiv de tus manifestaciones".[52] En este sentido, ni el Ministerio en Madrid ni el embajador español en Bonn estaban dispuestos a reconocer como un problema español la "cuestión de los bienes", como se decía coloquialmente.[53] Los políticos y hombres de negocios sometían a discusión este asunto - en su opinión aún no resuelto - en toda ocasión oportuna.[54] Al convertirse la R.F.A. en el país más importante de Europa para el comercio exterior de España, el gobierno franquista tuvo que reconocer que este asunto también era un problema español.

En 1945 no cabía duda que los bienes alemanes que se encontraban en territorio español causaban muchos problemas a las autoridades españolas, que habían aceptado la petición aliada de bloquearlos y luego liquidarlos en favor de la Agencia Interaliada de Reparaciones (IARA).[55] En el fondo, la

---

51 Aguirre Gonzalo a Sebastián de Erice, Dir. Gral. Pol. Ex., 23-X-1950: AMAE legajo R. 2627, exp. 93.

52 Navasqüés, Emb. esp. en Buenos Aires, a Aguirre Gonzalo, Repres. esp. en Bonn, 13-IX-1950: AGA 11697/A.E.

53 Cfr. el intercambio de notas: Emb. alemana en Madrid a MAE, 19-XI-1952; MAE a Emb. alemana, 2-XII-1952: AMAE legajo R. 5656, exp. 50.

54 Hubo varias conversaciones extraoficiales sobre el problema, como las que se mantuvieron al margen de las negociaciones comerciales en noviembre de 1952. Cfr. la nota informativa, 19-XI-1952: APG: J.E. 15/1.5.

55 Cfr. el artículo de J.-M. Delaunay: "La liquidation des avoirs allemands en Espagne (1945-1958)". En: J.P. Etienvre, J.R. Qurquijo et. al.: *España, Francia y La Comunidad Europea*, Madrid 1989. El artículo se centra en la participación y la política de Francia. También resulta de interés el libro de R. Scholten: *Die Liquidierung des deutschen Privatvermögens in Spanien im Spiegel des Völkerrrechts*, Düsseldorf 1957. Scholten

entrega de los bienes estatales nunca fue contestada por los diplomáticos españoles. Esto se arregló de un modo relativamente rápido, aunque no sin irregularidades. Mucho más complicado y duradero resultaría el compromiso hispano-aliado sobre los bienes semi-estatales. Lo más difícil a largo plazo serían los bienes privados, que constituían el grueso del valor total. Las autoridades españolas y los representantes habían acordado la liquidación de unas 350 empresas. Desde el punto de vista español, existían objeciones jurídicas y económicas contra la liquidación, es decir, la expropiación de los bienes. Las dudas se planteaban especialmente en torno a la prevista transferencia de divisas y la específica dependencia de las filiales españolas de grandes empresas alemanas. Las filiales del grupo IG-Farben, las de AEG, Telefunken, Siemens y otras dominaban respectivamente la industria químico-farmacéutica y electrotécnica. El valor de estas sucursales o filiales se evaluaba - en palabras de Navasqüés - "en función de la que tienen sus respectivas casas matrices; desaparecidas éstas y no encontrándose nuestra industria (especialmente en cuanto se refiere a investigación y progreso técnico) en condiciones de funcionar con independencia, es preciso reemplazar la matriz alemana por otra también extranjera y asimismo en condiciones de mantener al día nuestra producción."[56] El problema era entonces que las empresas químicas y eléctricas, en especial, "careciendo de equipo técnico en relación con el extranjero no pueden sostenerse",[57] y que al mismo tiempo la legislación franquista impedía justamente esta relación que (casi únicamente) podía ser restablecida mediante una venta de la empresa al extranjero.[58] Antes de 1945, las empresas alemanas (y las de otros países) habían violado sistemáticamente la legislación española, y las autoridades españolas lo habían tolerado. Ahora, los diplomáticos franquistas se encontraban ante el dilema de violar su propia legislación si no querían

---

representa la posición de la mayoría de los juristas y políticos alemanes en los años cincuenta. El estudio discute ante todo el aspecto jurídico del asunto. Para la documentación en el Archivo del Ministerio de AA. EE., cfr. sobre todo las actas (extraordinariamente bien ordenadas) en el legajo R. 5477, exp. 1 y siguientes.

56 Nota informativa de Navasqüés a Martín Artajo, 3-I-1947: AMAE legajo R. 5477, exp. 2.

57 Nota informativa de Navasqüés a Martín Artajo, 3-I-1948: AMAE legajo R. 5477, exp. 11.

58 La Ley de Ordenación y Defensa de la Industria Nacional (24-XI-1937) limitaba - con excepciones - la aportación de capital extranjero a la industria nacional a la cuota máxima del 25 % del capital social de las empresas con más de 250 empleados. Otro modo de procurar que la producción española estuviera al día era la contratación de técnicos extranjeros. El Consejo de Investigaciones Superiores Científicas (CSIC) se dedicaba a esto también en las zonas de ocupación. Cfr. la documentación en AMAE legajo R. 3113, exp. 27; AMAE legajo R. 2010, exp. 9; AMAE legajo R. 3035, exp. 20 y 49; AGA 11697/A.E.

correr el peligro de perjudicar a la economía nacional o respetar la legislación franquista, aceptando así una inversión forzada y parcialmente equivocada desde el punto de vista de la economía nacional, si no querían correr el peligro de enfrentarse con los intereses políticos y económicos españoles que propugnaban la nacionalización de dichas empresas alemanas. Aparte de que el capital extranjero, evidentemente, no tenía demasiado interés en invertir en España bajo la legislación económica vigente, se impusieron los intereses españoles que se prometían de la nacionalización un provecho particular o una confirmación político-ideológica.

En suma: ese ambiguo enriquecimiento no produjo una alegría desbordante entre los elementos políticos franquistas. Los aliados presionaban en pro de un acuerdo que regulara lo antes posible la liquidación. El 10 de mayo se firmó el "Convenio relativo a la eliminación del potencial económico situado en España susceptible de constituir un peligro para la paz y de liquidación de saldos y reclamaciones de pago entre los gobiernos de España y Alemania". El convenio no satisfizo todas, pero sí las principales peticiones españolas. Primero: Junto a la liquidación de los bienes se acordó aclarar los saldos y reclamaciones de pago de las relaciones hispano-alemanas. La delegación española lo solicitó con el argumento de que el único modo de saldar el presunto débito[59] alemán era una participación del Estado español en el producto de las expropiaciones. Segundo: Se desestimó la subasta pública de las empresas, que los aliados propugnaban con el objetivo de maximizar el producto de las expropiaciones, y se acordó un procedimiento que garantizaba a las autoridades españolas una competencia de distribución considerable. Por el hecho de que el procedimiento acordado abrió todas las puertas al favoritismo y el caciquismo (lo cual encajaba con las aspiraciones del lado español[60]), se fijó el producto mínimo de la liquidación en 700 millones de ptas., es decir, 600 millones de ptas. para los bienes privados y 100 millones de ptas. para los bienes estatales. Tercero: Los aliados garantizaban que el futuro gobierno alemán aceptaría este convenio sin hacer reclamaciones.

Martín Artajo elogió en las Cortes el convenio de 1948.[61] Navasqüés opinó: "1. Políticamente, quedaremos limpios, 2. Jurídicamente habremos llegado a una solución airosa y defendible con la posibilidad de que sea rati-

---

59 Cfr. el memorándum de la Representación en España del Comité de Control Aliado (RECCA) al Ministerio de AA. EE., 12-V-1947: AMAE legajo R. 5477, exp. 10 y Scholten (nota 55), p. 47.

60 Navasqüés reflejaba las mejores posibilidades para engañar a los aliados. Cfr. la nota informativa para Martín Artajo, 3-I-1948: AMAE legajo R. 5477, exp. 1.

ficado en el futuro tratado de paz con Alemania."[62] En 1948, los elementos políticos no tenían, evidentemente, la menor idea de las dificultades que causaría el convenio en un futuro próximo. Quizá todavía era fuerte la impresión que comunicaban los diplomáticos de las zonas de ocupación. "Alemania no existe", escribe M. Lojendio, y añade que "...la visión de Alemania es una pesadilla horrible que no puede imaginarse...".[63]

Dos años después de la firma del convenio, aparecieron los primeros indicios de que la cosa se complicaría. El gobierno español reclamó sin éxito de los aliados que el primer gobierno alemán confirmara el convenio, y amenazó con suspender su cumplimiento.[64] En marzo de 1952, las expropiaciones fueron suspendidas. Sería preciso averiguar el motivo que provocó la suspensión. ¿Fue el disgusto o el susto por el margen de negociación concedido al gobierno alemán en los tratados de Bonn en 1952? Quizás el gobierno alemán había vinculado la designación de un embajador para Madrid a la condición de que terminaran las expropiaciones. De todos modos, en octubre de 1952, la embajada francesa acusa al gobierno español de haber dilatado la ejecución del convenio y de haber obtenido de las expropiaciones un producto muy inferior a lo acordado. Se propuso continuar con las expropiaciones hasta una suma de 350 millones de ptas. y se accedió a que el Estado español se quedara con el resto.[65] En el año 1957, el asunto aún estaba pendiente y los bienes permanecían bloqueados. De las aproximadamente 350 empresas, 79 fueron expropiadas.[66]

---

61 Ver el manuscrito de su discurso del 14 de julio de 1948, AGA 11697/A.E.

62 Navasqüés a Martín Artajo, 3-I-1948: AMAE legajo R. 5477, exp. 11.

63 Lojendio, Emb. esp. en París, a Súñer y Ferrer, 19-VI-1946: AMAE legajo R. 3113, exp. 27.

64 Cfr. Delaunay (nota 55), p. 231.

65 Embajada francesa en Madrid a MAE, 8-X-1952: AMAE legajo R. 3361, exp. 91. Aquí haría falta una nota larga acerca de las tensiones entre los aliados y especialmente del papel del gobierno francés.

66 Estos datos se basan en materiales de prensa. Cfr. *Der Außenhandel*, nº 15, 11-IV-1957, p. 4; *Frankfurter Rundschau*, 29-V-1957. *Der Volkswirt* (nº 50, 1-XII-1956, p. 11) contó el número de 92 bienes expropiados. Las mismas fuentes estimaban las pérdidas alemanas entre 1.200 y 1.600 millones de ptas. Dichos datos son evidentemente muy relativos, porque en ellos fueron compensados de modo poco transparente la inflación, el beneficio perdido y la indemnización por el daño ideológico que produjo la violación de los derechos de propiedad privada. La IARA recibió unos 400 millones de ptas. y España retuvo unos 100 millones de ptas. En esto, los datos de Delaunay (cfr. nota 55, p. 229) coinciden poco más o menos con los que ofrece el convenio hispano-alemán de 1958 (cfr. las actas parlamentarias del *Bundestag* 1958: *Drucksache Bundesrat* 194/59).

Durante las duras negociaciones económicas a mediados de los cincuenta, los políticos españoles dejaron entrever un próximo arreglo del problema, y los políticos alemanes ofrecieron concesiones comerciales en caso de solución. La cuestión de los bienes fue para el gobierno alemán, muy probablemente, motivo para la temprana firma de un convenio cultural, y fue puesta en el tapete durante los preparativos de la nunca realizada visita del canciller Adenauer a España. La reclamación de los bienes alemanes se convirtió en la cuestión clave en las relaciones hispano-alemanas, pretexto y sustitutivo para la exigencia general de una liberalización de la política económica española. El agregado comercial español en Bonn, Gutiérrez Cano, lo expresó en 1956 sin andarse con rodeos: "Los alemanes no tienen en el fondo interés por el problema de sus bienes, que posee para ellos más valor moral que material; lo que intentan es hacer saltar toda nuestra política económica por el simple hecho de que a ellos no les conviene, y, para convencernos de que a España le beneficiaría acceder a esta petición, nos ponen delante de los ojos el señuelo de las ventajas económicas."[67]

Del contraste entre la crisis económica de España y la prosperidad económica de la R.F.A. surgió indudablemente el catalizador principal para el arreglo de este punto litigioso de las relaciones bilaterales. En 1957, los gobiernos emprendieron las negociaciones. En abril de 1958 firmaron el "Convenio sobre ciertos efectos de la segunda Guerra Mundial". La nebulosidad de la expresión parece decir más acerca del tabú que pesaba sobre las relaciones bilaterales que del contenido del convenio, y quizás eso se debe también al hecho de que con esa firma no se logró nada sensacional en el terreno práctico, sino más bien una manifestación del cambio de la política económica de España. Así, el convenio podría ser interpretado como final de la época de posguerra en el sentido estricto de la palabra y como comienzo de una cooperación económica que depararía considerables resultados a la dictadura franquista y, a fin de cuentas, una inesperada estabilidad.

---

67 Gutiérrez Cano a MAE, 10-XII-1956: AMAE legajo R. 4618, exp. 6.

Carlos Collado Seidel

El proyecto de bases militares alemanas en España

Las relaciones hispano-alemanas se convirtieron durante unos días del año 1960 en el punto de atención de la opinión pública de un sinnúmero de países. Una noticia, aparecida en un conocido periódico norteamericano, resultó ser el origen de una amplia campaña de prensa en todo el mundo: "The Germans seek special air force and missile training facilities on Spanish soil, together with depots for their logistical support". El célebre periodista norteamericano y director del *The New York Times*, Cyrus L. Sulzberger, lanzaba esta información desde Paris el 23 de febrero de 1960. El desconcierto que siguió a tal revelación fue grande. Todo parecía indicar que el Gobierno del Canciller Adenauer pretendía llegar a una alianza militar con la España de Franco. Enseguida se percibieron en todas partes advertencias ante el nuevo peligro alemán y la amenaza de la creación de un eje Madrid-Bonn. En la prensa de aquellos días cursaron temores de que el Gobierno de Bonn, situando sus efectivos en la Península Ibérica, pretendía retirarse de la OTAN e intentaba eludir el control de sus fuerzas armadas por el Tratado de la Organización Atlántica. Incluso periódicos prestigiosos como el londinense *The Times* o el *Neue Zürcher Zeitung* informaban a diario en sus ediciones acerca del curso del asunto. En los titulares de aquellos días se refleja de una manera evidente la excitación que había surgido: "*Lebensraum* required"; "Los alemanes rompen todas las reglas de juego"; "Fear Losing Control over German Arms".

La España de Franco seguía representando en aquellos años un asunto político muy delicado. El Régimen no había variado sustancialmente desde los tiempos de la guerra mundial y estaba aún muy distante de lo que era una democracia en el sentido de los países occidentales. El recuerdo de los sucesos durante la Guerra Civil y el comportamiento que había mostrado Franco respecto al Tercer Reich se encontraban aún muy vivos en la memoria de los políticos. Algunos países occidentales habían realizado, no obstante, en los años 50 un cierto acercamiento político a la España de Franco. Los Estados Unidos se encontraban aquí en primera linea con la firma de un importante acuerdo militar en el año 1953. Sin embargo, el intento alemán, casi siete años más tarde, de llegar a un acuerdo militar con España sería atacado duramente y estaría condenado a fracasar. La República Federal había alcanzado su soberanía en 1955. Conforme a los deseos de las potencias occidentales, el recién creado Gobierno de Bonn había comenzado al mismo tiempo con la formación de fuerzas armadas propias, y había sido incorporado a la Alianza Atlántica. Este proceder, sin embargo, no representaba de momento para la República Federal la adquisición de igualdad de derechos y plena asociación con las naciones occidentales. Aparte de que Alemania Occidental desempeñaba entonces una función primordial como bastión frente al peligro soviético, su ingreso en la OTAN creaba la posibilidad de controlar los ejércitos alemanes y su producción de armamentos. En 1948 se había firmado entre los países del Benelux, Francia y el Reino Unido el Tratado de Bruselas con el propósito de defenderse de un posible peligro alemán. La idea de este tratado siguió vigente durante las negociaciones sobre la creación de la Comunidad Europea de Defensa (C.E.D.) y se introdujo en el tratado de la Unión Europea Occidental (U.E.O.). El temor ante Alemania y el militarismo alemán seguiría persistiendo inamoviblemente. Este temor se reflejaría nuevamente y de forma ejemplar en los sucesos de febrero y marzo de 1960.

La República Federal buscaba en España en primer término bases de aprovisionamiento para sus fuerzas armadas. ¿Pero era consciente de las reacciones que podría desencadenar tal propósito? Los planes se fraguaron en el Ministerio de Defensa, con Franz-Josef Strauß al frente. ¿No se había tenido presente en este ministerio la sensibilidad de los aliados ante todo lo relacionado con el sector militar en Alemania? ¿Qué razones llevaron al Gobierno de Bonn a la conclusión de intentar un acuerdo militar con España?

Por un lado, la República Federal, una vez alcanzada su soberanía, buscaría caminos para superar la desconfianza y borrar los recuerdos de la Segunda Guerra Mundial. El Gobierno de Bonn intentaría continuamente obtener de sus aliados condiciones de igualdad política. Por otro lado en el caso de los planes españoles, el Gobierno de Bonn no vería en un principio más que su derecho legítimo de resolver un asunto que era de su competencia nacional. Dentro de esta situación, nos encontramos a finales de los años 50 con un problema estratégico que preocupaba a la Organización Atlántica: La amenaza militar soviética había crecido considerablemente. Su potencial atómico amenazaba ahora con devastar grandes zonas del continente europeo. Este problema afectaba a la estrategia de la OTAN y su sistema de abastecimientos. La República Federal, dada su ubicación estratégica, se vería aquí ante problemas especiales.

Otro factor relevante para el asunto aquí tratado es naturalmente el estado de las relaciones hispano-alemanas en aquellos años; en la forma de proceder Alemania en el año 1960 no podían menos de influir los antecedentes en la cooperación militar entre Bonn y Madrid. Por lo que, a la hora de decidirse ahora por España, obtendrían una especial importancia los estrechos contactos que se habían establecido a lo largo de los años entre sectores conservadores del Gobierno de Bonn e importantes representantes del régimen de Franco.

Estos diferentes factores, aquí resumidos, determinarán la decisión de la República Federal de dirigirse con sus planes militares al Gobierno de Madrid. La evolución del asunto mostrará, de forma ejemplar, la problemática de la política exterior de la República Federal, y en especial de las relaciones entre Bonn y Madrid.

Antecedentes en las relaciones hispano-alemanas

El propósito del Gobierno de la República Federal de intentar obtener en España bases militares, no está relacionado directamente con otros proyectos entre ambos países. Las razones que llevaron al Ministerio de Defensa alemán a la idea de conseguir en España instalaciones logísticas para la *Bundeswehr*, así como bases de entrenamiento para la *Luftwaffe*, hay que buscarlas en las necesidades estratégicas de la defensa de Europa Occidental y en sus consecuencias para la República Federal. En la historia de las relaciones hispano-alemanas de la posguerra existen sin embargo ciertos puntos de contacto a nivel militar, que en cierto modo contribuirían a impulsar la decisión del Gobierno Federal. Seguidamente haremos mención de estos contactos, hasta la fecha poco conocidos. Será interesante constatar que tales contactos no radican exclusivamente en el pasado de la República Federal, sino que en parte pueden ser considerados derivados de los tiempos de la influencia alemana en España durante la Segunda Guerra Mundial.

Al poco tiempo de la creación de la República Federal en 1949, se establecieron contactos por parte del Gobierno de Bonn con la industria bélica española. Bonn anunció a primeros de agosto de 1951 la compra en España de armas automáticas y munición para unidades de policía en Alemania.[1] La

---

1 *Índice de la evolución seguida por las relaciones hispano-alemanas a partir de la conclusión de la Segunda Guerra Mundial.* Archivo del Ministerio de Asuntos Exteriores (AMAE), R-8607/6.

creación de estos efectivos había sido permitida poco antes por la Alta Comisión Aliada, siendo éstas, de momento, las únicas fuerzas armadas alemanas. Más tarde, al concretarse los proyectos de remilitarización de Alemania, así como la formación de un ejército alemán que sería integrado en la Comunidad Europea de Defensa, aumentó considerablemente el interés de los alemanes por adquirir armamento español. El Consejo de Ministros, reunido en Madrid el 13 de febrero de 1953, aprobó el suministro a Alemania de casi diez millones de cartuchos de diferentes calibres, así como cerca de 500 fusiles para la realización de pruebas. El crédito resultante de esta operación se aplicaría a la compra en la República Federal de material de radio telecomunicación, automóviles u otros equipamientos, necesarios para el desarrollo militar de las fuerzas armadas españolas. Los envíos se retrasaron no obstante, y los primeros dos millones de cartuchos no serían exportados, al parecer, hasta verano de 1954.[2] La causa de esta dilación podría buscarse en dificultades por parte española en la producción y suministro de la munición pedida; pero quizá se encuentre en el aplazamiento de la creación de la *Bundeswehr* al fracasar los planes de la C.E.D. Las fuerzas armadas alemanas no serían formadas hasta la fundación de la U.E.O. y la adhesión de la República Federal a la Organización del Tratado Atlántico. Del material español que recibió el Gobierno alemán, al no existir aún entonces un Ministerio de Defensa, se ocuparía el denominado *Amt Blank* para asuntos militares; de todos modos, dicho material parece haber satisfecho ampliamente a los destinatarios. Esto se referiría en especial a un fusil de asalto de características absolutamente nuevas, de modo que al poco tiempo se entablaron negociaciones entre autoridades españolas y alemanas sobre la concesión de licencia para la fabricación de dicho fusil en Alemania.

Aquí abrimos un pequeño paréntesis en nuestra exposición para describir brevemente la curiosa historia de este arma de extraordinarias cualidades, y que todavía hoy, bajo la denominación de CETME, sigue formando parte del armamento regular de las fuerzas armadas españolas.

Aparte de la calidad del arma, las autoridades alemanas quizás se interesaron tan insistentemente por su adquisición por la razón siguiente: el fusil CETME era en realidad una creación alemana. Al ser derrotada Alemania en 1945, unos técnicos de aquel país que lograron escapar refugiándose en España, trajeron consigo los planos de un fusil de asalto que estaba siendo

---

2 Carta del Director General de Aduanas al Director General de Política Exterior, 2-VIII-1954, AMAE, R-3373/14. Telegrama del embajador en Bonn al Ministro de Asuntos Exteriores, 3-XI-1952. Archivo de la Jefatura del Estado (AJE), 15/1.1.

estudiado por la industria alemana, la cual había fabricado y ensayado ya unos prototipos. Los técnicos en cuestión ofrecieron dichos planos al entonces Ministro del Ejército, general Muñoz Grandes, ofreciéndole la posibilidad de construir este fusil en España. Muñoz Grandes acogió la propuesta favorablemente y, en cierto modo bajo el patrocinio del Ministerio del Ejército, se constituyó una sociedad, el CETME (Centro de Estudios Técnicos de Materiales Especiales), que patentó en España los planos en cuestión y comenzó a fabricar el fusil de asalto. Dicha sociedad recibiría anualmente unos cuatro millones de pesetas de subvención del Ministerio del Ejército. Después de la construcción de unos prototipos, se fabricó una serie experimental, con que se realizaron amplias pruebas en España y el extranjero. Al cabo de dos años de experimentación comenzarían, pues, en la segunda mitad de 1955, los proyectos para la fabricación del fusil a gran escala. Como algunas piezas que integraban el fusil eran muy delicadas y se construían con materiales que no se fabricaban en España, el CETME las encargó a la industria alemana en cuanto ésta estuvo en disposición de funcionar de nuevo. *Heckler & Koch*, la empresa alemana encargada, suministró estas piezas durante un determinado número de años, y al final la empresa pasó al CETME una factura de dos millones de marcos, lo que correspondía entonces a unos 22 millones de pesetas. El CETME, que dependía en gran parte del INI, se encontró con que no tenía dinero para pagar la factura alemana. El INI decidió entonces negociar con los alemanes, y, después de continuadas gestiones a lo largo de 1955, se firmó un contrato entre el CETME y la casa alemana *Heckler & Koch* para la cesión de la licencia de fabricación en Alemania. Este negocio, sin embargo, se desarrollaría de forma desventajosa para los españoles. *Heckler & Koch* adquirió los derechos de fabricación y, al parecer, no pagó por ello más que una cantidad global y no en forma de *royalty* sobre cada arma fabricada. La casa alemana comenzó con la construcción del fusil de asalto, y el Gobierno Federal, que ya se había interesado anteriormente por el arma, decidió equipar a la recién creada *Bundeswehr* con este fusil, ahora de fabricación alemana.

Una de las cláusulas principales de aquel contrato estipulaba que cuando surgiera un cliente extranjero, es decir, que no fuera ni alemán ni español, el CETME tendría que dar cuenta de ello a la empresa alemana. Por otra parte, una vez que la empresa alemana tuvo la licencia para fabricar el fusil, lo perfeccionó considerablemente reduciendo en casi dos kilos su peso, así como también el precio de venta. El resultado del contrato, junto con las circunstancias creadas bajo su vigencia, fue que cuando surgía algún cliente de importancia para el CETME español, como éste tenía que comunicarlo a la empresa alemana, los alemanes se adelantaban con mejores propuestas quitando a España el presunto comprador. El ejemplo más patente de esta situación fue lo ocurrido en 1961 con Chile. El agregado militar chileno en Madrid se interesó por el fusil, y los españoles le hicieron una oferta de venta. Los alemanes se enteraron y ofrecieron al Gobierno chileno el mismo fusil, perfeccionado y más barato, perdiéndose para España la posibilidad de realizar la operación comercial.[3]

Pero, aparte de estas curiosas transacciones entorno al fusil CETME, España suministraba por aquellos años a Alemania también otros tipos de armamento. Con destino a diferentes ministerios federales y de los *Länder* se exportarían en parte grandes cantidades de munición, granadas y morteros; y en el momento de decidirse el Gobierno de Bonn a comenzar conversaciones con España acerca de la obtención de facilidades logísticas para la *Bundeswehr*, recaería un interés especial precisamente en estas exportaciones de material bélico. En una nota manuscrita que hace referencia a las decisiones tomadas al respecto en Consejo de Ministros, se hace especial mención de los deseos alemanes de mayores suministros de armamentos.[4] Según informaciones que irían apareciendo con el tiempo, estaba previsto ampliar notablemente los convenios sobre la compra de armas y munición, como parte de la contraprestación alemana por la cesión de instalaciones en la Península.

Franz-Josef Strauß, entonces Ministro de Defensa, fue el gran propulsor del proyecto de buscar instalaciones logísticas en España. Aparte de consideraciones estratégicas al respecto, esto pudo deberse a los contactos que mantenía con la Península Ibérica. Ya en años anteriores, Strauß había intentado realizar proyectos de cooperación con España. En 1956, en su calidad de Ministro para Asuntos relacionados con la Energía Atómica, Strauß viajó a Madrid para lograr un acuerdo bilateral de colaboración en este sector. El Ministro alemán no tenía entonces interés especial por el proyecto EURATOM, de iniciativa francesa, para la explotación de la energía nuclear, y desconfiaba de las intenciones del país vecino en este proyecto; Strauß por eso intentó buscar un camino propio e independiente, estableciendo de esta forma un contrapeso a las aspiraciones francesas.[5] La razón que motivó al político bávaro a dirigirse en este caso a España, fue la búsqueda de uranio, ya que aquí parecían existir grandes cantidades. Sin

---

3   Notas informativas sobre el fusil CETME, 27-X-1955 y 16-VII-1961, AMAE, R-3864/18 y R-6574/21.

4   Nota manuscrita, sin fecha (31-III-1960?), AMAE, R-8607/6.

5   F.-J. Strauß: *Die Erinnerungen*, Berlin 1989, p. 230. Acta de conversación entre Strauß y Artajo, 13-VII-1956, AMAE, R-4487/11.

embargo, no sería este país el único al que se dirigiría el ministro alemán al perseguir su proyecto.[6]

Strauß movilizó sus relaciones personales en España para obtener contacto con las autoridades del Régimen, y consiguió que Hans Hoffmann, un amigo alemán que residía en España y a quien visitaba frecuentemente, intercediera a su favor ante las autoridades españolas. Hoffmann, pues, se dirigió con este motivo a José Antonio Girón, entonces Ministro de Trabajo, para que promoviera una invitación oficial por parte del Ministro de Asuntos Exteriores.[7] Hans Hoffmann era una persona altamente influyente en las relaciones hispano-alemanas. Ya en la Segunda Guerra Mundial, durante su actividad en la División Azul y como íntimo colaborador del último embajador del *Reich* en España había mantenido estrechos contactos con Girón y Muñoz Grandes.[8] Después del conflicto mundial, Hoffmann, gracias a sus amistades españolas, fue de gran ayuda para determinadas personalidades alemanas en sus contactos con España. En 1961 fue nombrado incluso cónsul honorario de la República Federal en España por su labor en las relaciones hispano-alemanas.

Strauß hizo en aquellos años frecuentes viajes a la Península, fueran éstos de carácter privado, oficial o semioficial. Así se detuvo en Madrid en abril de 1955, en el momento en que se estaban llevando a cabo las conversaciones entre *Heckler & Koch* y autoridades españolas sobre el CETME, donde se entrevistó con Muñoz Grandes sin el conocimiento del Palacio de Santa Cruz.[9]

España tenía para Strauß, sin duda alguna, un interés político. Así procuró también posicionar aquí a personas de su confianza. En 1958, por ejemplo, logró imponer como agregado militar en la embajada alemana en Madrid a un antiguo compañero suyo.[10]

Con esto hemos aducido unos ejemplos de las relaciones que existieron entre España y Alemania durante los años 50, y que se referían en especial al

---

6 Carta del embajador en Bonn al Ministro de Asuntos Exteriores, 31-VII-1956, AMAE, R-4503/2.

7 Carta de Juan Hoffmann a José Antonio Girón, 25-I-1956, AMAE, R-4503/2.

8 K.-J. Ruhl: *Spanien im Zweiten Weltkrieg. Franco, die Falange und das "Dritte Reich"*, Hamburg 1975, p. 206.

9 Telegrama del Ministro de Asuntos Exteriores al embajador en Bonn, 16-IV-1955, AMAE, R-4503/2.

10 Telegrama del embajador en Bonn al Ministro de Asuntos Exteriores, 26-III-1958, AMAE, R-7651/2.

sector militar. Para no continuar con más ejemplos, baste indicar aquí que los estrechos contactos que mantuvo un determinado grupo de personalidades alemanas del sector conservador con miembros del Régimen, ofrecieron una atmósfera propicia para la preparación de las conversaciones entre ambos países acerca de la concesión de instalaciones militares para la *Bundeswehr* en España.[11] Los contactos periódicos entre representantes de ambos países habían creado un cierto ambiente de comprensión y confianza que no podía quedar sin efecto en las relaciones bilaterales.

Origen y significado de las pretensiones alemanas en España

Durante la acalorada discusión que se entablaría posteriormente en la opinión pública a propósito del asunto que nos ocupa, se habló una y otra vez del proyecto alemán de crear en España bases militares, al estilo de las que tenían los Estados Unidos en la Península Ibérica desde el año 1953. Las conversaciones mantenidas entre España y Alemania se limitaron, sin embargo, en su contenido a la concesión de instalaciones logísticas en territorio español. Estas facilidades comprendían, según declaraciones de Franz-Josef Strauß, el aprovisionamiento y almacenamiento de materiales, el transporte y circulación militar, la sanidad militar, radio y telecomunicaciones, así como instalaciones militares e infraestructura, especialmente aeropuertos, bases de entrenamiento, oleoductos, almacenes etc.[12]

El 28 de febrero de 1960, en el momento álgido de la discusión pública sobre el asunto, el Gobierno de Bonn explicó en una declaración oficial las razones que habían motivado el comienzo de conversaciones militares con España. En primera linea se recalcó que este asunto constituía principalmente un problema de abastecimientos que afectaba al conjunto de la OTAN. Refiriéndose a la situación especial en que se encontraba la República Federal, declararon las fuentes oficiales que la Alemania Occidental, en caso de guerra, dependía de manera sustancial de los suministros procedentes del otro lado del Atlántico. Por otra parte, una guerra a base de proyectiles atómicos dirigidos, en el reducido territorio de la República Federal, ex-

---

11 C. Collado Seidel: *Die deutsch-spanischen Beziehungen in der Nachkriegszeit: Das Projekt deutscher Militärstützpunkte in Spanien 1960*, Saarbrücken 1991.

12 *Verhandlungen des Deutschen Bundestages, 3. Wahlperiode, (1959-1960), 108. Sitzung, Bonn den 6. April 1960*, p. 5896. *Der Spiegel*, 11/1960, p. 15.

puesta de manera especial a toda clase de peligros, planteaba diferentes consideraciones. En el caso de conflicto armado, se produciría inevitablemente un retraso considerable hasta que los suministros comenzaran a llegar de los Estados Unidos. Una rápida transformación de la industria occidental para la producción de material bélico debía al mismo tiempo descartarse por imposible en los proyectos defensivos. Por consiguiente, los depósitos de abastecimiento debían ser notablemente mayores que en las anteriores contiendas. Por lo que se refiere a otros aspectos de índole militar, los depósitos habían de estar convenientemente diseminados, y habrían de evitarse las grandes concentraciones para ponerlos a salvo de la total destrucción atómica. Aparte de esto, no sólo todos los puertos de Alemania Occidental, sino también el resto de los del Mar del Norte, serían con toda probabilidad inutilizables después de un ataque inicial soviético. Y aparte de existir escasez de puertos para la distribución de material, hacía falta además que éstos estuvieran diseminados en lo posible. Los puertos británicos sufrirían al mismo tiempo un exceso de tráfico.[13]

Aparte de estas consideraciones existían también otros factores que obligaban a la República Federal a buscar en el extranjero instalaciones de abastecimiento, y que representaban un problema que exigía una rápida solución. Aunque se presumía que las fuerzas de choque de la OTAN eran lo suficientemente fuertes para detener cualquier embestida repentina del Ejército Rojo, existía un claro peligro de que la mayor parte, por no decir todo el territorio de la Alemania Occidental, se perdiera rápidamante. El arsenal atómico de la Unión Soviética, así como la avanzada técnica en la construcción de misiles teledirigidos, amenazaba ahora con una destrucción fulminante de amplias zonas de Europa. En dicho caso, los alemanes habrían de combatir posiblemente en territorio francés, y, suponiendo que continuase la retirada, podrían incluso, como otras unidades aliadas, encontrarse en España o muy próximos a ella. El mismo Ministro de Defensa alemán había declarado años atrás que la linea natural de defensa en Europa Occidental la representaba la cordillera central francesa. Aunque no se admitiera, se deducía claramente la necesidad, por razones estratégicas, de buscar instalaciones de abastecimiento y sanitarias en España.

Independientemente de los abastecimientos, Alemania Occidental necesitaba también instalaciones de adiestramiento, particularmente zonas de vuelo. Estas, en principio, también serían buscadas en España, aunque este

---

13 *The Daily Telegraph*, 1-III-1960. Nota confidencial sobre la cuestión de las bases alemanas, NCI, núm. 67/60, AMAE, R-8607/6.

aspecto constituía en aquel momento un problema mucho menos importante que el de los abastecimientos.

Acerca del volumen del abastecimiento se citaron en aquellos días diferentes cifras. El objetivo de la OTAN consistía en disponer de almacenes para el suministro durante tres meses de combate intensivo. Esto no era hasta entonces más que un propósito que no había sido realizado por la mayor parte de los miembros de la OTAN, pero en el caso alemán se presentaba como especialmente alarmante. Según normas de la OTAN, el Gobierno alemán, como los demás miembros de la Alianza, hubiera tenido que tener almacenados, bajo responsabilidad nacional, munición, combustibles, comestibles y medicamentos para 90 días de lucha. De este material, el correspondiente a 30 días se hubiera tenido que encontrar en territorio situado al este del Rin; más tarde incluso se pretendería fueran reducidos a un mínimo estos depósitos.[14] Abastecimiento para 60 días, sin embargo, se hubiera tenido que almacenar en la pequeña franja alemana al oeste del Rin. Obviamente, el Gobierno alemán, bajo tales condiciones, se veía obligado a buscar facilidades logísticas en el extranjero. Según informaciones procedentes de la OTAN, Alemania necesitaría en caso de guerra 30 000 toneladas diarias de abastecimientos, lo que representaba un total de 2,7 millones de toneladas de material que tenía que ser almacenado. Pero al parecer no se hallaban en depósito en el territorio de la República Federal más que 0,5 millones de toneladas y 0,1 millones en el extranjero.[15] Además de las necesidades del propio ejército, debían ser satisfechas en territorio alemán las de varios cientos de miles de soldados norteamericanos, ingleses, franceses y de otros países, lo que creaba un considerable problema adicional para la República Federal. Informaciones que sin embargo afirmaban la necesidad de instalar bases de aprovisionamiento para 120 días de combate, tenían por lo tanto que ser consideradas como ilusorias, si se tienen presentes estos números.

La capacidad de que disponían en aquel momento los depósitos alemanes dejaba, pues, una gran laguna en lo referente a suministros, extremo que reiteradamente fue puesto de relieve por parte alemana en el seno de la OTAN y se había manifestado durante las maniobras *Sidestep*, llevadas a cabo en otoño de 1959.[16] Como consecuencia de las deficiencias que se habían demostrado durante estas operaciones simuladas, surgió una fuerte discusión sobre el mejoramiento de la situación de abastecimientos.

---

14 Strauß (cfr. nota 5), p. 292.

15 *Der Spiegel*, 11/1960, p. 15.

16 Declaraciones de Strauß en el diario *Die Welt*, 8-III-1960.

Negociaciones llevadas a cabo por el Gobierno alemán con otros países para solucionar el problema del abastecimiento y encontrar depósitos adecuados en el extranjero, no resultaron ser demasiado fructíferas. Alemania ya venía efectuando negociaciones con Francia, así como con otros países europeos, para la instalación de depósitos de abastecimiento, si bien, desde el punto de vista alemán, por parte francesa no se habían propuesto posibilidades adecuadas. El Gobierno francés había ofrecido la utilización de bases militares en Argelia, cosa que fue rechazada por el Gobierno alemán, basándose en razones políticas.[17]

Aunque en la OTAN existía una cierta integración en el aspecto de los abastecimientos, como por ejemplo en la utilización de los oleoductos, las fuerzas de cada país integrante del Pacto eran responsables de su propio suministro. Consciente de la situación estratégica poco privilegiada de Alemania Federal, y dada la carga que recaería sobre ella en caso de un conflicto bélico, el Gobierno alemán pedía, basándose en el carácter internacional de las fuerzas de la OTAN, un sistema integrado de abastecimientos; si bien hasta aquel momento no había llegado a alcanzar un apoyo significativo. El Gobierno Federal, y en especial el Ministro de Defensa, llevaba ya tiempo llamando la atención acerca de la situación especial en que se encontraba Alemania Occidental, y una y otra vez habían declarado con argumentos militares y estratégicos, que Alemania sólo podría satisfacer las exigencias de la OTAN, si el aspecto logístico era organizado de forma supranacional. Algunos miembros de la Alianza, sin embargo, no veían exclusivamente los aspectos militares. Sobre todo la Francia de De Gaulle prefería mantener su abastecimiento bajo competencia nacional. Aparte de esto, se preveían obstáculos sicológicos para una solución supranacional del problema. Reticencias a la hora de aceptar instalaciones militares alemanas en su territorio eran de esperar especialmente de los miembros escandinavos de la OTAN, dadas las experiencias habidas durante la ocupación alemana en la Segunda Guerra Mundial. Así, los Gobiernos danés y noruego negociaban en aquellos días, por ejemplo, sobre la instalación en su territorio de depósitos para la marina de guerra alemana. Estas negociaciones, sin embargo, no las mantendrían los escandinavos con el Gobierno de Bonn, sino con la misma Organización Atlántica.[18] Bajo tales circunstancias, teniendo en cuenta las necesidades de la OTAN en aquel momento, y con un cierto apoyo por parte norteamericana, los círculos gubernamentales en Alemania creyeron que la mejor salida del problema sería solicitar el apoyo de España.

---

17 Carta del embajador en Paris al Ministro de Asuntos Exteriores, 7-IV-1960, AMAE, R-6154/9.

Las conversaciones hispano-germanas

La primera noticia acerca de las intenciones alemanas de solicitar de España la concesión de ciertas facilidades logísticas para su ejército, la tuvo el Ministro de Asuntos Exteriores por medio del embajador español en Bonn el 8 de noviembre de 1959, antevíspera de su viaje oficial a Bonn.[19] Con este paso se encaminó de forma oficial un proyecto que, según sus autores, libraría a la República Federal de sus preocupaciones a causa de los abastecimientos. Strauß, antes de comenzar los contactos con España, buscó sin embargo el respaldo político a su proyecto. Por una parte informó al *Bundesverteidigungsrat*, el consejo de defensa, del que, bajo la presidencia del Canciller, son miembros los Ministros del Interior, Exteriores, Finanzas, Economía, Defensa y Energía Atómica.[20] Aparte de informar a sus colegas ministeriales, parece ser que Strauß se puso asimismo en contacto con algunos generales norteamericanos, quienes no vieron inconvenientes en la iniciación de conversaciones con España. Durante el viaje oficial de Castiella a Bonn, el Ministro de Asuntos Exteriores alemán, von Brentano, planteó a su homólogo español los propósitos alemanes durante una de las primeras conversaciones mantenidas con éste. Ciertos rumores acerca del proyecto alemán llegaron a la prensa ya durante el transcurso de esta visita, sin que, sin embargo, la opinión pública tomara entonces nota de lo que ocurría. Como podremos comprobar, esto cambiaría más tarde de forma radical. Castiella, por su parte, en sus conversaciones con Brentano no entró en detalles sobre el asunto, sino que se limitó a expresar que sin falta informaría a su Gobierno de los deseos alemanes. Un tema tan delicado, naturalmente no podía ser tratado y resuelto sin la aprobación de Franco y el Consejo de Ministros. Las conversaciones las llevaba entonces el *Auswärtiges Amt*, el Ministerio de Asuntos Exteriores alemán, y no el Ministerio de Defensa. Strauß no mantuvo conversaciones oficiales con Castiella, aunque más tarde se afirmara que ambos políticos conversaron durante dos horas al margen de una comida de gala ofrecida en honor del huesped español.[21] Aquí se nota la intención alemana de evitar por el momento toda especulación y rumores en la prensa, que naturalmente hubieran surgido, si Strauß y Castiella hubieran mantenido conversaciones oficiales. Durante esta visita se convino la previa información a los aliados más directos y naciones amigas,

18 *Der Spiegel*, 11/1960, p. 15.

19 NCI 67/60, AMAE, R-8607/6.

20 *Verhandlungen des Deutschen Bundestages, 3. Wahlperiode, (1959-1960), 108. Sitzung, Bonn den 6. April 1960*, p. 5897.

una vez llegado el momento de comenzar las conversaciones. El Gobierno de Bonn, pues, luego de haber recibido el consentimiento del Gobierno en Madrid, comenzó a informar a los Gobiernos de algunos países miembros de la OTAN y a la misma Organización Atlántica del inminente viaje a Madrid de representantes del Ministerio de Defensa, así como de la finalidad de dicho viaje.[22]

Por parte española, la existencia del Pacto Ibérico con Portugal y los acuerdos de 1953 con los Estados Unidos, obligaban a informar a los Gobiernos de Lisboa y Washington; y por parte alemana, dada la orientación política de la República Federal, se hacía imprescindible informar tanto a Washington como a Londres. Además de ésto, también era necesario informar a Francia. Este país era, al igual que los dos anteriores, de gran importancia para la política exterior alemana y precisamente por entonces tenía lugar una aproximación a Paris, no sólo por parte de Bonn, sino también por parte de Madrid.

El comportamiento de España durante el curso de las conversaciones entre ambos países fue en todo momento extremadamente cauteloso. Un documento clasificado como secreto y que describe los sucesos entorno al proyecto alemán resume esta actitud de la forma siguiente:

> "Sin embargo el Ministro de Asuntos Exteriores pensó que quizá resultase más conveniente que no fuésemos nosotros los informadores. Consideraba, en efecto, que si el Gobierno español se adelantaba a comunicar a sus aliados la propuesta alemana, o lo hacía en gestión simultánea con la del Gobierno Federal, podía dar a entender con ello que España veía este proyecto - aún tan borroso - con complacencia y deseaba, impaciente, llegar a resultados concretos. Parecía más prudente adoptar una actitud completamente pasiva, análoga a la que se ha seguido en la cuestión del posible ingreso de España en la NATO."[23]

Este proyecto de cooperación militar tenía para España obviamente una importancia política mucho menor que el acuerdo que se había firmado años atrás con Estados Unidos.

---

21 *Der Spiegel*, 11/1960, p. 17.

22 NCI 67/60, AMAE, R-8607/6. *Verhandlungen des Deutschen Bundestages, 3. Wahlperiode, (1959-1960), 108. Sitzung, Bonn den 6. April 1960*, p. 5898.

23 NCI 67/60, AMAE, R-8607/6.

La información por parte alemana a los países implicados de forma directa o indirecta comenzó durante la reunión de la OTAN celebrada en Paris en diciembre de 1959. La delegación alemana informó sobre sus intenciones de forma reservada al Subsecretario de Estado para Asuntos de Europa, Livingstone T. Merchant. Esto sucedía antes de la visita del Presidente de los Estados Unidos a Madrid los días 20 y 21 de diciembre. Pero durante la estancia de Eisenhower en la capital de España no se habló del asunto, al no plantearlo el Gobierno norteamericano.[24]

Parece ser que los Gobiernos europeos implicados no fueron informados hasta mediados de enero. Entonces se puso al corriente al *Quai d'Orsay*, y en Londres el encargado de negocios alemán, Heinrich Burchard, habló sobre los planes con Pemberton-Piggott, jefe de la sección de asuntos relacionados con la UEO y con la OTAN en el *Foreign Office*.[25] A mediados de enero, Strauß hizo un viaje a Portugal donde gestionó algunos acuerdos, poniendo también en antecedentes al Gobierno lusitano. Informados los Gobiernos aliados, el Gobierno alemán podía, en principio, seguir adelante con sus propósitos. El siguiente paso a dar sería el envío de una delegación para estudiar los aspectos técnicos del proyecto. Pero paralelamente "algún otro país europeo" había iniciado contactos y exploraciones para establecer determinadas colaboraciones militares con España.[26] Parece ser que esto se refería a conversaciones entre España y Francia sobre una cooperación militar en el Norte de Africa, conversaciones que habían comenzado por aquellas fechas.[27] Precisamente esto parece haber dado lugar a una primera demora en la ejecución de los planes alemanes. El Gobierno de Bonn no quería que su primera gestión exploratoria coincidiese en Madrid con la de otro país.

También Paul Henri Spaak, Secretario General de la OTAN, parece haber sido informado por aquellas fechas de los planes alemanes y del propósito de enviar una delegación técnica a Madrid. De la inquietud que surgió a continuación da prueba un telegrama, fechado el 16 de enero de 1960:

"Spaak estaba visiblemente sorprendido de esta información, pareciéndole extremadamente desfavorable el momento actual en vista de la opinión pública mundial excitada por los incidentes antisemitas en Alemania.

---

24 Ibid.

25 *Der Spiegel*, 11/1960, p. 17.

26 NCI 67/60, AMAE, R-8607/6.

27 Collado Seidel (cfr. nota 11), p. 62 y ss.

Después de una prolongada discusión, desaconsejaba informar al Consejo en el momento actual, considerando suficiente una comunicación después de llegar a un acuerdo.

Los americanos nos han hecho saber por la embajada de aquí, así como por su representación en la OTAN, que desaconsejaban informar al Consejo ya en la hora actual. Evidentemente se reconocía en Washington unos problemas más graves en otros países aliados, y por esta razón se desearía remitir la consulta al Consejo de la OTAN hasta haber obtenido más claridad sobre las posibles consecuencias."[28]

La OTAN insitiría en la conveniencia de aplazar el viaje de la comisión, en razón del ambiente poco propicio a nivel internacional, ocasionado por la aparición de cruces gamadas e inscripciones antisemitas en distintos lugares de Alemania.

Franz-Josef Strauß y el general Lauris Norstad, jefe de las tropas europeas de la OTAN, conversaron sobre este asunto en Wiesbaden. Norstad ya había sido informado de las intenciones de Bonn durante la reunión de la OTAN en diciembre en Paris, y al hablar entonces con el general Heusinger, intentó desviar los proyectos alemanes, argumentando que el asunto afectaba el conjunto de la Organización Atlántica. Norstad advirtió a Strauß en Wiesbaden de las repercusiones que tendrían sus planes, indicando que acciones de tal tipo no serían bien acogidas por los miembros de la Alianza.[29] Pero el Gobierno alemán no parecía aceptar retrasos, a juzgar por la información facilitada a Castiella por el barón von Welck, embajador alemán en Madrid. Desde hacía tiempo Alemania venía insistiendo ante la OTAN en que había que resolver el problema global de las necesidades logísticas de su ejército y, aunque había recibido facilidades en este sentido en otros países de la Organización Atlántica, detenidos estudios habían puesto de manifiesto que la única posibilidad de hacer frente a esas necesidades se encontraba en España. En consecuencia, el Gobierno Federal, reunido en Consejo de Defensa, acordó iniciar tramitaciones inmediatamente. Von Welck informó de la inminente llegada de una persona con este fin.[30]

El día 15 de febrero no sólo llegó una persona, sino una pequeña comisión. Esta estaba compuesta por el jefe de la sección de logística del Ministe-

---

28 Telegrama (copia), 16-I-1960, AMAE, R-8607/6. Traducción del francés del autor. No se distinguen ni remitente ni destinatario.

29 C.L. Sulzberger: *The Last of the Giants*, New York [2]1971, p. 644.

30 NCI 67/60, AMAE, R-8607/6.

rio de Defensa, general Schnez, y dos de sus colaboradores, que se pusieron al habla con una delegación del Alto Estado Mayor dirigida por el general Carmelo Medrano.[31] Los contactos no duraron más que 48 horas. Los alemanes expusieron con detalle los deseos de su Gobierno, mientras la delegación española se limitó a escuchar con atención las propuestas alemanas. Esto parece haber causado irritación a la comisión alemana, que al parecer esperaba respuestas concretas para avanzar en el curso de la negociación. Funcionarios de la embajada alemana tuvieron incluso que intervenir, dando a considerar a los visitantes los largos procesos de decisión usuales en cuestiones de política exterior en España. En este asunto el Gobierno alemán no podía esperar una decisión rápida por parte española. El proyecto alemán tenía que ser considerado de carácter multilateral, y era, por tanto, para España un asunto delicado y complejo. El Gobierno español no quería verse sometido a ninguna presión, y, como comentan documentos españoles, "en este viaje no podían pedir otra cosa que atención para escucharles."[32]

Pero los alemanes parecían tener prisa por llegar a un resultado, como queda patente en otro incidente que ocurrió momentos antes de salir la comisión alemana hacia España. Gran Bretaña y Estados Unidos habían realizado una gestión en Bonn pidiendo que se aplazara el viaje, cosa que, sin embargo, no atendió el Gobierno alemán. Este proceder causó en Madrid un serio disgusto, al temer por su imagen en el exterior, que había mejorado sensiblemente en los últimos años.[33] Obviamente, entre los Gobiernos informados habían comenzado a surgir inquietudes ante las prisas alemanas en negociar con los españoles. Norstad, por su parte, temía grandes complicaciones dentro de la OTAN, especialmente por parte de aquellos países que hasta el momento no habían sido informados. El general preveía además problemas propagandísticos y sicológicos dentro y fuera de la Alianza. Los alemanes, sin embargo, obraban aquí en un asunto que era de su competencia nacional, y parecían decididos a seguir adelante con sus planes. Por esto, y seguramente en consonancia con los Gobiernos de otros países informados, Norstad se decidió finalmente a utilizar un método de emergencia para socavar el proyecto alemán. El 18 de febrero, Norstad acudió al célebre periodista norteamericano Cyrus L. Sulzberger y le puso al corriente de los planes alemanes en España mostrando su profundo descontento con la situación:

---

31 Informe de Muñoz Grandes a Castiella, 18-II-1960, AMAE, R-8607/6.

32 NCI 67/60, AMAE, R-8607/6.

33 Ibid.

"Larry is very worried about the propaganda and psycological implications. While Germany can cite the special agreement of the United States with Spain as a precedent, it is treating on delicate ground. [...]

I told him I was going to write about it and I thought my column might very well raise enough reaction to kill the entire project. He smiled."[34]

El artículo de Cyrus L. Sulzberger

El 23 de febrero fue la fecha que eligió Sulzberger para publicar en *The New York Times* un artículo que resultó tener en la prensa internacional la resonancia esperada. A él hicieron referencia durante semanas los titulares de un sinnúmero de periódicos, poniendo a la República Federal en una situación embarazosa ante la opinión pública mundial. Sulzberger describe con gran detalle los contactos y las conversaciones habidas hasta el momento entre España y Alemania, y con las tres potencias informadas, así como los motivos del propósito alemán de buscar bases militares en el exterior. Estas informaciones las mezcla con una alusión al significado especial de contactos entre Alemania y la España de Franco, y con el temor de que detrás de esta solicitud de facilidades logísticas se hallara la búsqueda por parte del Gobierno alemán de bases para el lanzamiento de misiles.

"The Germans seek special air force and missile training facilities on Spanish soil, together with depots for their logistical support. [...]

Where will such 'explorations' lead? to begin with, while Bonn and Madrid carefully talk of German 'facilities' in Spain, these would in fact be bases, even only used for training. And the mere mention of such facilities underscores the original ban - now eased - on German possession of guided missiles and bombers. It also reminds the world that under the Paris Treaty West Germany was prohibited from manufacturing certain weapons 'in its territory'. Spain is neither German territory nor

---

34 Sulzberger (cfr. nota 29), p. 644 y ss.

subject to the Allied controls that govern Germany's new arms."[35]

El artículo contenía, pues, datos que no eran correctos, al ir más allá de la realidad de los hechos, pero precisamente estas alusiones no dejarían de surtir el efecto deseado. La excitación acerca de las pretensiones alemanas se reflejó en los días siguientes en las portadas y los editoriales de los periódicos más importantes de Europa. Amplios artículos de fondo sobre las raíces del problema, así como duras críticas y reacciones indignadas cubrieron durante días las primeras páginas de los diarios. El prestigioso *Neue Zürcher Zeitung*, por ejemplo, informaba con regularidad en sus tres ediciones diarias sobre el curso de la cuestión. La prensa británica reaccionó con especial violencia ante estos acontecimientos, al paso que se iban conociendo más detalles de las conversaciones entre Bonn y Madrid. En general comenzó a surgir miedo ante un nuevo e incontrolable fortalecimiento militar de Alemania en torno a un eje Bonn-Madrid. Aunque era manifiesto que las informaciones y los detalles que se iban conociendo sobre los propósitos de Bonn, se contradecían fuertemente y parecían en parte exagerados, la sola afirmación de que Alemania estaba marcando una política militar propia sin consultar a los aliados en la OTAN, causó violentas protestas. A medida que las protestas se iban incrementando, surgieron también diferentes acusaciones sobre múltiples proyectos alemanes de instalar bases militares en Grecia, Africa oriental o Irlanda, e incluso aparecieron denuncias acerca de la preparación de bases atómicas en Suiza. La prensa mundial estaba al acecho de todo rumor que se pudiera poner en relación con el asunto. A raíz de un viaje que hizo a España por aquellas fechas el Marqués de Bolarque, embajador español en Bonn, acompañado del industrial alemán Alfried Krupp, y en el que seguramente se hablaría de proyectos de inversión en la Península, aparecieron incluso rumores sobre la producción de armas atómicas en Bilbao.[36]

Al escándalo provocado por Sulzberger siguieron las primeras reacciones por parte oficial respecto de las acusaciones contenidas en el artículo del *New York Times*. Las primeras declaraciones fueron poco precisas y esclarecedoras. Desmentidos, confirmaciones parciales y datos contradictorios se sucedieron sin interrupción. El Gobierno alemán intentó por lo pronto negar en lo posible el contenido del artículo de Sulzberger. El mismo día 23 de febrero declaró:

---

35 C.L. Sulzberger: "A Foolish Project: West German Negotiations For Facilities in Spain Should Be Canceled". En: *The New York Times*, 23-II-1960.

36 *The Times*, 3, 4 y 9-III-1960.

"Las afirmaciones aparecidas en la prensa acerca de negociaciones que han sido mantenidas con España sobre bases militares o facilidades para el entrenamiento de la *Luftwaffe* y de unidades de misiles, no corresponden a la realidad."[37]

El Gobierno de Bonn continuó férreamente evitando al día siguiente la confirmación de las conversaciones mantenidas con España. Sin mentir de forma descarada, durante una conferencia de prensa se intentó causar la impresión de que dichas conversaciones no habían sido llevadas a cabo.

La reacción oficial de España tendió asimismo a desmentir en lo posible las conversaciones que habían tenido lugar días antes. El 24 de febrero salió un telegrama del Palacio de Santa Cruz con destino a todas las embajadas españolas en el extranjero:

"La oficina de información diplomática ha publicado la siguiente nota: Son falsas las noticias aparecidas en cierta prensa extranjera de que el Gobierno de la República Federal alemana ha negociado con el Gobierno español la concesión de bases militares o de lanzamiento de proyectiles tele-dirigidos.

España, fiel a sus actuales convenios con Portugal y Estados Unidos, considera que estos instrumentos cubren en forma suficiente y satisfactoria su obligación moral de estar incorporada al sistema defensivo de occidente, y no busca, por tanto, nuevos compromisos de este tipo. Así lo ha subrayado el Gobierno español reiteradamente en públicas declaraciones.- Castiella."[38]

Pero este proceder no sirvió de mucho. El Gobierno británico no vio necesidad de encubrir lo ocurrido. Selwyn Lloyd, Ministro de Negocios Extranjeros, declaró al día siguiente que tenía noticia de tales conversaciones y que él, por su parte, no las aprobaba.[39] Incluso Norstad, que el día 24 aparentaba no saber aún nada, declinando todo comentario acerca de la cuestión, dejó vislumbrar al día siguiente ciertos conocimientos de los planes alemanes.

Durante los días siguientes se fue aclarando cada vez más la situación, y los hechos ocurridos iban adquiriendo perfiles definidos. El 27 de febrero se pronunció el Canciller alemán sobre la tan traída y llevada discusión a pro-

---

37 Declaraciones de la oficina de información del Gobierno Federal, 23-II-1960, *Der Spiegel*, 11/1960, p. 18.

38 Telegrama del Ministro de Asuntos Exteriores a todas las embajadas en el mundo, 24-II-1960, AMAE, R-5846/4.

39 *Parliamentary Debates (Hansard), Thursday 25th February, 1960, Volume 618, No. 64,*

pósito de las negociaciones de Alemania con el Gobierno español, y declaró con palabras persuasivas, que su Gobierno sólo actuaría dentro de la máxima conformidad con los países aliados miembros de la OTAN. Así lo había mantenido hasta aquel momento, y así lo seguiría manteniendo. Adenauer añadió que había propuesto con anterioridad en todas las conferencias de la OTAN, de manera oral y por escrito, integrar en su totalidad los abastecimientos y el aprovisionamiento de las tropas - hasta entonces de competencia nacional -, dentro del sistema conjunto de la OTAN. Mientras estas propuestas alemanas continuaran sin ser aceptadas, este asunto seguiría siendo de responsabilidad nacional. Adenauer anunció que el Gobierno de la República Federal solicitaría de nuevo de las autoridades responsables de la Alianza proveer al ejército alemán de posibilidades para poder responder a las exigencias de la OTAN en la cuestión del aprovisionamiento. El Canciller concluyó subrayando que la seguridad exterior de la República Federal se basaba en secundar decididamente por medio de su Gobierno la política de la OTAN.[40]

Con las declaraciones que se sucedían por aquellos días, iba perdiendo fuerza el temor general de que Alemania pudiera intentar poner pie en España por iniciativa propia, sin previa consulta con la OTAN, quedando así desvanecidas las preocupaciones. El general Norstad, promotor del escándalo, declaró el 2 de marzo, unos días más tarde, en París, que en este asunto había habido un fondo de hechos reales, una considerable mezcla de ficción y una tremenda carga de emoción.[41]

Una vez que la opinión pública se había mostrado tan sensible respecto al proyecto alemán, el Gobierno de Bonn se vio seriamente dificultado para seguir adelante con su propósito. La OTAN había manifestado reiteradamente que los alemanes podían instalar libremente bases logísticas en España, aunque siempre se añadió a continuación que sería deseable que el Gobierno alemán sondeara primero a fondo las posibilidades de establecer dichas bases en los países miembros de la OTAN. De esta manera quedaba marcado el camino que seguiría el asunto, si bien ahora los países del Tratado Atlántico estaban en la obligación de ofrecer una salida para aliviar el problema logístico de la *Bundeswehr* y solucionar la incómoda situación que se había creado para la misma Alianza. Bajo estas premisas, el 1 de abril tuvo lugar en París una reunión de los Ministros de Defensa de los países miembros de la Alianza Atlántica. Aquí se presentaron diversos planteamientos y se ofre-

---

col. 586.

40 *Neue Zürcher Zeitung*, 29-II-1960.

41 *The Daily Telegraph*, 3-III-1960.

cieron diferentes posibilidades para dar solución al problema. Pero la solución no resultaba fácil ya que subsistían varias dificultades de encontrar facilidades logísticas para la *Bundeswehr* dentro de la OTAN. Por un lado, no todos los países podían ser tenidos en consideración al respecto, dada su ubicación estratégica. La atención se concentraría desde este punto de vista en Francia y Gran Bretaña. Pero además existían serios inconvenientes de política interior para permitir el estacionamiento de tropas alemanas en el territorio de ciertos miembros de la OTAN. Como ya se ha indicado, la presencia de uniformes alemanes despertaría posiblemente malos recuerdos de la Segunda Guerra Mundial, por lo que se temían violentas reacciones en la opinión pública. El miedo ante problemas políticos de esta índole dificultó de forma considerable la rápida solución del asunto, aunque podría decirse que el conocimiento del problema, divulgado merced al artículo de Sulzberger, había ayudado indirectamente a los Gobiernos a preparar la opinión pública en los respectivos países con respecto a las concesiones que sería necesario hacer al ejército alemán. De hecho, al llegarse a un acuerdo con Alemania en este asunto, la opinión pública no reaccionó de una forma especialmente negativa.

Las conversaciones del Gobierno alemán con España se vieron, por el contrario, sensiblemente frenadas, aunque el encargado de negocios en Madrid, Dr. Werz, comunicara de parte de su Gobierno que éste mantenía la misma posición que anteriormente respecto a todo el problema logístico de la OTAN en relación con España, y que su deseo seguía siendo el de continuar las conversaciones iniciadas. En todo caso, según las explicaciones alemanas, las negociaciones formales con España no tendrían ya lugar hasta después de haberse discutido en el seno de la OTAN el problema logístico general suscitado por Alemania, y de haber obtenido este país autorización de la propia OTAN para abrir tales negociaciones.[42]

El Gobierno alemán, en cierto modo, prosiguió el asunto por dos vías simultáneamente. Su propósito primordial era ahora, al verse fracasados sus proyectos iniciales en España, llegar a imponer sus propuestas dentro de la OTAN. Las conversaciones con España podían verse, no obstante, como alternativa. De esta forma prosiguieron las negociaciones alemanas con la OTAN para resolver sus necesidades logísticas, mientras gravitaba sobre la Organización el peso de llegar a un acuerdo con Alemania para impedir que Bonn siguiera un camino propio, sin poder ser controlada y sin que la

---

42 Acta de conversación con el encargado de negocios alemán, 22-III-1960, AMAE, R-8607/6.

Organización pudiera influir en la futura evolución del asunto. Precisamente esto es lo que quería evitar la OTAN.

A primeros de octubre se llegó en Paris finalmente a un acuerdo, del que ya se hablaba desde hacía meses, por el que se concedió al ejército alemán disponer en Francia de terreno de entrenamiento y de depósitos de suministros militares. En virtud del mismo se permitía a las fuerzas de Alemania mantener temporalmente unidades militares en territorio francés. Los depósitos permanecerían bajo mando, administración y guarnición franceses, permitiéndose el uso sin restricciones de tales depósitos por el ejército alemán.[43] Gracias a las facilidades conseguidas con este acuerdo se preveía que de los depósitos de aprovisionamiento necesarios para 90 días de combate, que la OTAN seguía imponiendo a la República Federal como a los demás miembros de la Alianza, los correspondientes a 15 días estarían en territorio alemán, mientras que los correspondientes a los 75 restantes se hallarían en territorio francés. Un detalle curioso de este acuerdo era que los soldados alemanes deberían llevar como distintivo en los campos franceses, en consideración a la población francesa, un uniforme de color kaki y no el verde, que sería relacionado con la *Wehrmacht* y traería el recuerdo de la ocupación alemana.[44]

También en Londres encontró Alemania Occidental ahora más comprensión. Con la ampliación en julio del mismo año del estatuto sobre las tropas de los países miembros de la OTAN en territorio de Gran Bretaña, incluyendo ahora a la República Federal, se creó el marco jurídico para que el ejército alemán, equiparado al de los demás miembros de la OTAN, pudiera utilizar bases militares inglesas.[45] Otros acuerdos posteriores con Bélgica y Portugal sobre instalaciones militares y campos de entrenamiento de la *Luftwaffe* completarían consiguientemente las instalaciones alemanas en el extranjero. Incluso el deseo alemán de una mayor integración entre los ejércitos nacionales de los países miembros de la OTAN, y con ello el fortalecimiento de la estructura supranacional de la Organización, se vio en vías de

43 Carta del embajador en Paris al Ministro de Asuntos Exteriores, 27-X-1960, AMAE, R-5845/32.

44 Nota informativa, 7-XII-1960, AMAE, R-5846/1. Carta del embajador en Paris al Ministro de Asuntos Exteriores, 27-X-1960, AMAE, R-5845/32.

45 *Exchange of Notes between the Government of the United Kingdom of Great Britain and Northern Ireland and the Government of the Federal Republic of Germany applying to any force of the Federal Republic serving in the United Kingdom the provisions of the Agreement between the Parties to the North Atlantic Treaty Organisation regarding the Status of their Forces, signed at London on June 19, 1951. Bonn, July 12, 1961. Treaty Series, num. 102 (1961).*

realización al ser discutido en otoño de 1960 en el seno de la Unión Europea Occidental, siendo aceptado allí unánimemente.[46] Así, finalmente, se hizo innecesaria la instalación de bases militares en España.

Conclusiones

De esta suerte se llegó al término del problema entorno a la instalación de bases de aprovisionamiento por parte del Gobierno alemán en España, problema que había causado sensible conmoción en la opinión pública y en los diferentes países implicados.

¿Había sido el Gobierno alemán consciente de antemano de las repercusiones y de la inquietud que resultaría de sus planes militares en España? Franz-Josef Strauß diría más tarde que el contenido y el desarrollo de las conversaciones no habían dejado prever que no se deseaba ni siquiera un esclarecimiento de cuestiones técnicas.

Al Gobierno de Bonn se le puede, pues, reprochar una cierta insensibilidad acerca de los temores de muchos países europeos ante el militarismo alemán y el significado sicológico especial que albergaba la intención de buscar una alianza militar precisamente con la España de Franco. Aceptar el establecimiento de bases militares alemanas en España, país no controlable por la Alianza Atlántica, iba más allá de lo que los países miembros de la OTAN podían y querían conceder a Alemania, pese a que la imagen de España en el extranjero había mejorado considerablemente y el país ibérico ofrecía obviamente grandes ventajas estratégicas. Precisamente esta ubicación estratégica suscitaría una y otra vez la discusión acerca de la conveniencia del ingreso de España en la Alianza Atlántica. Y precisamente la República Federal era uno de los países que con más insistencia argumentaba en favor de la adhesión de España a la OTAN.

Ya durante las negociaciones de Estados Unidos con España a comienzos de los años 50 se oyeron voces alemanas en este sentido. Militares alemanes como el general Eberbach o el barón von der Heydte publicaron artículos o pronunciaron discursos en los que lamentaban que España no se encontrara integrada en la defensa de Occidente. En aquellos años se hallarían en el sector militar de todos los países occidentales personas que, bajo el punto de

---

46 *Assembly of Western European Union. Report submitted on behalf of the Committee on Defense Questions and Armaments by Mr. Goedhard, Rapporteur. Document 180, 25th october, 1960.*

vista estratégico, abogaban por una incorporación de España al sistema defensivo de la OTAN. No solamente militares alemanes, sino también políticos de la República Federal se interesaron repetidamente por la integración militar de España. El Canciller alemán, al amparo de la firma del acuerdo militar entre España y Estados Unidos, declaró por ejemplo durante una conversación con Cyrus Sulzberger en octubre de 1953, que tenía gran interés en un acuerdo militar bilateral con España.[47] Desde entonces, el político alemán tampoco perdió de vista la idea de un pacto mediterráneo que, aparte de Estados Unidos y Gran Bretaña, incluiría también a España y Turquía. Adenauer abogaría una y otra vez por la integración de España en Europa. Al comenzar las conversaciones de Messina sobre la Unión Europea, el Canciller habló repetidamente durante el año 1956 con Antonio Segni, Jefe del Gobierno italiano, sobre la posibilidad de permitir desde el principio la participación de España en estas conversaciones. Adenauer creía que un acercamiento entre España y los demás países europeos sería ventajoso para todos; otros países europeos, sin embargo, no compartirían esta opinión.[48] La República Federal, después de su ingreso en la Alianza Atlántica, se interesó también por la incorporación de España a la OTAN. Esto sin embargo muchas veces no fue visto con agrado por la opinión pública. En abril de 1959 Adenauer, durante una entrevista, argumentó de forma indirecta a favor del ingreso de España en la OTAN al hacer alusión a comentarios que había hecho en este sentido De Gaulle. Estas alusiones, sin embargo, ocasionaron reacciones de protesta en el interior y el exterior, especialmente en Dinamarca y Noruega. Cada vez que se discutía de nuevo la posibilidad del ingreso de España en la OTAN, el Gobierno de Adenauer tomaría parte a favor de dicha incorporación. Esto ocurrió también el 9 de noviembre de 1960, víspera del viaje de Castiella a Bonn. El portavoz del *Auswärtiges Amt*, von Hase, haría constar entonces que su Gobierno saludaría ver el ingreso de España en la OTAN, pero que a la República Federal, como miembro más joven de la Alianza, no le correspondía solicitar dicha inclusión.[49]

Las razones que explican estas intervenciones del Gobierno alemán a favor de una integración de España en la comunidad occidental se encuentran por una parte naturalmente en la excelente ubicación estratégica de la Península Ibérica. Por la otra se deben, sin embargo, sin duda alguna a los estrechos contactos que mantenían desde hacía años altas personalidades

---

47 Sulzberger (cfr. nota 29), p. 644.

48 K. Adenauer: *Erinnerungen 1955-1959*, Stuttgart 1967, p. 261.

49 *Der Spiegel*, 11/1960, p. 16.

alemanas del sector conservador con representantes del Régimen. Aparte de Strauß, altos cargos políticos viajaron con regularidad a la Península. Personalidades como Richard Jaeger, Presidente de la Comisión Parlamentaria de Defensa y posterior ministro de Justicia, Eugen Gerstenmaier, presidente del *Bundestag*, o el ministro Joachim von Merkatz, mantuvieron en España amplios cambios de impresiónes con importantes miembros del Régimen. Estos contactos ayudaron al Gobierno de Bonn a salvar consideraciones políticas respecto al sistema político en España. Para estos sectores alemanes España representaba una inseparable de la tradición cultural y cristiana de Occidente. No asombra pues, la forma en que, en abril de 1960, Richard Jaeger caracterizó el régimen español ante el *Bundestag*:

> "Es que se trata de la dictadura en un pueblo latino; por tanto no es ejecutada, ni con exactitud prusiana, ni con perfección germana, sino en la forma de vida algo más ligera de estos pueblos. Esto se manifiesta en que las cosas, por lo general al menos, no sean tan desagradables como lo serían en nuestro país si existiera aquí tal sistema."[50]

Esta imagen de España, sin embargo, sólo podía ser compartida por una minoría de los políticos europeos. Y no se trataría únicamente de Gobiernos socialistas o socialdemócratas, para los que resultaba problemático pasar por alto el papel que jugó Franco durante la Guerra Civil y la Guerra Mundial.

Pero esta repercusión del pasado reciente afectaba igualmente a la República Federal. Los temores y las emociones respecto a Alemania seguían estando aún muy presentes. El Gobierno alemán, en este año 1960, tendría que experimentar esta realidad una vez más al fracasar su pretensión de llegar a un acuerdo militar con España.

---

50 *Verhandlungen des Deutschen Bundestages, 3. Wahlperiode, (1959-1960), 108. Sitzung, Bonn den 6. April 1960*, p. 5910.

Walther L. Bernecker

España y la unificación alemana

Introducción

En noviembre de 1989, el Ministro español de Asuntos Exteriores, Francisco Fernández Ordóñez, declaraba: "La reunificación de Alemania no está en el orden del día, y esto no lo digo sólo yo, sino uno de los principales interesados, mi colega alemán, Hans Dietrich Genscher [...] Si a largo plazo los pueblos de ambos Estados muestran su voluntad de unirse será harto difícil impedirlo. El proceso podrá llevarse a cabo, pero de forma razonable, es decir, con garantías para el conjunto de Europa y la URSS. Mientras tanto, las alianzas, la OTAN y el Pacto de Varsovia, son un factor de estabilidad en Europa, y Bonn también lo cree así." (EP, 16-XI-1989, 4)

Pocos días antes, el politólogo español (radicado desde hace muchos años en Berlín) Ignacio Sotelo, político del PSOE, había dado a entender inequívocamente que "nadie" deseaba una unificación de los dos Estados alemanes; su pronóstico rezaba: "Dígase lo que se quiera, y ahora prevalece el mutismo, nadie quiere la reunificación de Alemania [...] Una Alemania de 80 millones de habitantes, con la mayor capacidad productiva del continente, hace por completo inviable la unificación europea [...] Hoy, ya sin la menor ironía, los que hemos aprendido a amar a Alemania queremos que siga habiendo dos, cada una integrada a su bloque, como factor que contribuya a la desaparición de los bloques en el largo proceso de unificación de Europa. La disyuntiva real es una Europa unida o una Alemania unida; o mejor, sólo en una Europa unida, todavía muy lejana, cabría una Alemania unida, pero si la unificación de Alemania precediese a la europea, ésta podría resultar inviable." (EP, 10-XI-1989, 4)

Pronósticos erróneos de este tipo abundaban en aquellos momentos, en España y en otros países. Pero al mismo tiempo los españoles no dejaron lugar a dudas que no se opondrían a un proceso de unificación "a largo plazo", si los alemanes lo deseaban así.

Con motivo de un seminario sobre la unidad alemana celebrado en la Universidad Internacional Menéndez Pelayo de Barcelona, escribía Carlos

Nadal en *La Vanguardia* en julio de 1990, que España se había jugado a fondo su primacía mundial en tierras alemanas en sus días de grandeza, pero que después dejó de sentirse directamente afectada por los problemas de Alemania desde que España quedó prácticamente al margen de la gran política europea. Durante mucho tiempo España no estuvo presente en la escena europea. La neutralidad durante la Primera Guerra Mundial y la no-beligerancia en el curso de la segunda, luego los años de la dictadura franquista acentuaron este aislamiento. No fue sino la integración española en la Comunidad Europea y en la OTAN que volviera a colocar a España en plena Europa. Por primera vez en varios siglos, afirmaba, a España no podía serle indiferente lo que sucedía en la frontera del Oder-Neisse, o entre el Rin y el Oder.

La cuestión alemana había tocado siempre en carne viva la sensibilidad de sus vecinos europeos, del Este y del Oeste. Para España había sido un asunto vivido en todo caso tangencialmente, en terminadas ocasiones: las más peligrosas durante la Guerra Civil y los años de la Guerra Mundial. Apenas hechos los primeros pasos en la Comunidad Europea y en la OTAN - tras el derrumbe del comunismo - se veía obligada a recomponer sus previsiones políticas, económicas y estratégicas con vistas a objetivos mucho más amplios. Es en este contexto en el que hay que entender la repercusión en España de la unidad alemana. La antigua República Federal de Alemania ya había sido para España el socio y el aliado europeo de más peso en las organizaciones comunitarias y atlantistas. Ahora, el peso alemán iba a aumentar mucho más, es decir la asimetría consociativa sería más patente (LV, 1-VI-1990, 23).

Era de esperar que la magnitud de la Alemania unida, su presencia como plataforma central de una Europa en reajuste, despertara temores explicables, no de índole militar, ni en el sentido tradicional de hegemonía política, sino por la dimensión acrecentada de su papel en la Comunidad Europea, en la OTAN y en la Europa hasta hace poco socialista. Carlos Nadal puntualizaba que tal vez la larga marginación europea de España y la reciente plena, asumida europeidad española, permitían a España incidir con esperanza en la confianza en la otra cara de la reavivada cuestión alemana sin el peso de los recuerdos (LV, 1-VII-1990, 23).

Al analizar la postura española frente a la unificación alemana, el mayor problema para el historiador son las fuentes. En el fondo, sólo puede recurrir a los grandes medios de masa que se han ocupado extensamente del tema. Para el presente ensayo, se han consultado sistemáticamente los diarios *El País* (EP) y *La Vanguardia* (LV) y el semanario *Cambio16*. Además, entrevistas con el que fuera Embajador de España en Bonn durante la fase crucial de la unificación, Eduardo Foncillas, y con el Secretario General de Política Exterior entre febrero de 1988 y febrero de 1991, Fernando Perpiñá Robert, actual Embajador de España en Bonn, han facilitado informaciones adicionales.

En lo que sigue, primero se presentará, en rasgos generales, la postura del Gobierno español ante la unificación. En un segundo apartado, se discutirán los aspectos económicos, después los políticos, finalmente los sociales.

El Gobierno español y la unificación

Al analizar la postura del Gobierno español frente a la unificación alemana, primero conviene resaltar que existe diversidad de opiniones en lo que se refiere a la importancia de las relaciones que mantenía el Gobierno español con Alemania. En opinión de Eduardo Foncillas, estas relaciones eran, para Madrid, de importancia secundaria. Mucho más importantes eran las relaciones con Francia, Inglaterra y Estados Unidos. Lo que se ha llamado "la cuestión alemana", era en España un problema más bien desconocido. En cierta manera, Alemania estaba marginada de los intereses políticos españoles, si bien había aumentado en importancia en la jerarquía política española debido al apoyo brindado por Alemania a la entrada de España en el Mercado Común y a las excelentes relaciones de Felipe González no sólo con los socialdemócratas alemanes, sino también con el actual gobierno conservador de Bonn. La relativamente exigua relevancia que Alemania tenía para la diplomacia española se desprende del hecho que la Embajada española en Bonn no era una embajada de primera categoría. Y en la "Dirección General de Europa", en el madrileño Ministerio de Asuntos Exteriores, prácticamente ninguna persona que ocupa un puesto de importancia, habla alemán; además, la directora de la Dirección, Mercedes Rico, tenía - según Eduardo Foncillas - sus claras reservas frente al temido predominio alemán en Europa tras la unificación del país.

En los ocho años, en los que Eduardo Foncillas fue Embajador de España en Bonn, tuvo poquísimas visitas de Ministros españoles, mientras que éstos viajaban continuamente a París o a Roma. Y en la fase "caliente" de la unificación alemana, Foncillas jamás fue llamado por el Ministro español de Asuntos Exteriores para informar a Madrid de primera mano sobre lo que estaba sucediendo en Alemania. No hubo ni una única sesión entre los responsables de la política exterior española, dedicada exclusivamente al tema alemán.

El relativo desconocimiento de los asuntos alemanes llevó - en opinión de Eduardo Foncillas - a una serie de irritaciones entre el Palacio de La Moncloa y el de Santa Cruz. La política exterior española frente a Alemania y las críticas hechas al proceso de unificación estaban influenciadas por Francia e Inglaterra. Según parece, en el Ministerio de Asuntos Exteriores hubo más reticencias al proceso de unificación que en el Palacio de la Moncloa; por otro lado - siempre según Foncillas - Moncloa dirige mucho más la política exterior española que el Palacio de Santa Cruz.

Al contrario de Foncillas, el que fue Secretario General de Política Exterior durante el proceso de unificación, Fernando Perpiñá Robert, insiste en que la unificación alemana fue, para la política exterior española, un tema de "importancia prioritaria" que dio lugar a debates en el Ministerio. Si bien también Perpiñá es de la opinión que fue Moncloa la que dio la pauta en todo el asunto, resalta que no hubo ningún tipo de falta de sintonía con el Palacio de Santa Cruz.

Los dos políticos entrevistados son de la opinión que, en todo caso, la postura de España frente a la unificación alemana era más libre que la de otros países europeos debido a que España no tenía ningún contencioso histórico con Alemania y que no participaba en las negociaciones "dos más cuatro". Por lo tanto, en España regía - según expresión de Fernando Perpiñá Robert - una "sensibilidad distinta" frente al problema alemán. En los últimos años, España había intensificado sus relaciones con Alemania. El primer viaje al extranjero del Ministro de Asuntos Exteriores de la *transición*, José María de Areilza, había sido a Bonn; y el primer viaje que hizo Felipe González, como Jefe de Gobierno a un país europeo, fue a Alemania. Desde hace años, se celebran regularmente cumbres hispano-alemanas, entretanto ya seis. Y desde la unificación alemana, el interés español ha vuelto a aumentar.

Debido a razones geográficas y ante todo históricas, se puede decir que en términos generales España no veía con la misma prevención que los estados centroeuropeos la rapidez del proceso de unificación; el Gobierno de Madrid se preocupaba casi exclusivamente de sus repercusiones sobre la buena marcha de la Comunidad Europea. De ahí que la relación de Kohl con González era mucho menos suspicaz que la que el Canciller mantenía con otros jefes de gobierno europeos. González incluso afirmó, en una conferencia de prensa: "No tenemos nada que perder y sí que ganar [con la unidad alemana] siempre que nuestra respuesta sea profundizar la construcción europea." (EP, 3-III-1990, 7)

Felipe González había sido el primer Jefe de Gobierno que felicitó a Kohl tras la apertura del muro de Berlín. En la fase de la unificación alemana, las relaciones entre Kohl y González eran caracterizadas por la prensa como "idilio" y "luna de miel". Según *El País*, González era, entre los estadistas europeos, probablemente el que mantenía un diálogo más fluido con un canciller al que los Jefes de Gobierno británico e italiano y, en menor medida el Presidente francés, reprochaban sus ambigüedades sobre la futura frontera oriental de Alemania y criticaban su impaciencia por absorber a la República Democrática Alemana sin consultar además con el grueso de sus socios comunitarios (EP, 21-III-1990, 3). Y todavía en septiembre de 1991, cuando en otras capitales europeas surgieron voces que denunciaban el empeño de Bonn por estrechar lazos con sus zonas de influencia tradicionales en detrimento de la construcción de la Comunidad Europea, Felipe González volvió a dar un voto de confianza al compromiso de Alemania con la integración europea. Para él no había dudas que Alemania tenía "su apuesta política y económica en la construcción y profundización de la Comunidad Europea" (EP, 15-IX-1991, 13).

La inquietud del Gobierno español se centraba fundamentalmente en dos cuestiones: La primera era que la unidad alemana no perjudicara a la unión monetaria de la Comunidad Europea. El segundo motivo de preocupación era que el ingreso de la RDA, al formar parte de la RFA, en el club de los doce no supusiera una desviación hacia Europa central de los llamados fondos estructurales que intentan atenuar dentro de la Comunidad las diferencias de desarrollo entre regiones pobres y ricas (EP, 21-III-1990, 3).

A principios de 1990, el Gobierno español temía que la unificación de Alemania se adelantaría al fortalecimiento de la construcción europea que deseaba acelerar, anticipando incluso la celebración de la proyectada conferencia intergubernamental sobre la unión económica y monetaria (EP, 28-II-1990, 19). Pero cuando el Canciller alemán confirmó su apego a la unión monetaria de la Comunidad Europea y a la fase que culminaría la construcción comunitaria, el Presidente del Gobierno español prestó su apoyo incondicional a la formación de una sola Alemania. En marzo de 1990, Felipe González se expresó en términos más entusiastas que sus homólogos europeos sobre la futura unidad alemana. Básicamente, en la cumbre germano-española de marzo de 1990 Felipe González hizo suyas las posturas del Gobierno alemán: Las modalidades del proceso de unificación, decía, debían decidirlas y articularlas los alemanes; la incorporación de la República Democrática a la República Federal equivaldría al ingreso de la anterior Alemania comunista en la Comunidad Europea. Evidentemente, González estaba convencido de que la mejor manera de impedir que la nueva

Alemania emergente se descolgara de la construcción europea era mostrarle su confianza y pedirle a la vez que confirme y ahonde los compromisos que había contraído con la Comunidad. González no sólo habló de los tres pilares "clásicos" sobre los que debía asentarse la construcción de Europa - mercado único, unión monetaria y unión política -, sino de un cuarto: la unificación alemana (EP, 22-III-1990, 3).

Temores económicos

El interés español en la unificación alemana era, primordialmente, económico. Al contemplar las cifras y las perspectivas, se entiende este énfasis, ya que la República Federal había sido, desde hace años, un importante *partner* comercial de España. En 1989, el 16 % de todas las importaciones españolas provenía de la República Federal, país que ocupaba el primer rango en la lista de los países de los que España importaba, delante de Francia, Italia y los Estados Unidos. Como país receptor de mercancías españolas, la RFA ocupaba el segundo lugar, detrás de Francia, y delante de Gran Bretaña e Italia; un 12 % de las exportaciones españolas iba a la RFA (Anuario El País 1990, 360).

Desarrollo del comercio exterior germano-español

Importación/exportación	1985	1986	1987	1988	1989	1990
	(en millones de marcos)					
Importación (España como país de origen)	7 672	7 367	8 060	8 846	10 503	12 966
Exportación (España como país receptor)	9 756	12 136	14 559	17 346	21 756	22 790
Superávit de exportación (+)	2 084	4 748	6 499	8 501	11 254	9 824

Fuente: Statistisches Bundesamt, Länderbericht Spanien 1991, 98

El volumen total del intercambio de mercancías entre los dos países ascendía, en 1990, a 36.000 millones de marcos, lo que significaba un aumento del 10,8 % frente al año 1989. En el *ranking* de los *partner* comerciales de la RFA, España ocupaba el décimo lugar. Desde 1975 en adelante, el comercio exterior entre la RFA y España había aumentado constantemente, siendo de destacar que las exportaciones alemanas a España siempre sobrepasaban considerablemente las importaciones alemanas desde España, originando un superávit alemán de exportación que había aumentado considerablemente en la segunda mitad de los años 80.

Alemania importa de España en primer lugar coches; en 1990, el valor de los automóviles ascendía a 3200 millones de marcos, si bien casi todos ellos eran producidos en talleres de origen alemán ubicados en España o en filiales de productores alemanes. En segundo lugar, seguían importaciones de verduras y de fruta (en 1990 por un valor de 1880 millones de marcos); después, máquinas eléctricas y aparatos (795 millones de marcos), hierro y acero (617 millones de marcos). En cuanto a los productos exportados de la RFA a España, el primer lugar también lo ocupan los coches (unos 5000 millones de marcos), seguidos de maquinaria y aparatos laborales (3200 millones de marcos), máquinas eléctricas, utensilios diversos (1900 millones de marcos), hierro y acero (977 millones de marcos).

También en cuanto a inversiones, la República Federal es un país importante para España. En 1990, el 6,7 % de las inversiones directas en España era de origen alemán. Un ejemplo es el grupo Mannesmann que en otoño de 1991 iba a constituir un *Holding* en España en el que incorporará todas las empresas que controle y que están domiciliadas en territorio español (EP Negocios, 1-IX-1991, 12). En cuanto a inversiones directas, Alemania ocupa el cuarto lugar, detrás de Francia, los Países Bajos y Gran Bretaña, según informaciones facilitadas por la Dirección General de Transacciones Exteriores. También en los años 1989 y 1988, Alemania estaba con el 6,7 % y el 7,5 % respectivamente entre los cinco países inversores más importantes.

Sobre este trasfondo económico y financiero, es comprensible que España temiera que a raíz de la unificación el interés de los alemanes se desplazara hacia el Este. Muy al comienzo del proceso de unificación, en diciembre de 1989, primaba claramente el escepticismo en cuanto a las perspectivas económicas. *Cambio 16* escribía que, según los expertos españoles, en la República Democrática Alemana iba a haber suelo y mano de obra muy baratos, y una situación estratégica inmejorable; por eso, la RDA concentraría en el futuro buena parte de los proyectos de inversión industrial que hasta entonces habían ido a España, Portugal o Grecia. Luis Velasco, ex Secretario de Estado de Comercio, opinaba que el Este era "un gran negocio para las grandes economías, la RFA, Francia o Italia p. ej., y nosotros vamos detrás, porque lo que estos países compran son productos de tecnología avanzada o semiavanzada" (*Cambio 16*, 4-XII-1989, 65).

También el último Embajador español en la RDA, Alonso Alvarez de Toledo, estaba convencido de que la nueva Alemania iba a orientarse más hacia el Este. En febrero de 1990, anotó en su diario: "Cada vez veo más evidente que no se puede pretender que Alemania, después de la reunificación, siga la misma política de la RFA durante los últimos cuarenta años. Limitando al Este con las alambradas del pacto de Varsovia, fue lógico que la RFA estuviera anclada en Occidente con todas las amarras a estribor: CEE y OTAN principalmente. Sin embargo, como la nueva Alemania limitará con el vacío político de Europa oriental y con un mercado repleto de posibilidades, sus enfoques deberán ser distintos." (Alvarez de Toledo 1990, 169)

Cuando el Gobierno español presentó al alemán sus temores sobre una posible desviación hacia la RDA y el Este de las inversiones de empresas alemanas que hasta entonces fluían hacia la Península Ibérica, el Ministro de Economía alemán aseguró, en marzo de 1990: "Las inversiones previstas en España se seguirán manteniendo." (EP, 22-III-1990, 3) Y unas semanas antes, el Presidente González había desmentido que se hubiera detectado ya una disminución de los flujos de dinero extranjero que convergen hacia España, diciendo: "La impresión es que se están intensificando las inversiones" por parte de los grandes grupos industriales y que empresas españolas habían recibido incluso propuestas para efectuar inversiones conjuntas hispano-alemanas (EP, 3-III-1990, 7).

El economista José Luis Leal temía "que las inversiones que van a realizarse en Europa del Este reduzcan la disponibilidad de fondos para otras zonas; los más preocupados son los países latinoamericanos ya que tienen que hacer frente a dificultades importantes de financiación, pero España tampoco escapa a esta posibilidad, fundamentalmente por la importancia que tienen las inversiones alemanas en nuestro país" (EP, 25-III-1990, Negocios, 2). Para el analista no había lugar a dudas que los fondos disponibles en Europa tenderán a repartirse de manera más uniforme, lo que restaría atractivo a España. Además temía que las condiciones generales de financiación del déficit exterior español podrían endurecerse por la desviación del flujo de fondos hacia los países del Este de Europa.

Aparte del comercio y las inversiones directas, hay otro sector económico de crucial importancia para España: los fondos comunitarios. Alemania sabía muy bien que el futuro destino de los fondos comunitarios para el desarrollo y las aportaciones alemanas a la Comunidad Europea eran temas altamente sensibles. Por eso, el Gobierno de Bonn envió al socialdemócrata Hans-Jürgen Wischnewski, Vicepresidente de la Comisión de Asuntos Exteriores del Parlamento Federal, a Madrid para eliminar reticencias a la unificación alemana. El parlamentario tranquilizó a sus interlocutores españoles: "Hemos dejado claro a los colegas españoles que nosotros no estamos dispuestos a permitir una reducción de los fondos regionales de la CE [...] no queremos de ninguna manera que la unificación alemana afecte a nuestros amigos de la Europa mediterránea." (EP, 23-III-1990, 4) España, entre 1986 y 1988, había recibido del fondo de compensación comunitario 158.332 millones de Ecu (*Anuario El País 1990*, 145). Naturalmente el país estaba inmensamente interesado en continuar recibiendo apoyo financiero de las arcas estructurales de la Comunidad.

A lo largo de 1990, el empeño alemán de tranquilizar a sus interlocutores españoles, parece haber tenido éxito, por lo menos parcialmente en los medios de masa. En el momento mismo de la unificación, *Cambio 16* económicamente se prometía mucho de la "Gran Alemania". Según el semanario, la unificación y la particular coyuntura que vivía España desde hacía unos años cambiaban considerablemente el panorama de las transacciones comerciales hispano-alemanas. Los empresarios españoles querían entrar de lleno en la RDA, mientras sus homólogos alemanes señalaban a España como uno de los centros financieros más rentables para invertir. (*Cambio 16*, 9-X-1990, 93).

SEAT ya comercializaba con mucho éxito utilitarios en la República Democrática Alemana, gracias a la colaboración con Volkswagen y una compañía germano-oriental. La firma inmobiliaria española Neinver tenía previsto hacer una inversión de 15.000 millones en la RDA. Muchas de las inversiones que necesitaba la RDA podrían tener procedencia española.

Los alemanes, por su parte, contemplaban el mercado español con ojos golosos. Según Helmut Treiber, Secretario General de la Cámara de Comercio alemana para España, los empresarios alemanes eligirían a España "como emplazamiento para una actividad empresarial en la producción, en el comercio y en servicios." La economía alemana deposita grandes esperanzas en el mercado global español, sobre todo en sectores como el turismo, banca y seguros.

Con la RDA, las relaciones comerciales españolas habían sido exiguas. España exportaba productos alimenticios, maquinaria y material de transportes, mientras que la RDA vendía algunos productos químicos y revendía el petróleo que compraba en la URSS. En total, la RDA suponía sólo el 0,22 % de las exportaciones españolas y el 0,14 % de importaciones. Según el semanario, todo parecía indicar que el comercio germano-español se intensificaría para bien de ambos países. Y a largo plazo, teniendo en cuenta el mercado potencial de la Alemania Oriental, España probablemente podría incluso mejorar su saldo comercial con la Alemania unificada.

Los que seguían más escépticos, eran ciertos políticos del Ministerio de Asuntos Exteriores. En otoño de 1991 seguían articulando temores españoles. Francisco Villar, Secretario General de Política Exterior en el Ministerio de Asuntos Exteriores, veía acrecentarse el empeño de Alemania por reactivar su zona de influencia tradicional en Europa central y oriental en detrimento de una construcción europea a medio hacer por la que "parece sentir ahora algo menos de interés". El interés primordial de la diplomacia española se orientaba hacia los problemas económicos: Las necesidades económicas de los países del Este europeo eran tales "que incluso los estados miembros [de la Comunidad Europea] menos desarrollados, como España, corremos el riesgo de convertirnos en contribuyentes netos de unas arcas comunitarias, cada vez más dedicadas a ayudar al Este. Para España es además de temer que el creciente interés de la Comunidad Europea por Europa oriental se haga en detrimento de zonas que considera prioritarias, como el Magreb e Iberoamérica." (EP, 6-IX-1991, 5)

Según datos provisionales, los temores económicos estaban infundados. Habrá que esperar si a mediano plazo estos temores se verán confirmados. Un sector en el cual seguro que, por de pronto, no están justificados, es el turismo. Actualmente, este sector da trabajo al 11 % de la población empleada y produce el 10 % del producto interior bruto español. El año récord para España fue 1988: En aquel año las entradas en divisas a raíz del turismo ascendían a 16.700 millones de dólares; en total hubo 54, 2 millones de turistas (de éstos, unos 2,9 millones eran españoles residentes en el extranjero, de modo que los turistas extranjeros eran "sólo" 51,3 millones). Pero a partir de este año récord, las cifras iban en descenso. Este retroceso se explica por la revalorización de la peseta y la inflación, perdiendo España atractivo en términos comparativos. Muchos hoteles, edificados en la época del boom turístico, estaban semivacíos. En esta situación crítica para el sector hotelero español, caía el muro de Berlín, se hicieron fácilmente accesibles los países del Este europeo y tuvo lugar la unificación alemana. El primer temor español: que gran parte de los turistas irían a las nuevas destinaciones en el Este, en detrimento de España, no se confirmaron: En los años 1985-1989, los alemanes habían representado el 13,7 % del total de los turistas; en 1990, este porcentaje subió al 14,1 %, y en los primeros meses del año 1991 hasta llegó a representar el 16,7 %.

En verano de 1990, cuando la crisis en el sector turista parecía dejar vacíos los hoteles de la Costa Brava, ofertas de última hora, con precios extremadamente bajos, incluso desbordaron la capacidad de los hoteles de los tradicionales lugares veraniegos. Los empresarios españoles no habían contado con la capacidad adquisitiva de los alemanes orientales, que vieron favorecidos los ahorros acumulados durante años por el favorable cambio de marcos orientales a occidentales (LV, 4-VIII-1990, 14).

Angustias europeístas y hegemónicas

En el sector político, prima la pregunta: la unificación alemana, ¿ayuda a la unificación europea o la entorpece? En la *Revista de Occidente* de 1990 hubo una especie de debate acerca de esta cuestión. Ignacio Sotelo afirmaba rotundamente: "Los acontecimientos de los últimos meses muestran claramente que la unificación de Alemania es el factor que más ha coadyuvado en este último tiempo a acelerar la unificación de Europa [...] Pese a caminar a mucha mayor velocidad, la unificación de Alemania, lejos de constituir el impedimento principal para la unidad de Europa, se ha revelado como su mejor propulsor." (Sotelo 1990, 72) Miguel Herrero de Miñón, por su parte, afirmaba: "La unidad alemana se está haciendo al margen de la unidad europea, y ésta no le sirve tanto de marco como de máscara [...] Como la reunificación alemana disgusta y desasosiega, se la enmascara de unificación europea." (Herrero de Miñón 1990, 30) Como argumentos aduce que se realizó la unión monetaria alemana el 2 de julio de 1990, mientras que la unión monetaria europea aún no se vislumbraba en el horizonte, que la política de seguridad alemana no se discutía en el marco de una política de seguridad europea integrada, y que otros miembros de la Comunidad Europea no fueron consultados en Estrasburgo o en Dublín con respecto a la unificación alemana.

La cuestión de si se estaba marchando hacia una Alemania europea o una Europa alemana, seguiría ocupando a los comentaristas hasta hoy. En otoño de 1991, la sección *Negocios* de *El País* insistía en que Alemania dirigía su mirada hacia el Este y que era difícil saber cuáles eran las auténticas intenciones de los líderes políticos alemanes con respecto a la Comunidad Europea, y más concretamente con la unión financiera y monetaria. Se hablaba de un "aparente desinterés por los temas comunitarios", de que escaseaban "las vehementes afirmaciones europeístas con las que el Canciller Helmut Kohl y los miembros de su gobierno se llenaban la boca cuando, hace un año, aun

estaba en juego la unificación alemana" (EP, Negocios, 15-IX-1991, 5) -
insinuando de esta manera que la postura europeísta alemana no había sido
sincera, sino que había sido profesada sólo para conseguir la unidad alemana.

El proceso de unificación es interpretado, frecuentemente, como una mera
anexión. Ya antes de celebrarse las primeras elecciones libres en la RDA, en
marzo de 1990, *El País* publicó, desde una perspectiva psicoanalítica, una
interpretación de la manera cómo se estaba realizando la unificación alemana. Según esta versión, la RFA, con sus ofertas destellantes y sus premios
económicos, a disposición de los emigrantes alemanes, intentaba el desmoronamiento económico, político y social de la RDA para poderla incorporar
sin oposición ni resistencia; de este modo sería extinguida. De hecho, los
gestos de generosidad de la sociedad de bienestar en favor de los hermanos
pobres recubrían los deseos propios de anexión. En la RFA, el acoso ideológico y la pretensión de imponer a la otra parte sus propias soluciones crecía
en agresividad (EP, Temas de nuestra época, 15-III-1990, 12).

Y pocos días más tarde, tras las elecciones, el comentarista de *El País* veía
en el resultado la opción de los germano-orientales por la forma más viable
de acceder al bienestar de la vecina RFA. "Tras cuarenta años de régimen
comunista, la población, educada en el tutelaje, busca la tutela de algún
poder fuerte, y éste está sin duda en Bonn" (EP, 19-III-1990, 2), añadiendo:
"Los ciudadanos de Alemania oriental votaron con el bolsillo pensando en
quién les ofrecía las llaves del paraíso. Han pasado de un tutelaje a otro."

Especialmente dura fue la crítica de *Cambio 16*, tanto con la política del
Canciller Kohl como con el proceso de unificación en general: "Una señal de
que lo peor puede llegar a pasar, ha sido la reciente conducta del Canciller
Kohl que el 28 de noviembre del año pasado presentó su plan de reunificación sin consultar a nadie [...] Más grave aún han sido las tergiversaciones
del Canciller federal acerca de la frontera con Polonia, la línea Oder-Neisse.
La postura del Canciller ha sido una catástrofe que ha despertado los viejos
demonios [...] Ante las reticencias de sus amigos, Kohl ha acelerado la marcha. Hoy está a borde de un *Anschluss* (anexión) económico de la Alemania
oriental. No consulta a sus aliados para nada. No le importan sus vecinos."
(*Cambio 16*, 2-IV-1990, 91)

También articulistas menos críticos que rechazaban "las insulsas
sospechas sobre el expansionismo alemán" (EP, 17-VII-1990, 10), insistían
en la necesidad de que Alemania aceptara sin equívocos la frontera Oder-
Neisse, criticando la postura ambigua y vaga de Kohl en este punto. "Si que-
dase abierto el tema de las fronteras, la unidad alemana podría tomar otro

cariz y convertirse de verdad en una amenaza. Y no sólo para Polonia." (EP, 18-II-1990, 10) Una y otra vez se citaba la famosa frase de Thomas Mann: "Queremos una Alemania europea, no una Europa alemana."

El día mismo de la unidad alemana, *El País* interpretó la "operación-encuentro [como] anexión de la parte oriental, liquidadas sus instituciones comunistas, por la occidental, triunfante en su liberal-capitalismo [...] Supone la aparición de una gran potencia, que muchos dibujan como hegemónica, en el continente europeo." (EP, Temas de nuestra época, 4-X-1990, 1).

La postura ambigua de muchos medios de masa españoles se refleja en un artículo de *El País*, publicado en diciembre de 1991 con motivo de la cumbre europea de Maastricht. Por un lado, se afirma: "La abrumadora mayoría de los alemanes [...] desean una Europa federal con un parlamento fuerte, una moneda única, un banco central y una política exterior y defensa común. En contra de lo que muchos temían, el proceso de unificación ha acentuado el europeísmo de la gran potencia centroeuropea." Por el otro, en seguida se relativiza: "Esta fe inalienable no ha conseguido acabar con las suspicacias y los temores de sus vecinos [...] Lo que realmente asusta ahora, aunque sólo se comente por los pasillos, es ese gigante económico de casi 80 millones de habitantes, de violento pasado, que, aunque haya empezado a andar a tropezones, recuperará inevitablemente su *hinterland* y acabará por perseguir sus propios intereses en detrimento de los de los demás países de Europa occidental." (EP, 6-XII-1991, 4).

La forma de realizar la unificación - de hecho como anexión - se interrelacionaba con el tema del futuro liderazgo alemán en Europa. En una serie especial de *El País* sobre "la nueva faz de Europa", escribía el sociólogo Víctor Pérez Díaz, bajo el título "el liderazgo alemán" que para él existían varios indicios según los cuales se podía hablar de un emergente liderazgo alemán en Europa (EP: la nueva faz de Europa, 20-VII-1990, 3). Primero, el poder económico alemán, unido a la voluntad de ejercer una influencia determinante en cuestiones de política monetaria común; segundo, que Alemania estaba en óptimas condiciones para aprovechar las oportunidades de influencia en el Este de Europa; tercero, la decisión alemana de imponer sus prioridades en la agenda europea; cuarto, un sentimiento colectivo cada vez mayor entre los alemanes de seguridad en sí mismos y de autoafirmación. Pero todos estos éxitos económicos y políticos, de los últimos 40 años, debían ser contrapuestos a la memoria histórica: "Un legado histórico de aquiescencia con un régimen implicado en crímenes contra la humanidad de *tal* envergadura hace inconcebible hoy, y por mucho tiempo, el liderazgo moral y, por tanto, político de ese país en Europa."

El peligro del liderazgo alemán parece ocupar a muchos comentaristas, pero sólo a pocos españoles. Una encuesta del *Times Mirror Centre for the People and the Press*, realizada en doce estados europeos, arrojó por resultado que los españoles eran los que más se negaban a aceptar la idea de que el continente iba a ser moderado por los intereses de Alemania; apenas un 12 % creían que Alemania iba a ser la señora de la nueva Europa (EP, Temas de nuestra época, 19-IX-1991, 3).

El crecido potencial alemán y las posibles apetencias alemanas a un liderazgo europeo hicieron insistir a los comentaristas en la necesidad de integrar a Alemania en las estructuras europeas. Miguel Boyer, ex Ministro de Economía del primer Gobierno socialista y actual presidente de Cartera Central, relativizaba los riesgos políticos que pudiera conllevar la unión alemana y resaltaba más el riesgo "de una Europa caótica por el resurgir de los nacionalismos exacerbados", junto con un desorden económico en el Este. Para la Comunidad Europea, era imprescindible que la nueva Alemania se integrara en un sistema colectivo en lo militar, en lo político y en lo económico, ya que la pregunta era "si se quiere una Comunidad Europea dominada de facto por Alemania o si se quiere una construcción institucional en la cual se someta Alemania a una serie de reglas colectivas de decisión." (EP, 18-III-1990, 4)

En un artículo de opinión, *El País* no sólo insistía en esta idea sino que incluso llegó a afirmar, bajo el título "Cómo evitar un IV Reich": La mejor "garantía para los vecinos de una Alemania unida de que no se volverá a producir un nuevo Reich es alentar con toda la generosidad posible esa unidad dentro de una Europa comunitaria y de la Alianza Atlántica, únicas organizaciones que por supranacionalidad son capaces de garantizar la estabilidad europea." (EP, 31-III-1990, 14)

El País, sin hablar de temores surgidos de la Alemania unificada, rechazando incluso explícitamente posibles recelos que podrían estimular reacciones nacionalistas, insistía frecuentemente en "reforzar las instituciones europeas para que la unidad de Alemania se inscriba en la de Europa" (EP, 20-III-1990, 12), lo cual significa que se descartaba la posibilidad de una neutralización alemana.

Los comentaristas españoles registraron con gran satisfacción que Alemania quedaría sin una organización militar excesiva. Al comprometerse a limitar sus efectivos y a no producir armamento nuclear, biológico o químico, Alemania - según un editorial de *El País* - declaraba "una vocación pacífica que es la fundamental conclusión de todo este ejercicio: El país más fuerte de Europa es también el que se compromete a no guerrear nunca más"

(EP, 14-IX-1990, 12). En un *Extra* con motivo de la unificación, *El País* resaltaba que la nueva Alemania no sólo había arrinconado el proyecto comunista, sino que también había apagado el último rescoldo del proyecto prusiano. A cambio de la Alemania bismarquiana, centralista, militarista y luterana, la Alemania del año 1990, nacía bajo las líneas maestras del sueño del año revolucionario de 1848 en Francfort. A la nueva Alemania se le atestiguaba, pues, nacer "con vocación democrática, europea y de paz" (EP, Extra, 3-X-1990, 1).

La unidad alemana y los españoles

Los temores de ciertos políticos y empresarios españoles con respecto a la dimensión económica y política de la unidad alemana no son compartidos por la mayoría de la población española. El resultado de una macro-encuesta, realizada en febrero de 1990 en ocho países europeos del Este y del Oeste, arrojó como resultado que los europeos aprobaban de manera rotunda la unificación alemana - con la notable excepción de los polacos, que desconfiaban de la nueva Alemania -. Mientras que en la propia RFA, un 80 % de los ciudadanos se mostraban "muy favorables" o "bastante favorables", las respuestas de los españoles arrojaron un rotundo 73 % a favor (italianos: 78 %), y sólo el 6 % estaba, de alguna manera, en contra (EP, 19-II-1990, 5). Según otra encuesta de septiembre de 1991, no sólo estaba el 70 % de los españoles encantado con la idea de la Europa sin fronteras del 92, sino que además el 53 % se mostraba convencido de que la economía nacional se iba a reforzar en la Europa del mercado único (sólo un 18 % miraba el futuro con aprensión). Con estos porcentajes, España es "campeona" en cuanto a optimismo nacional relacionado con la integración económica europea. El optimismo colectivo español no se ha dejado, pues, influenciar en los más mínimo por la unidad alemana (EP, Temas de nuestra época, 19-IX-1991, 3).

En un artículo, publicado por Florentino Portero en invierno de 1990 en la revista *Política Exterior*, se dice al respecto: "Es difícil que la sociedad europea acepte que, como el Canciller Kohl repite, la unificación de Alemania favorecerá la estabilidad de Europa. Sólo un pueblo desvinculado de los acontecimientos europeos, como el español, puede recibir la unidad alemana sin preocupación." Según parece, las preocupaciones españolas están orientadas mucho más hacia los problemas "mediterráneos" que hacia los "centroeuropeos". En un encuentro internacional bajo el título: "Tiene Europa necesidad de Alemania? Tiene Alemania necesidad de Europa?",

Carlos Alonso Zaldívar, consejero de la Presidencia del Gobierno español, habló exclusivamente de la "dimensión Norte-Sur", centrando su "reflexión de seguridad en el otro gran ámbito en que ésta está en juego, el mediterráneo" (EP, 4-X-1990, 15).

Observación final

Resumiendo, se puede decir que el público español parece mucho menos molesto con la unificación alemana que ciertos representantes de la clase política española, ante todo en el Ministerio de Asuntos Exteriores. En la opinión pública, se puede apreciar admiración por la pacífica y rápida revolución popular en la República Democrática Alemana, y distanciamiento bastante explícito frente al modo de la unificación que es caracterizado como anexión.

Los dos aspectos más comentados son los probables problemas económicos resultantes de la unificación y la hegemonía política alemana en Europa. En cuanto a los aspectos económicos, el Gobierno español estaba inquieto por las repercusiones de la unificación sobre la unión monetaria de la Comunidad Europea y por el futuro de los fondos de ayuda regional de la Comunidad Europea. Un año después de la unificación, ésta parece no haber tenido efectos negativos en los intereses económicos españoles, sino más bien al contrario. El comercio, incluso, aumentó considerablemente el año 1991.

Hoy, unos dos años después de la unificación, la prensa española se ocupa primordialmente de problemas sociales resultantes del proceso de unificación; se habla de la posición de la mujer, del paro, de las leyes sobre el aborto, de la radicalización de una parte de la población, de racismo y extremismo, de falta de comprensión entre Este y Oeste. Los problemas de la Alemania de hoy son descritos por el comentarista de El Pais de la siguiente manera: "Si miran hacia el Este, los alemanes se encuentran con que sus vecinos los observan, pese a los resabios históricos, con la esperanza de que les ayuden a salir del pozo en que les ha sumido décadas de dictadura comunista. Si vuelven la cabeza hacia Occidente, pese a su impecable comportamiento durante las últimas cuatro décadas, descubren a unos vecinos desconfiados y temerosos de una nueva Alemania expansionista. Lo trágico es que ni unos ni otros acaban de entender que los alemanes se están mirando a sí mismos. Su gran problema es atravesar el proceloso mar en que les ha embarcado el proceso de unificación; más complejo, peligroso y potencialmente desestabilizador de lo que el resto del mundo cree." (EP, 3-II-1992, 4)

En cuanto a los aspectos políticos, lo que interesaba e interesa a los españoles es la pregunta si la unificación alemana ayuda a la unificación europea o la entorpece. Si bien no hay una opinión clara en la clase política española sobre este punto, parece ser que prevalece la idea que Alemania se estaba europeizando y no que Europa se estaba germanizando. Esperemos que estos comentaristas tengan razón.

Bibliografía sumarísima

Alvarez de Toledo, A.: *En el país que nunca existió. Diario del último embajador español en la RDA*, Barcelona 1990

Areilza, J.M. de: *Diario de un ministro de la monarquía*, Barcelona 1977

Bernecker, W.L. (ed., entre otros): *Spanien heute. Politik, Wirtschaft, Kultur*, Frankfurt 1991

Donges, J.B.: "Reflexiones sobre las dos economías alemanas", en: *Política Exterior*, nº 14, vol. 4, 1990, pp. 71-84

Foncillas, E.: Entrevista del 30 de septiembre de 1991

Herrero de Miñón, M.: "Reunificación alemana e inseguridad europea", en: *Revista de Occidente* 110/111, 1990, pp. 29-46

Lehmann, I.: "Alemania: 'una, grande, libre'? Spanische Reaktionen auf die deutsche Vereinigung", en: *Tranvía 19*, diciembre 1990, pp. 55-58

Perpiñá Robert, F.: Entrevista del 19 de mayo de 1992

Portero, F.: "El nuevo orden europeo y la cuestión alemana", en: *Política Exterior*, nº 14, vol. 4, 1990, pp. 115-124

Sotelo, I.: "La Unión Soviética ante la unificación de Alemania", en: *Revista de Occidente* 110/111, 1990, pp. 63-83

Statistisches Bundesamt: Länderbericht Spanien 1991, Wiesbaden 1991

Zeul, M./J. A. Gimbernat: "El porvenir de una nación (Consideraciones políticas y psicoanalíticas acerca de la unificación alemana)", en: *Revista de Occidente* 110/111, 1990, pp. 49-62

Revistas y periódicos

Anuario El País

Archiv der Gegenwart

Cambio 16

El País (EP)

La Vanguardia (LV)

Lista de colaboradores

Becker, Josef: Prof. Dr., Catedrático de Historia Contemporánea en la Universidad de Augsburg

Bernecker, Walther L.: Prof. Dr., Catedrático de Historia Contemporánea en la Universidad de Bern

Collado Seidel, Carlos: Magister Artium por la Universidad de München

Espadas Burgos, Manuel: Prof. Dr., Catedrático de Historia Contemporánea, Consejo Superior de Investigaciones Científicas

Fusi Aizpurua, Juan Pablo: Prof. Dr., Catedrático de Historia Contemporánea en la Universidad Complutense de Madrid

García Pérez, Rafael: Doctor por la Universidad Complutense de Madrid

Marquina Barrio, Antonio: Prof. Dr., Profesor de Relaciones Internacionales de la Universidad Complutense de Madrid

Pöppinghaus, Wolfgang: Magister Artium por la Universidad de Göttingen

Puhle, Hans-Jürgen: Prof. Dr., Catedrático de Ciencias Políticas en la Universidad de Frankfurt

Tusell, Javier: Prof. Dr., Catedrático de Historia Contemporánea en la Universidad Nacional de Educación a Distancia (Madrid)

Weber, Petra-Maria: Magister Artium por la Universidad de Augsburg